Como ser adulto nos relacionamentos

Como ser adulto nos relacionamentos

As cinco lições para um amor saudável e duradouro

David Richo

APRESENTAÇÃO DE
Kathlyn Hendricks

TRADUÇÃO DE
Natalie Gerhardt

Copyright © 2002, 2021 by David Richo
Este livro foi publicado mediante acordo com Shambhala Publications Inc.

TÍTULO ORIGINAL
How to be an adult in relationships

PREPARAÇÃO
João Guilherme Rodrigues

REVISÃO
Midori Faria
Ana Grillo

DESIGN DE CAPA ORIGINAL
Amanda Weiss

PROJETO GRÁFICO ORIGINAL
Kate Huber-Parker

DIAGRAMAÇÃO
Victor Gerhardt | CALLIOPE SOLUÇÕES EDITORIAIS

CIP-BRASIL. CATALOGAÇÃO NA PUBLICAÇÃO
SINDICATO NACIONAL DOS EDITORES DE LIVROS, RJ

R393c

    Richo, David
    Como ser adulto nos relacionamentos : As cinco lições para um amor
saudável e duradouro /David Richo ; apresentação de Kathlyn Hendricks ;
tradução Natalie Gerhardt.
- 1. ed. -Rio de Janeiro : Intrínseca, 2024.
    336 p. ; 21 cm.

    Tradução de: How to be an adult in relationships
    ISBN 978-85-510-0900-0

    1. Amor. 2. Relações interpessoais. 3. Relação homem - mulher. 4. Técnicas de
autoajuda. I. Hendricks, Kathlyn. II. Gerhardt, Natalie. III. Título

23-86586   CDD: 158.2
                            CDU: 392.6

Gabriela Faray Ferreira Lopes - Bibliotecária - CRB-7/6643

1ª edição
JANEIRO DE 2024

impressão
IMPRENSA DA FÉ

[2024]
Todos os direitos desta edição reservados à
EDITORA INTRÍNSECA LTDA.
Av. das Américas, 500, bloco 12, sala 303
22640-904 – Barra da Tijuca
Rio de Janeiro – RJ
Tel./Fax: (21) 3206-7400
www.intrinseca.com.br

papel de miolo
LUX CREAM 60G/M²

papel de capa
CARTÃO SUPREMO ALTA ALVURA 250G/M²

tipografia
MILLER TEXT

Para toda a minha família e todos os meus amigos:
Obrigado por me mostrarem
as variedades e as vicissitudes do amor
em nossa vida juntos.

Iluminamos nas lembranças
os poucos encontros que tivemos
com almas que tornaram nossa alma mais sábia,
que falaram o que pensávamos,
que disseram o que sabíamos,
que permitiram que fôssemos o que intimamente somos.
— Ralph Waldo Emerson, 1838,
"The Divinity School Address"

SUMÁRIO

Apresentação..10

Prefácio à edição comemorativa de vinte anos.......................12

Introdução..15

1 | COMO TUDO COMEÇOU..21

O poder do mindfulness...26

Uma nota positiva sobre o que foi e o que é.........................34

Os Cinco As: as chaves que abrem nosso verdadeiro eu....41

Presença incondicional *versus* os cinco mindsets do ego...60

Prática..63

2 | AMOR E MENOS...76

A negação da privação...81

O que nos machuca nos consola...83

Minha família foi boa para mim?...87

Um pouco de luz sobre o sofrimento.....................................90

Uma jornada heroica...96

Prática..97

3 | ENCONTRANDO UM PAR 108

Será que fui feito para ter um relacionamento íntimo e pessoal?.. 110
Candidatos qualificados para relacionamentos.............................113
O que desejamos? 115
Revelação completa 119
Sexualizando nossas necessidades....................................124
Nossos desejos...127
O destino tem seu papel 128
Prática... 132

4 | ALTO ROMANCE..141

Amor crescente 144
Quando o romance vicia..150
Como é amar? 154
Prática...157

5 | QUANDO SURGEM OS CONFLITOS 166

Resolvendo as coisas..169
O passado no presente...176
Introvertido ou extrovertido? 179
Raiva saudável 184
Prática..190

6 | O MEDO APARECE, ASSIM COMO OS PERIGOS...................................208

Sufocamento e abandono 208
Aprendendo com os medos 211
Ciúmes...213
Infidelidade..215
Lidando com decepções 219
Prática..224

7 | DEIXANDO O EGO DE LADO 235

A anatomia do ego arrogante 238
A anatomia do ego enfraquecido 242
Aceitar as coisas que não podemos mudar 245
Prática 249

8 | NOSSO COMPROMETIMENTO E COMO APROFUNDÁ-LO 264

O que diz o amor 267
Um vínculo duradouro 273
Prática 276

9 | QUANDO O RELACIONAMENTO CHEGA AO FIM 294

Superar com elegância 296
Quando alguém deixa você 305

Epílogo 314
Apêndice: os passos e as mudanças de um luto com mindfulness ...318

APRESENTAÇÃO

Este livro traz o místico para a terra firme, para o mundo das relações pelas quais navegamos desde o nascimento até a morte. Em *Como ser adulto nos relacionamentos*, David Richo fornece um guia operacional para relacionamentos eficazes tão gentil e preciso quanto sua presença diante de alunos e amigos. Por meio de práticas espirituais confiáveis de mindfulness — ou atenção plena — e benevolência, os leitores embarcam em uma jornada que conduz à conscientização, à alegria e a uma profunda conexão.

Mindfulness é uma antiga técnica de meditação pela qual abandonamos medos, fixações, ânsias, expectativas, direitos que pensamos ter e julgamentos que fazemos dos outros. Em vez dessas estratégias habituais, aprendemos a estar presentes e abertos ao momento, sem nada no caminho, para vivenciar a vida conforme ela acontece. Quando aplicamos o mindfulness aos nossos relacionamentos, podemos enfim enxergar quem somos e quem são os outros, em todas as vulnerabilidades comoventes e com todo o intenso potencial de amar.

Na prática espiritual da benevolência, expandimos nossa consciência em relação às pessoas de forma infinitamente terna e carinhosa. Essa jornada vai além dos relacionamentos pessoais, e nós acolhemos o mundo em toda a sua amplitude. Aprendemos a conceder amor a todos à nossa volta, mesmo àqueles que nos são indiferentes e aos que consideramos difíceis de lidar. Com a benevolência, a união romântica entre duas pessoas acaba envolvendo o mundo inteiro. Em determinado ponto do livro, David afirma: "Podemos expandir nossa consciência para [...] dar e receber amor." Na minha experiência atendendo casais e treinando profissionais, a pergunta que sempre surge é: como podemos expandir nossa capacidade de lidar com amor e energia positiva, para que não acabemos sabotando qualquer avanço que conquistamos? Nós — meu marido, Gay, e eu — chamamos isso de "problema dos limites superiores", e também o mais difícil desafio humano.

Este livro mostra como o círculo do amor pode se expandir e fluir com mais liberdade dentro de nós e entre todos nós. David Richo estabelece a pedra fundamental da passagem do amor pessoal para o amor universal. As práticas espirituais apresentadas aqui não são apenas suplementos para um trabalho psicológico: elas o realizam.

David Richo propõe uma nova e importante síntese no movimento da autoajuda, uma espiritualidade prática concentrada no que o poeta Ted Loder chama de "tesouros/ da alegria, da amizade, da paz/ ocultos nos campos do dia a dia". Os exemplos de David e, em especial, as muitas oportunidades que ele oferece para a prática dessas mudanças de perspectiva e de ação apoiam profundamente a evolução do leitor. Encontramos um novo lugar para nos unirmos na igualdade. Marcadores claros nos guiam em direção a uma vida compassiva na qual seres humanos enfim crescem para ajudar uns aos outros e ao nosso lar mais amplo. Não só os nossos relacionamentos podem trabalhar para o nosso crescimento, mas também para a evolução do mundo. Convido você a se emocionar por essas ondas de possibilidades.

Kathlyn Hendricks, ph.D.

PREFÁCIO À EDIÇÃO COMEMORATIVA DE VINTE ANOS

É com emoção e felicidade que dou as boas-vindas à edição comemorativa de vinte anos do meu livro, agora com mais de 250 milhões de exemplares vendidos em doze idiomas. Durante todo esse tempo, senti profunda gratidão por todas as mensagens que recebi de pessoas do mundo inteiro a respeito de como o meu livro as ajudou. Isso significa muito para mim, pois o escrevi como uma prática espiritual, com a intenção de compartilhar tudo que aprendi para, assim, beneficiar os outros. Sou muito grato por minhas palavras terem se conectado com tantas pessoas. Minha ligação com os leitores é uma bênção ainda mais incrível; com certeza, meu maior motivo de comemoração.

Este livro nasceu da minha convicção de que relacionamentos, assim como tudo de valor nesta vida, exigem *cuidados*. Sem isso, não é possível que melhorem ou durem. Como não são autossustentáveis, requerem manutenção, do mesmo modo como jardins, catedrais e o nosso próprio corpo. O cuidado combina trabalho psicológico e prática espiritual contínuos por parte de todos os envolvidos. Por isso, este livro foi pensado como um manual de manutenção, mostrando como cuidar com muito carinho dos nossos vínculos afetivos para que floresçam. Um relacionamento prospera quando não desistimos do amor, não importa o que aconteça, e quando continuamos a aprimorá-lo e a consertá-lo. Os assuntos abordados aqui podem nos ajudar nessa linda jornada.

Em *Como ser adulto nos relacionamentos*, analisamos em que consiste a confiança; como nossa infância se reflete em escolhas e ações e nos medos que sentimos em relação à intimidade ou ao comprometimento; como nossos relacionamentos passam por fases; como o ego autocentrado pode ceder à reciprocidade; a importância de demonstrar e reagir aos sentimentos e de respeitar limites; como resolver conflitos; como se manter atento e sincero na comunicação; e como nutrir nosso comprometimento ao dar e receber diariamente os cinco As do amor: atenção, afeto, apreço, aceitação e admissão. Tais desafios não precisam ser assustadores. Com algumas orientações e recomendações, podemos lidar com eles, e espero que este livro o ajude nisso. Todo mundo carrega dentro de si a capacidade de amar; qualquer pessoa pode aprender a amar de forma generosa e eficaz. É por isso que não precisamos ter medo de embarcar na jornada de um relacionamento.

Esta edição contém o material do texto original, mas com algumas modificações. Todos os capítulos estão aqui, mas o livro não é mais dividido em três partes. A discussão sobre a raiva foi incluída no Capítulo 5, "Quando surgem os conflitos", e o capítulo 9, "Quando o relacionamento chega ao fim" agora é o último do livro. Além disso, atualizei algumas partes e aprimorei alguns conceitos. Por exemplo, hoje devemos usar a palavra "cuidadores", que nem sempre são os pais. Também vemos uma variedade de estilos de relacionamento, como o poliamor, em vez de apenas um casal. Da mesma forma, os relacionamentos virtuais estão cada vez mais comuns, em vez dos encontros presenciais. Nós nos comunicamos por meio de mensagens de texto e mídias sociais, e não mais apenas por e-mail ou telefone. Apesar dessas mudanças no modo como os relacionamentos se formam e se sustentam, a mensagem central do livro continua a mesma: todos somos capazes de encontrar o amor e crescer na forma como o expressamos para nós e para os outros. Não tratei aqui de todas as mudanças no mundo dos relacionamentos, pois queria preservar o propósito do livro: explorar o coração e a alma dos relacionamentos em vez de cobrir todas as novas formas que estão surgindo. Muitos outros livros abordam os estilos contemporâneos de encontros, a construção de uma conexão e todas as possibilidades existentes no novo cenário dos relacionamentos e como nós nos autoidentificamos. Espero que a mensagem do livro se mantenha verdadeira e ofereça sabedoria para qualquer pessoa que deseje cultivar relacionamentos amorosos.

Dez anos depois da publicação original, vivenciei uma expansão do meu próprio senso de amor e conexão, em especial no campo espiritual. E isso se transformou em *How to Be an Adult in Love: Letting Love in Safely and Showing It Recklessly* (Shambhala) [*Como ser um adulto apaixonado: deixe o amor entrar com segurança e demonstre sem medo*], que se tornou um complemento ao presente livro e recomendo carinhosamente como uma futura leitura.

Que este livro e todo o meu trabalho beneficiem você e todos os seres.

O que temos
que seja mais ou melhor
do que a nossa vida juntos?
— David Richo, Santa Barbara

INTRODUÇÃO

Tão somente amar não será suficiente
A não ser que também sejamos sábios
E desfrutemos do nosso amor.
— Sir John Suckling

O AMOR É A POSSIBILIDADE das possibilidades. Seu alcance está muito além de nós, não importa por quanto tempo amamos nem o quanto. Ele sempre será um mistério silencioso, que provoca êxtase e sofrimento, mas ao qual só podemos nos render. Há algo de animado e impetuoso que permite que nos arrisquemos no labirinto do amor, sem pensar no perigo. No entanto, nem mesmo todo o amor do mundo é capaz de trazer felicidade, muito menos fazer um relacionamento dar certo. Isso requer habilidade, e essa habilidade pode ser adquirida. A prática pode nos tornar graciosos o suficiente para uma dança a dois, independentemente das dificuldades que demonstramos no início.

O amor é vivenciado por cada um de uma maneira diferente, mas, na maioria dos casos, cinco aspectos se destacam. Nós nos sentimos amados quando recebemos atenção, aceitação, apreço, afeto e quando há admissão para que sejamos livres para viver de acordo com nossos próprios desejos e necessidades mais profundos. Demonstramos amor conforme esses cinco aspectos. Ao longo da vida, encontramos esses "cinco As" de diferentes formas. Na infância, precisamos deles para desenvolver autoestima e um ego saudável. São os blocos de montar da nossa identidade, formando uma personalidade humana coerente. A experiência humana tem uma harmonia confiável e surpreendente: o que precisamos para a construção do "eu" é justamente o que precisamos para a conquista da felicidade nos relacionamentos amorosos quando adultos. A intimidade, em seu ponto mais positivo, significa dar e receber os cinco As, que constituem a alegria e a saúde de um relacionamento. Esses cinco elementos ou aspectos do amor também descrevem nosso destino de serviços para o mundo como seres espirituais maduros. Grandes exemplos da espiritualidade, como Jesus e Buda, foram seres que nos ofereceram esses cinco aspectos do amor. Por meio da prática espiritual, passamos a conhecer um poder maior do que nosso ego, e esse poder nos nutre ao nos conceder as bênçãos da atenção, da aceitação, da apreciação, do afeto e da admissão.

Há uma sincronia emocionante e encorajadora, uma coincidência significativa, inerente ao nosso ser: os cinco As são, ao mesmo tempo, a satisfação das nossas primeiras necessidades, os requisitos de intimidade adulta e de compaixão universal, e as qualidades essenciais da prática do mindfulness. Na esplêndida economia do desenvolvimento humano e espiritual, as mesmas chaves abrem as portas para a evolução.

Desse modo, recebemos todos os cinco As como dádivas na infância. Elas não são o resultado de um esforço, e sim o fluxo automático do amor que recebemos. Não precisamos nem tentar; apenas notamos que demonstramos atenção, apreço, afeto, aceitação e admissão a todos aqueles que amamos. Demonstrar os cinco As é o "sentimento pleno" e uma prática espiritual.

Existe alguma forma de aumentar nossa capacidade de dar e receber esses elementos essenciais de amor? Sim, podemos fazer isso por meio do mindfulness, um testemunho alerta e presente da realidade sem julgamentos, fixações, medo, expectativa, sentimento de defesa, preconceitos ou controle — o que por si só é uma descrição de comunicação eficaz. Por meio de um mindfulness centrado no coração, nós nos tornamos adeptos a conceder os componentes essenciais do amor para todos, inclusive para nós mesmos. Nas páginas a seguir, vou sempre retornar à atenção e ao sentimento plenos como uma via rápida para o amor eficaz e significativo.

Este livro discute cada um dos As e como se aplicam à infância, aos relacionamentos e à maturidade espiritual. Também há sugestões de práticas que podem ajudá-lo a resolver questões advindas da infância, ter relacionamentos mais felizes e se tornar mais consciente e compassivo espiritualmente. Essas práticas apresentam, de fato, uma ambição espiritual com apostas mais altas: você como um ser mais amoroso e o mundo como seu beneficiário.

Tudo isso significa embarcar em uma jornada em conjunto; uma jornada do herói, pois envolve sofrimento e nos obriga a mudar o foco do ego para o foco no enfrentamento dos riscos da vida juntos. Este livro acompanha você ao longo do caminho, fornecendo o material de que vai precisar nesta viagem, além de segurança e alegria. Para tanto, usamos ferramentas da psicologia ocidental e práticas espirituais ocidentais e orientais, sem promover uma em detrimento da outra, mas aplicando-as de forma simultânea. As principais ferramentas da psicologia ajudam a trabalhar questões pessoais e da infância com o compromisso de identificá-las, processá-las e resolvê-las para que você possa mudar e crescer. As ferramentas espirituais têm por objetivo se livrar do ego, aumentando o mindfulness e cultivando uma ética de benevolência. Só atingimos o mindfulness quando a realidade tem precedência sobre o ego. É por isso que o mindfulness nos leva à intimidade, a uma dádiva mútua e sem ego. Pessoas em relacionamentos, formando ou não um casal, encontram mais serenidade quando se entregam a uma prática espiritual juntas. E ainda aumentam suas chances de felicidade e longevidade nos relacionamentos.

Um relacionamento pode nos obrigar a revisitar todos os sentimentos e lembranças no mito de nós mesmos. Nosso trabalho psicológico inclui abordar, processar e resolver problemas e bloqueios emocionais. Abordar significa olhar diretamente para uma questão. Ao processar, prestamos atenção nos sentimentos, exploramos suas implicações e nos apegamos a eles até que mudem ou revelem um caminho que nos leve a um lugar ainda mais profundo dentro de nós — e resolver tem a ver com isso. Já na nossa prática espiritual de mindfulness, o que acontece é bem diferente. Deixamos os sentimentos e pensamentos surgirem e depois os libertamos. Não os processamos nem nos apegamos a eles. Cada uma dessas abordagens tem seu momento adequado, e precisamos de ambas. Prestar atenção e libertar são ferramentas gêmeas que serão apresentadas ao longo destas páginas. A terapia sem mindfulness nos ajuda a resolver uma situação difícil; já a terapia com mindfulness nos ajuda a dissolver o ego, que, para começo de conversa, nos levou à terapia.

A jornada do herói é uma metáfora para o desejo, na alma humana, por algo com a capacidade de reparar e restaurar o que foi partido ou perdido em nosso mundo limitado. A jornada do herói envolve primeiro deixar o que é familiar, enfrentar dificuldades até chegar a um novo lugar para então retornar ao lar, por fim, com uma dádiva ou uma consciência superior disponível a todos que a desejarem. As pessoas se encontram no romance e formam um relacionamento, então se opõem uma à outra em um conflito, só para enfim assumirem um compromisso de vida juntas. Parece que não conseguimos amar de forma madura, a não ser que percorramos o itinerário completo dessa expedição tão arriscada. Mas essa metáfora ocidental se torna incompleta sem o mindfulness e o sentimento pleno.

Em suma, precisamos nos levantar e partir, assim como nos sentar e ficar. Ao partir em uma jornada sem meditação e silêncio, talvez acabemos nos tornando vítimas de uma atividade limitadora e extrovertida. Ao praticar a meditação sem a consciência de que estamos em uma jornada, é possível que acabemos vítimas de uma imobilidade introvertida. A voz oriental diz que já estamos aqui. A voz ocidental diz que devemos partir e retornar de forma completa. Sem essa combinação, não chegamos a lugar algum nem permanecemos em lugar algum. Buda não ficou sentado eternamente, saiu pelo mundo para espalhar sua mensagem. E Jesus não pregou e curou todos os dias, às vezes apenas se sentava sozinho no deserto. O coração humano carrega muito mais amor do que é capaz de distribuir por toda uma vida. Sendo assim, este livro sugere um programa para ativar esse potencial abundante. Afinal, o amor íntimo é enigmático e exigente; e muitos de nós o temem, mesmo ansiando por ele. Desse modo, esse sentimento com certeza precisa de um manual extenso. Este livro explora territórios delicados e assustadores da nossa psique e acende um caminho por eles. Não é tarde demais para nenhum de nós.

Escrevo aqui como um psicoterapeuta seguindo um caminho budista e como um homem com certa bagagem em termos de relacionamentos. Eu me deparei com muitos problemas, mas encontrei maneiras de lidar com eles. Descobri que não são poços sem fundo, mas portais para uma vida mais rica. Minha abordagem aqui é justamente sobre como empacamos e as coisas dão errado. Mas acredite quando digo que vou mostrar formas de fazer as coisas funcionarem melhor e como toda a experiência pode nos tornar pessoas melhores e, assim, nos ajudar a criar um mundo melhor.

A iluminação só pode ser incorporada ao mundo por pessoas que se amam. Então, relacionamentos não têm relação com duas ou mais pessoas que podem sobreviver juntas, e sim com a maneira como, com toda essa angústia sombria e enlevo brilhante, todo mundo se torna mais capaz de amar. O trabalho e a prática que recomendo aqui não se destinam a facilitar sua vida em um relacionamento, mas a ajudar você a se relacionar com senso de humor, tranquilidade e generosidade, com a aspereza inevitável desse relacionamento. Um ego indomado não é capaz disso. Só um coração desperto é. Então, a melhor forma de abordar a intimidade é por meio de um caminho espiritual. Como bônus, nosso limitado trabalho pessoal pode curar o mundo mais amplo.

Espero que este livro proponha questões pungentes como as que listo a seguir e que ajude você a respondê-las:

- Do que preciso para encontrar a felicidade que sempre desejei?
- Eu vou sentir que sou amado, como sempre desejei?
- O que é necessário para me libertar do passado?
- Vou aprender a proteger os meus próprios limites e insistir que os outros os respeitem? Vou respeitar os limites dos outros?
- Vou me libertar da necessidade de controle?
- Vou me atrever a amar com todo o meu coração?

Como ser adulto nos relacionamentos é uma carta que escrevi para você. Estou ansioso para compartilhar tudo que aprendi com clientes, amigos e minha própria vida. Ao mesmo tempo, o livro vai trazer à tona informações *suas*, não apenas as informações que eu *lhe* dou. As verdades sobre o amor e como este sentimento funciona estão permanente e profundamente arraigadas em você e nos outros. Meu papel aqui foi digitar a sabedoria que chegou a mim do Éden e de seus exilados — ou seja, de todos nós.

1 | COMO TUDO COMEÇOU

Existem muitos caminhos nesta vida, mas poucos conseguem atravessar o mais importante: o caminho de um verdadeiro ser humano. Acho que você está nesse caminho. É uma coisa boa de ver. Faz bem para o meu coração.
— Michael Blake, *Dança com lobos*

TODOS NÓS NASCEMOS com a capacidade de dançar acompanhados, mas não com treinamento para isso. Precisamos aprender a coreografia e ensaiar até conseguirmos nos mover sem esforço e com graciosidade. A alegria disso exige esforço. Alguns de nós podem ter alguma deficiência física ou problemas de autoconfiança, portanto precisarão ensaiar ainda mais do que outros. Alguns têm tanta dificuldade que talvez nunca consigam dançar bem. Já outros aprenderam que dançar era pecado.

Nos relacionamentos acontece exatamente a mesma coisa. As primeiras experiências formam ou deformam nossos relacionamentos na vida adulta. Quando crianças, alguns de nós foram tão machucados ou incapacitados psicologicamente — seja por negligência, repressão ou abuso — que podem até levar anos de trabalho e prática antes que consigam dançar com a graciosidade de um comprometimento adulto. Alguns de nós sofreram tanto abuso que, como forma de vingança, sentem o impulso de abusar de outros. Ou então sofreram tanto no passado que talvez nunca sejam capazes de se relacionar de forma adulta.

A maioria de nós, porém, teve uma criação boa o suficiente, que satisfez de forma razoável nossas necessidades emocionais por atenção, aceitação, apreço, afeto e admissão, ou seja, os cinco As do amor. Então, na vida adulta, temos certa facilidade de nos relacionarmos de forma saudável. O que, por sua vez, significa se relacionar com mindfulness, sem uma possessividade cega ou um medo paralisante da intimidade. Ainda assim, ninguém se relaciona em perfeita tranquilidade sem antes adquirir essa habilidade, assim como ninguém consegue dançar em perfeita sincronia sem antes receber instruções. Algumas pessoas dominam a arte da dança, enquanto outras nunca conseguem dançar direito, embora talvez passem despercebidas. Da mesma forma, um relacionamento pode parecer bem-sucedido, mas talvez não haja intimidade ou comprometimento verdadeiros, o que se torna um problema genuíno caso resulte em casamento e filhos. Como dançarinos, podemos nos recusar a aprimorar nossas habilidades sem grandes consequências para outras pessoas, mas, se agirmos da mesma forma nos relacionamentos, alguém pode sair magoado. (Nesse contexto, *relacionamento* significa envolvimento íntimo, seja vivendo junto ou separado.)

Então, há aqueles de nós que na infância sofreram sérios abusos e não tiveram suas necessidades satisfeitas e, dessa forma, ficaram tão arruinados que, como resultado, têm muita dificuldade em desenvolver a intimidade. Com o tempo, esses também podem aprender a se relacionar de forma íntima, mas apenas se resolverem suas próprias questões. É nossa responsabilidade dedicar a energia necessária para praticar e nos tornarmos habilidosos em ter bons relacionamentos. Isso não acontece de forma automática. Ainda temos que aprender, ser ensinados, sentir tristeza por nosso passado, fazer terapia, conhecer o nosso verdadeiro eu, desfazer anos de hábitos, treinar com nosso par, seguir uma prática espiritual e ler e estudar livros como este. A boa notícia é que nós, assim como todos os seres humanos, temos uma psique calibrada para realizar esse trabalho. Com o tempo, toda a estranheza e os erros serão substituídos por movimentos harmoniosos e cooperativos que refletem bem a música romântica tocando ao fundo de tudo.

Já ouvimos falar do mal que nossas feridas da infância podem causar aos relacionamentos da vida adulta, mas costumo ter uma visão positiva daquela época em nossa história humana. O que de fato aconteceu é menos importante do que a forma como carregamos isso agora: positivamente, como algo que superamos, ou negativamente, como algo que continua nos ferindo e atrapalhando nossos relacionamentos. Se pudermos lamentar o passado e, dessa forma, diminuir seu impacto em nossa vida atual, podemos, então, manter nossos limites e, ainda assim, criar vínculos fortes com o nosso par. Contanto que tenhamos um programa para lidar com a adversidade, nenhum problema será capaz de nos levar ao desespero.

Já ouvimos pessoas sendo rotuladas de "codependentes" quando não conseguem sair de um relacionamento doloroso e sem futuro. Ainda assim, se um relacionamento reconfigura um vínculo original com nossos pais ou nossos cuidadores, sair dele pode representar uma ameaça aterrorizante para nossa segurança interna. Todas as perspectivas de mudança, até mesmo para melhor, passam a representar uma ameaça. Por isso, é importante ter compaixão em relação a nós mesmos durante todo o tempo necessário. Demorar a fazer essa mudança não significa que somos covardes ou codependentes, apenas que somos sensíveis às pressões e aos significados de áreas da nossa própria psique que ainda são dominadas por um antigo regime. Nossos vínculos fracassados e os que estão fracassando sempre são causa de preocupação. Repetir isso é humano; e reprogramar é saudável. À medida que substituímos, por mais devagar que seja, reações defensivas por diferentes formas de fazer as coisas, isso abre espaço para novas capacidades e, como resultado, novas habilidades entram em cena. Não é só questão de se libertar do arco sufocante da infância. Nós, seres humanos, necessitamos do amparo encorajador da pessoa com quem nos relacionamos. Precisamos saber que existe uma ressonância reverberante e entusiasmada à nossa existência única em algum lugar neste mundo desolado. Não temos como fazer isso acontecer, mas podemos estar abertos e acolhedores quando acontecer.

Se passássemos uma infância plenamente satisfeita, não teríamos motivação para sair mundo afora. O caminho para a vida adulta começa quando deixamos para trás, como deve ser, o ninho de segurança oferecido por nossos pais ou cuidadores e entramos no mundo dos adultos. Sem essa necessidade, talvez fôssemos seduzidos pelo conforto de casa, talvez nos isolássemos do resto do mundo, e, dessa forma, não encontraríamos nosso lugar único nele ou nossa maneira única de contribuir com ele. Isso também explica por que nada nem ninguém jamais será suficiente para satisfazer a total extensão de nosso potencial humano. A natureza não pode abrir mão de nenhum de seus representantes, então calibrou o coração de tal forma que este nunca está satisfeito. Mas ela nos proporciona *momentos* de satisfação com coisas e pessoas, e é isso que pode nos sustentar. Essa mensagem foi transmitida de forma emocionante pelo personagem do cavaleiro no filme *O sétimo selo*, de Ingmar Bergman: "Vou sempre me lembrar desse momento de paz... os morangos, a tigela de leite, o rosto de vocês no entardecer. Sempre vou me lembrar das nossas palavras e vou carregar esta lembrança nas mãos com tanto cuidado quanto carregaria uma tigela de leite. E esse será um sinal de grande contentamento." Sim, podemos guardar a lembrança de momentos de verdadeira intimidade e, mais tarde, pensar neles como forma de consolo. Podemos até recorrer a eles para nos manter estáveis quando nos sentimos desolados e solitários. Aqueles que nos amaram se tornam companheiros interiores e permanecem ao nosso lado quando precisamos deles. "Não temerei mal algum, porque tu estás comigo."

O amor, ou qualquer conexão profunda com outra pessoa, por mais breve que seja, faz muito mais do que nos satisfazer no presente. Ele se ondula de volta no tempo, remendando, restaurando e renovando um passado inadequado. O amor sincero também coloca em movimento ondulações contínuas que seguem adiante e resultam em uma mudança dentro de nós. Chegamos ao ponto em que conseguimos pensar: "Não preciso mais de tanta coisa. Não preciso mais culpar meus pais por tanta coisa. Já sou capaz de receber amor sem ansiar por mais e mais. Consigo receber esse amor, e isso basta." A pessoa que chegou a esse ponto na jornada está pronta para amar intimamente.

Um ambiente protegido — o contexto sólido e seguro dos cinco As — é necessário tanto para o crescimento emocional quanto para o espiritual. Não somos como lesmas dentro da nossa própria concha. Somos mais como cangurus, nos desenvolvendo em uma bolsa. Vivenciamos o abrigo do útero, do seio da família, de um relacionamento, de grupos de apoio e de comunidades cívicas e espirituais. Em cada estágio de nossa vida, nosso eu interior precisa dos cuidados de pessoas amorosas e sintonizadas com nossos sentimentos e que sejam receptivas às nossas necessidades. O olhar de amor incondicional aceita a aparência pessoal do verdadeiro eu. Aqueles que nos amam cultivam nossos recursos interiores de poder pessoal, amabilidade e serenidade. Aqueles que nos amam nos compreendem e estão disponíveis para nos dar atenção, apreço, aceitação e afeto, elementos estes que somos capazes de sentir. Além disso, eles nos dão abertura para sermos quem somos. Na vida adulta, relacionamentos seguros surgem dessa abertura. Nosso trabalho, então, é nos tornarmos a versão mais saudável possível de quem somos. O ego saudável — que Freud chamou de "organização coerente dos processos mentais" — é a parte de nós que pode se observar, observar situações e pessoas, avaliá--las e reagir de forma a se aproximar dos nossos objetivos. Nós não abandonamos esse aspecto do ego; trabalhamos a partir dele. Isso nos ajuda em relacionamentos ao nos tornarmos responsáveis e sensatos em relação às nossas escolhas e aos nossos compromissos. O ego neurótico, por outro lado, é a parte de nós impulsionada compulsivamente ou bloqueada por medos ou desejos. Em seu estado inflado, o que chamamos de "grande ego" parece arrogância, egoísmo, apego e necessidade de controle. Às vezes, não reconhecemos isso e nos sentimos vítimas dos outros. Nossa missão espiritual de vida é nos despirmos desse ego neurótico. Sua tirania assusta e espanta a intimidade, além de ameaçar nossa autoestima.

A psicologia ocidental dá muita importância à construção de um senso de eu ou de ego. O budismo, por outro lado, dá mais importância à libertação da ilusão de um eu sólido e autossuficiente. Até percebermos que o budismo pressupõe um senso saudável do eu, esses pontos de vista parecem contraditórios. O budismo não recomenda abdicar das obrigações adultas de construir competências e confianças, de se relacionar com os outros de forma eficaz, de descobrir um propósito de vida e de cumprir as responsabilidades. Na verdade, antes precisamos estabelecer um eu para enfim abrirmos mão de um. Esse eu é uma designação temporária e conveniente, mas não é essencialmente real de nenhuma forma duradoura e imutável. Dizer que não existe um eu fixo e limitado é uma maneira de se referir ao potencial ilimitado que existe dentro de cada um de nós — nossa mente búdica ou natureza búdica. Podemos transcender o senso limitado que temos de nós mesmos. Somos muito mais do que o nosso ego limitado.

Grandes místicos sentem a unicidade vivenciada na meditação como algo de início tranquilizador, mas, depois, torna-se uma força que os impele para o mundo com um senso de serviço. (É por isso que a nossa jornada é heroica, além de paradoxal.) Isso não significa que temos que viver uma vida de constante serviço à humanidade. Nós nos sentimos realizados quando vivemos a nossa total capacidade pessoal de amar, demonstrando o amor único e inigualável que existe dentro de nós.

O PODER DO MINDFULNESS

O mindfulness cria as condições para a revelação.
— Sylvia Boorstein

A autorrealização não é um acontecimento repentino nem o resultado permanente de um esforço duradouro. O poeta e santo budista tibetano do século XI, Milarepa, sugeriu: "Não espere a realização plena; apenas a pratique todos os dias da sua vida." Uma pessoa saudável não é perfeita, mas aperfeiçoável; não é plena, mas um trabalho em desenvolvimento. Manter-se saudável requer disciplina, trabalho e paciência, e é por isso que a nossa vida é uma jornada forçosamente heroica. O ego neurótico quer seguir o caminho de menor resistência. O eu espiritual quer revelar novos caminhos. Não é que a prática leva à perfeição, e sim que a prática é perfeita, pois combina esforço com abertura, o que leva à bênção.

A prática autêntica é uma dádiva de desenvolvimento ou de despertar que chega a nós de forma espontânea, sem ser chamada, vinda diretamente da nossa natureza búdica, ou seja, iluminada. Fazer pão exige o esforço de sovar a massa, mas também exige paciência enquanto a massa cresce com um poder próprio. Não estamos sozinhos na nossa evolução psicológica ou espiritual. Um poder superior ao ego, mais sábio do que nosso intelecto e mais duradouro do que nossa vontade, entra em ação para nos ajudar. Mesmo agora, ao ler este livro, muitos bodisatvas e santos estão reunidos para se tornar seus companheiros poderosos na jornada até seu coração.

O mindfulness é uma elegante prática budista que traz nossa atenção limitada ao que está acontecendo no aqui e agora. E o faz ao nos libertar do hábito mental de nos distrair com medos, desejos, expectativas, avaliações, fixações, preconceitos, proteções, tudo baseado em nosso próprio ego. A ponte que nos tira das distrações e nos traz para o aqui e agora é a experiência física de prestar atenção na nossa respiração. A postura sentada clássica representa um importante papel na meditação do mindfulness, pois nos encoraja a permanecer imóveis e nos centrar no mundo físico. Além disso, o ato de sentar nos liga à terra, e a terra, por causa da concretude do aqui e agora, nos enraíza e nos centra diante das atraentes seduções mentais. Sentamo-nos como prática de como vamos agir no decorrer do dia. O mindfulness, porém, é mais do que o ato de se sentar. Trata-se de cada momento em que você vai se desgarrando do ego. É a simplicidade resultante quando vivenciamos a realidade sem todas as interferências produzidas pelas artes decorativas do ego.

O termo *mindfulness* é, na verdade, inadequado, pois o ato em si envolve esvaziar a mente, e não o contrário. É o único estado mental não alterado, a experiência pura da nossa própria realidade. A meditação é o veículo para o mindfulness em todas as áreas. Além disso, a meditação do mindfulness não é um evento religioso, muito menos uma forma de oração. É uma exploração de como a mente funciona e como pode se aquietar para revelar a vastidão interior da qual a sabedoria e a compaixão facilmente surgem.

O mindfulness não existe para nos ajudar a fugir da realidade, mas para vê-la com clareza, sem as camadas cegantes do ego. A meditação não é uma forma de escapismo; as camadas do ego é que são. Manter essa visão leva à liberdade, ao passo que, ironicamente, o escapismo nos leva ao apego. No vale assombrado do paradoxo humano, *nós ganhamos e seguimos o caminho ao perder e nos libertar do que nos prende*, e o mindfulness é o bom pastor interior que nos guia.

No mindfulness, não reprimimos nem cedemos a pensamentos, apenas os notamos e voltamos a atenção para a respiração, que nos conduz gentilmente de volta ao lugar ao qual pertencemos, com o carinho de uma mãe com um filho perdido. A meditação é bem-sucedida quando conseguimos retornar à nossa respiração de forma paciente e sem julgamentos. A consciência atenta e plena é a condição da testemunha justa e alerta, em vez de juiz, júri, promotor, requerente, réu, advogado de defesa. Apenas notamos o que acontece na nossa mente e absorvemos a informação. Isso não significa ser estoico nem indiferente, pois, nesse caso, perderíamos nossa vulnerabilidade, um componente essencial da intimidade. Testemunhar não é ficar de lado, mas se manter ao lado. Dessa forma, podemos agir sem compulsão e sem preocupação, relacionando-nos com o que está acontecendo em vez de sermos possuídos por isso.

Existem dois tipos de testemunho: o compassivo e o impassível. No testemunho compassivo, observamos a partir de uma perspectiva amorosa. É como passar pelas fotos de um álbum de família. Somos tomados por um sentimento de carinho sem qualquer sintoma de possessividade. Nós olhamos, nos desprendemos e seguimos para ver o que está na página seguinte. No testemunho impassível, por outro lado, olhamos tudo com indiferença passiva. Permanecemos frios e indiferentes, sem expectativas em relação ao que vem em seguida e sem apreço pelo que veio antes. É como olhar para a paisagem do lado de fora da janela do trem. Apenas vemos tudo passar, sem qualquer reação interna. O testemunho atento é um testemunho compassivo, uma presença comprometida livre de medos ou apegos.

O mindfulness é mais uma vigília do que uma observação: vigiamos a realidade como protetores de sua verdade. Uma professora de arte chamada Irmã Wendy Beckett diz que grandes artistas pintam quadros incríveis porque aprenderam "a olhar sem ideias fixas sobre o que é adequado". Isso é mindfulness. Pode ser tanto uma consciência sem conteúdo (a consciência pura sem atenção a qualquer questão ou sentimento em particular) quanto uma consciência com conteúdo (atenção sem intromissões do ego, chamada de mindfulness da mente). Em geral, quando falo em mindfulness neste livro, refiro-me a este último estilo.

Desse modo, mindfulness é um empreendimento corajoso, pois é a crença de que temos dentro de nós a capacidade de reter e tolerar nossos sentimentos, garantir que vamos aceitá-los mesmo que pareçam assustadores e conviver com eles em equilíbrio. Descobrimos, então, uma força interna que equivale à autodescoberta. A partir daí, a autoestima se torna eficaz ao nos relacionarmos com os outros. Como o mindfulness nos leva à libertação do ego ao nos livrar do medo e do apego, ele se torna uma ferramenta apropriada para um relacionamento saudável. Faz com que estejamos presentes para os outros de forma pura, sem a venda do ego neurótico. Simplesmente ficamos com a pessoa, aceitando-a por ser quem é, notando suas características, mas não as julgando.[1] Consideramos o que a outra pessoa faz e usamos isso como informação, sem a necessidade de censurar ou culpar. Ao fazer isso, abrimos espaço em volta de um evento, em vez de preenchê-lo com nossas crenças, julgamentos e medos. Essa presença atenta nos liberta de uma identificação constritiva com as ações da outra pessoa. Um relacionamento saudável se dá quando existem cada vez mais momentos que abrem esse espaço.

O caminho do mindfulness serve para dar às outras pessoas os cinco As, os componentes essenciais do amor, do respeito e do apoio. Também é uma forma de estar presente de maneira atenta no aqui e agora. Desse modo, prestamos atenção e ficamos com alguém considerando seus sentimentos e sua situação no momento presente. Quando aceito alguém dessa forma serena, ocorre uma mudança em mim, e nós dois adquirimos as habilidades para um comprometimento e um afeto mais compreensivos. Aceitar isso também é o primeiro passo para se libertar do controle e para honrar a liberdade da outra pessoa. Essa aceitação atenta é a base de trabalho para relacionamentos. *Os cinco As são o resultado e as condições para o mindfulness.* Quanto a nós, como indivíduos, o mindfulness nos permite deixar os pensamentos e os eventos tomarem forma e se dissolverem sem que tenhamos que sofrer com isso. É o *A* de admissão, uma forma de amor — dessa vez por nós mesmos.

O mindfulness é inerente à natureza humana. Fomos feitos para prestar atenção na realidade. Prestar atenção é uma técnica de sobrevivência. Com o passar dos anos, porém,

---

1 Sempre que possível, uso o termo "pessoas" para evitar a exclusão de formas de autoidentificação. Quando isso não for viável, usarei combinações de "ele(s)", "ela(s)", mas não há nenhuma tentativa de excluir pessoas que se identificam com pronomes neutros. Também uso a palavra "par" como forma de me referir às pessoas que formam o casal e de evitar a definição de gênero. Ao fazer isso, não tenho a intenção de desrespeitar a opção de relacionamentos com mais de duas pessoas.

aprendemos a escapar e a nos refugiar em santuários ilusórios construídos por um ego que teme a realidade. Notamos que é mais fácil acreditar no que faz com que nos sintamos melhores, e nos sentimos no direito de esperar que os outros sejam o que precisamos que sejam. Essas são correntes humanas que parecem elos para a felicidade. No entanto, quando nos comprometemos a viver despidos do ego, dos desejos e das fixações, começamos a agir de forma franca, tornando-nos verdadeiros uns com os outros. Relaxamos em meio ao momento, e este se torna uma fonte de imensa curiosidade. Não precisamos fazer nada. Não precisamos procurar na bagagem do nosso ego algo que possamos usar para enfrentar o momento. Não precisamos nos armar. Não precisamos virar peões das nossas próprias fixações nem de nossas rígidas concepções da realidade. Não precisamos ficar na defensiva nem pensar em uma resposta. Podemos só deixar as coisas acontecerem, permanecendo presentes na realidade como ela é e experimentando tudo do modo como somos. Isso é muito mais relaxante do que nossas reações usuais, e nós usamos o equipamento original da psique humana em vez de mecanismos *artificiais* criados pelo ego no decorrer dos séculos. É por isso que mindfulness também é chamado de despertar.

Um ambiente protegido é necessário para qualquer crescimento, seja psicológico ou espiritual. Assim como a bolsa onde o filhote de canguru termina de se desenvolver, nós vivemos a experiência de ser acolhidos no seio da família, em um relacionamento ou em uma comunidade, incluindo comunidades de reabilitação ou de praticantes. Em cada estágio da vida, nosso eu interior requer os cuidados de pessoas amorosas e sintonizadas com os nossos sentimentos, que reajam às nossas necessidades e possam cuidar dos nossos recursos interiores de poder pessoal, amabilidade e serenidade. Nós somos capazes de sentir quem são as pessoas que nos amam e estão disponíveis para nós com atenção, apreço, aceitação e afeto. Elas abrem espaço para sermos quem realmente somos.

Embora pareça estranho dizer isso, o mindfulness é, em si, um ambiente protegido. Quando nos sentamos, nunca o fazemos sozinhos, pois todos os santos e bodisatvas (seres iluminados) do passado e do presente estão conosco. O mindfulness significa manter contato e continuidade com uma longa tradição. Sentar-se para meditar não é uma experiência solitária. Nós recebemos assistência e somos acolhidos por todos os outros praticantes de meditação que estão sentados em algum lugar do mundo neste mesmo instante, por todos aqueles que já se sentaram em estado de maravilhamento diante do poder do silêncio, para que consigamos nos abrir. Quando Buda se sentava na terra, era como se ele se acomodasse em um colo. Isso também acontece conosco.

O mindfulness ativa nossa coesão interior, nossa continuidade e estabilidade pessoal. Ser uma testemunha justa exige um ego saudável, pois o distanciamento e a objetividade não estão disponíveis para alguém com limites fracos, sem tolerância para ambiguidades e sem senso de um centro pessoal. A meditação pode ser ameaçadora para pessoas instáveis com necessidade de espelhamento, que é o reflexo reconfortante e validador dos sentimentos de uma pessoa por outra (consulte o Capítulo 2). O comprometimento implacável de Buda em reconhecer a impermanência será aterrorizante e destrutivo para quem não tiver uma base firme como um eu separado, autônomo e protegido de forma inteligente. Por fim, o chamado para viver no presente aparece no momento errado para quem primeiro precisa explorar o passado e se libertar das amarras insistentes. É por isso que tanto o trabalho psicológico de individuação quanto a prática espiritual para ausência de ego sempre serão requisitos para a iluminação de seres linda e misteriosamente desenhados como nós.

Se não estivermos prontos psicologicamente, não devemos tentar meditar de forma séria. Ao mesmo tempo, no entanto, podemos começar com meditações simples diárias como auxílio ao trabalho psicoterapêutico. Este livro defende que os trabalhos psicológico e espiritual sejam feitos de forma simultânea e lenta, uma vez que algumas atitudes espirituais contribuem para a saúde psicológica e vice-versa. Por exemplo, a atitude espiritual de aceitação nos ajuda a carregar o fardo necessário e apropriado do luto, enquanto a capacidade psicológica de assertividade nos ajuda a defender a justiça por nós e pelos outros, e isso aumenta nossa compaixão. Ken Jones, budista, ativista social e autor, diz: "Sistemas de maturação como o budismo nos ensinam que só quando enfrentamos com firmeza nossas aflições e nos abrimos sem reservas para nossos sentimentos conseguimos vivenciar o empoderamento independente desse eu [ego] trêmulo."

Quando nos despimos do ego, encontramos oportunidades para nos concentrarmos no coração. Desse modo, acessamos nossas bênçãos interiores de amor incondicional, sabedoria perene e poder de cura (as mesmas qualidades que cultivaram a evolução humana). Nosso coração está sempre presente. Com ele conseguimos ouvir, ver, conversar e amar. Encontrar-nos espiritualmente é usar nossas habilidades do ego saudável para servir aos propósitos do coração; ou seja, bondade sem reservas em todas as nossas conexões. O ego é direcionado para juntar; o coração é direcionado para doar. Nós nos vemos desejando intimidade com todo o universo, não apenas com uma única pessoa. É por isso que buscar o nosso próprio caminho espiritual é tão importante para cuidar dos relacionamentos e da terra.

Viver com o coração não significa nunca ter sentimentos negativos, pelo contrário; só quer dizer que não somos dominados por eles. Afinal, assim como nossos temores, eles já não nos impulsionam, envergonham ou paralisam. Em vez disso, nós os abrigamos de forma atenta, sem as elaborações ansiosas que nossa mente tem o hábito de acrescentar. Passamos por eles com tranquilidade, exatamente como Ulisses, que ouve o canto das sereias e *mesmo assim* continua navegando em segurança.

UMA NOTA POSITIVA SOBRE O QUE FOI E O QUE É

Deixar o lar é metade do darma.
— Milarepa

Ter necessidades pode até parecer um sinal de fraqueza. No entanto, são as necessidades que nos direcionam para o crescimento. Os anseios da infância por atenção, apreço, aceitação, afeto e admissão para sermos nós mesmos não são algo patológico, mas evolucionário. Ao tentar chamar a atenção de nossos pais, estamos buscando aquilo de que precisamos para uma evolução saudável. Não estamos sendo egoístas, e sim nos priorizando, portanto não há necessidade de sentir vergonha em relação a isso agora.

A infância influencia escolhas presentes, pois o passado está em um *continuum* com o presente. Questões precoces que ainda não foram concluídas não precisam ser um sinal de imaturidade; na verdade, podem ser um sinal de continuidade. A recorrência de temas da infância nos relacionamentos adultos dá profundidade à nossa vida, no sentido de que não estamos passando pelos eventos da vida de forma superficial, mas vivendo-os plenamente enquanto evoluem. Nosso passado só se torna um problema quando somos compelidos a repetir nossas perdas ou a introduzir, de forma sorrateira, determinantes inconscientes nas nossas decisões. Nosso trabalho, então, não é o de abolir essa conexão com o passado, mas de levá-la em consideração sem ficarmos à mercê dela. A questão é qual nível de interferência do passado devemos permitir em nossas chances de nos relacionar de forma saudável e viver de acordo com nossas necessidades, valores e desejos mais profundos.

Para o bem ou para o mal, nosso desenvolvimento psíquico resulta de um *continuum* de toda uma vida de relacionamentos. O objetivo do adulto é trabalhar cada uma delas. Combatemos nossos relacionamentos do passado com respeito, assim como Jacó fez com o anjo, até que eles nos concedam sua bênção.

A bênção é a revelação do que não tivemos e do que perdemos. Esse conhecimento nos dá o impulso para nos libertar do passado e encontrar a realização das nossas necessidades em nosso interior e em outras pessoas que possam nos amar com autoaceitação. Um amor assim restaura ou conserta as estruturas psíquicas que perdemos ou que foram danificadas no início da vida, e começamos a ter um senso coerente de quem somos, o que, por sua vez, possibilita que amemos os outros com a mesma potência. Recebemos dos outros e, dessa forma, aprendemos a dar, pois o amor ensina a generosidade. Amadurecer não consiste em deixar as necessidades para trás, mas em recrutar pessoas que nos apoiem e que deem respostas generosas para as nossas necessidades, que também são adequadas para a idade.

Entre os hábitos da infância, comportamentos defensivos têm sido considerados sinais de inadequação e patologia. Entretanto, para a sobrevivência psicológica, precisamos de muitas defesas. Nós nos defendemos de coisas para as quais ainda não nos sentimos prontos; por exemplo, intimidade ou compromisso de corpo e alma. Aprendemos cedo a defender nossos desejos e necessidades únicos, quando mostrá-los parecia arriscado. Aprendemos a defender da humilhação, da vergonha e da desconfiança nosso âmago delicado e vulnerável. Essas são habilidades, não defeitos.

Se quando crianças nos sentíamos inseguros, talvez ainda nos sintamos assim, colocando em prática nossas antigas formas de defesa. Podemos fugir ou nos defender da intimidade por medo de reviver as traições que sofremos naquela época, que nos deixaram encolhidos atrás de um muro feito de medo. No muro estão grafitadas frases que sitiam nossa autoestima: "Não deixe ninguém chegar perto demais"; "Não entre de cabeça"; "Nenhum relacionamento vai dar certo"; "Ninguém vai conseguir amar você como realmente precisa ser amado(a)"; "As pessoas não são confiáveis". Nosso trabalho como adultos é substituir esses princípios que regem nosso comportamento por outros mais saudáveis e otimistas. Esses princípios que limitam nosso potencial pleno para a energia vibrante — a manifestação da nossa própria força vital única — são como o regulador do acelerador que impede que um veículo atinja a velocidade máxima. A maioria de nós anseia por aquilo que não teve na infância. Cada vínculo íntimo reavivará tais anseios arcaicos, junto de terrores e frustrações que acompanham necessidades cronicamente não atendidas. No entanto, isso nos coloca em uma posição ideal para revisitar essas necessidades frustradas, reviver nossa energia e reconstruir nosso mundo interior de acordo com princípios afirmativos. Um vínculo sólido em um relacionamento, assim como na fé religiosa, resiste apesar do impacto dos eventos, de forma que a nossa resistência é o único obstáculo para que o crescimento possa surgir a partir do sofrimento. Quando remendamos nosso próprio tecido rasgado, o que estava preso no passado se liberta. Conseguimos restabelecer o contato com quem realmente somos e viver de acordo com a nossa essência redescoberta.

Durante a vida, todo mundo precisa se nutrir com alimentos. Da mesma forma, uma pessoa psicologicamente saudável precisa, por toda a vida, se alimentar com os cinco As, ou seja, atenção, apreço, aceitação, afeto e admissão. É verdade que as necessidades frustradas dos cinco As na infância não podem ser compensadas na vida adulta, no sentido de que se torna impossível realizá-las de forma absoluta, imediata ou infalível. A realização absoluta e imediata das necessidades de alguém é adequada apenas para os bebês. Mas as necessidades podem ser satisfeitas, em partes pequenas ou grandes, no decorrer da vida. O problema não é buscarmos gratificação, mas buscarmos uma quantidade muito grande disso de uma só vez. Aquilo que antes não recebemos o suficiente agora também não conseguimos receber o suficiente; aquilo que antes recebemos o suficiente agora também conseguimos receber o suficiente.

Nós não superamos as nossas primeiras necessidades. Na verdade, elas se tornam menos devastadoras, e encontramos formas menos primitivas de satisfazê-las. Por exemplo, um bebê precisa ser carregado no colo e acolhido, enquanto um adulto pode se satisfazer apenas com um olhar de apoio ou gentil. Às vezes, uma necessidade constante pode ser satisfeita com poucos momentos de amor atento. No entanto, outras vezes ainda precisamos ser acolhidos.

Se as nossas necessidades emocionais tiverem sido satisfeitas por nossos pais ou cuidadores, saímos da infância com a confiança de que os outros podem nos oferecer aquilo de que precisamos. Podemos receber amor sem sofrimento ou compulsão. Nossas necessidades são moderadas. Conseguimos confiar em alguém para nos ajudar a satisfazer nossas necessidades, enquanto ajudamos essa pessoa a satisfazer as dela própria. Isso fornece uma base para uma vida de intimidade e igualdade.

Nossa vida começa no aconchego do útero e segue em um abraço. É impossível que nossa identidade se desenvolva em isolamento, pois somos dialógicos por natureza.

"Só quando alguém segura o bebê nos braços é que o momento 'eu sou' pode ser enfrentado ou, na verdade, arriscado", diz o psiquiatra britânico D. W. Winnicott em *Privação e delinquência*.

As necessidades emocionais originais da vida foram satisfeitas nos ambientes protegidos do útero, nos braços da mãe durante a amamentação, no calor do lar e na proteção dos pais, e estes são sempre os requisitos específicos para um desenvolvimento sereno. Em um ambiente seguro e acolhedor, as crianças sentem que estão vivendo em um envoltório de segurança, no qual também há espaço para que possam expressar os sentimentos livremente. Assim, as crianças sentem que os pais são capazes de lidar com os sentimentos delas e refleti-los com aceitação amorosa; em suma, há espaço para serem elas mesmas.

Se, por outro lado, essas necessidades não forem satisfeitas, elas podem ter dificuldades para confiar em um poder maior que o ego ou para reconhecer a necessidade da espiritualidade na vida adulta. Os compromissos de fé propõem que confiemos em uma fonte invisível de provisão e, quando fontes visíveis nos decepcionam, somos menos propensos a confiar nas invisíveis. Ainda assim, Carl Jung diz que o anseio pelo espiritual é tão forte em nós quanto o desejo sexual. Dessa forma, quando negamos totalmente a possibilidade de um poder maior do que nós mesmos, acabamos ignorando um instinto interior. Outra face desse mesmo problema é o fanatismo religioso ou uma religiosidade negativa, abusiva, cheia de culpa e obrigações.

Quando não nos sentimos plenos em um ou mais dos cinco As, um poço sem fundo se abre em nosso interior, um anseio impossível de ser satisfeito pelas partes que faltam do quebra-cabeça do nosso passado infeliz. A tristeza por uma infância infeliz é dolorosa. Nós a tememos porque sabemos que não seremos capazes de controlar a intensidade, a duração, o alcance; desse modo, sempre buscamos maneiras de contorná-la. Mas nos conectar com nossa tristeza é uma forma de autocuidado e libertação das carências. De forma paradoxal, permitir a vivência das nossas mágoas nos coloca no caminho para a intimidade saudável.

Esse problema é meu? Eu estive com medo de lidar com o que não recebi dos meus pais, então exigi isso de estranhos, espectadores inocentes e pessoas com quem me relacionei? Será que sou incapaz de encontrar isso em mim mesmo porque dedico toda a energia procurando em outra pessoa?

Reaver o passado e desfazê-lo são nossos objetivos paradoxais em relacionamentos. Não é de se estranhar que relacionamentos sejam tão complexos! A complexidade, no entanto, não está nas transações entre dois adultos, mas no fato de que tais transações nunca começam — em vez disso, duas crianças estão puxando a manga da blusa da outra enquanto gritam: "Olhe o que aconteceu comigo quando eu era criança! Faça isso parar e dê um jeito nas coisas para mim!" De fato, estamos pedindo que uma pessoa inocente conserte um problema que ela não conhece e que não tem as habilidades necessárias para consertar. Todo o tempo e toda a energia são direcionados para essa transação, tirando nossa atenção da primeira parte do nosso trabalho: consertar a nossa própria vida, o que exige algum empenho na terapia.

Nossa psique é como um laboratório criogênico no qual nossas necessidades não satisfeitas da infância ficam congeladas em seu estado original, esperando pela cura e pela realização, em geral sem nos revelar o verdadeiro grau de tristeza e privação. O caminho para o amor começa em nosso próprio passado e em sua cura e depois avança externamente em direção ao nosso relacionamento com os outros.

Mesmo quando nossas necessidades da infância foram satisfeitas, é possível que precisemos trabalhar em nosso desenvolvimento como adultos. Pais carinhosos se certificam de que o ambiente da nossa infância seja seguro e tranquilo, e, como adultos, talvez continuemos procurando por pessoas ou coisas que recriem esse milagre. A fantasia recorrente de um "par perfeito", ou a busca por isso, é um forte sinal de que nossa psique está avisando que precisamos trabalhar em nós mesmos. Para um adulto saudável, não existe par perfeito, a não ser de forma temporária ou momentânea. Nenhuma fonte de felicidade existe, e ninguém é capaz de tornar a vida de outra pessoa perfeita. (O fato de que isso acontece em contos de fada já diz tudo.) Não podemos esperar que um relacionamento satisfaça todas as nossas necessidades; ele só as mostra para nós e faz uma pequena contribuição para que sejam satisfeitas. Perguntamos: *Será que, se eu tivesse conhecido o par perfeito, teria aprendido o que precisava?*

O par perfeito é a miragem vislumbrada depois de atravessar o deserto de amor insuficiente. As miragens acontecem por falta de água, ou seja, falta alguma coisa de que precisamos por um longo tempo. Elas são normais e não devem ser motivo de vergonha. Nós as notamos, pegamos a informação acerca de em que precisamos trabalhar e, então, as libertamos. Se fizermos isso, vamos nos tornar um verdadeiro oásis, a dádiva da natureza para aqueles que seguem em frente, que não param por causa da miragem.

Ainda assim, se há algo certo na vida é que nada nos satisfaz de forma permanente e definitiva. Apesar disso, muitos de nós acreditam que, em algum lugar, existe alguém ou algo que *vai* ser satisfatório para sempre. Tal crença quimérica, e a busca incansável e desesperada que advém dela, pode se tornar profundamente desanimadora e autodestrutiva. No mindfulness, podemos nos render à realidade com toda a sua impermanência e frustração, e, a partir dessa rendição, algo maravilhoso e encorajador pode acontecer. Descobrimos que queremos encontrar um par que caminhe ao nosso lado no mundo, não alguém que esperamos ser o agente para uma mudança ou uma válvula de escape. Descobrimos um equilíbrio agradável entre render-se à insatisfação fundamental da vida e maximizar nossa oportunidade para o contentamento. Essa é a nossa descoberta da passagem oportuna entre os picos nevados da desilusão e do sofrimento. A partir desse ponto de vista, uma necessidade moderada de satisfação, sentida em dias ou até mesmo momentos, se torna satisfatória. "Moderada" é a palavra-chave para dar e receber os cinco As. Um fluxo contínuo deles seria bastante irritante, até mesmo para um bebê. Nosso mindset fantasioso nos faz desejar algo do qual logo iríamos fugir. Desse modo, o que parece um compromisso insatisfatório, na verdade, é o melhor negócio da vida adulta. O santuário hospitaleiro e as águas generosas de um oásis podem ser aproveitados por um dia ou muitos, mas nunca para sempre. Mais cedo ou mais tarde, vamos nos empanturrar, e nosso coração vai ansiar pelo que vem em seguida. O deserto e o que está além dele, sejam lá quais forem seus mistérios e dificuldades, acenam para nós e não podem ser ignorados nem renunciados. A jornada está incorporada em nós, não importa quão linda seja nossa casa. A ideia de algo mais ou diferente nos excita, não importa se nossa situação atual é agradável. E pode ser isso que o poeta George Herbert quis dizer com os versos em que Deus diz para o recém-criado Adão: "Ainda assim, deixe-o ficar com o resto,/ Mas... com uma inquietação descontente,/ Deixe que seja rico *e* enfadado."

Desde que continue desejando alguma coisa externa, você ficará insatisfeito porque existe uma parte sua que você ainda não possui por inteiro... Como você pode ser completo e satisfeito, se acredita que não consegue possuir essa parte [de si mesmo] até que alguém faça alguma coisa?... Se isso é condicional, então não é totalmente seu.

— A. H. Almaas

OS CINCO AS: AS CHAVES QUE ABREM NOSSO VERDADEIRO EU

No fundo, sempre soubemos que a satisfação das necessidades e a boa criação dos filhos ocorrem com os cinco As: atenção, apreço, aceitação, afeto e admissão. Na infância, notamos como nossos pais pagaram ou não essa conta. Depois, passamos a procurar por alguém que pode pagar essa conta melhor e de forma mais consistente. Esse processo é como olhar para uma reprodução da *Mona Lisa*, mas com a imagem embaçada e a cor errada. Sabemos como a pintura deve ser e buscamos uma impressão melhor com a cor mais vibrante. Na vida adulta, buscamos um par que será o certo. A princípio, isso significa uma réplica de nossos pais, só que com algumas características melhores (ou ausentes). Então, encontramos um par que controla, mas também é leal. E, conforme amadurecemos, não buscamos mais os traços negativos, apenas os positivos. Depois, não buscamos mais pares controladores, e sim leais, que nos permitem ser nós mesmos. Quando amadurecemos, não exigimos mais a perfeição, apenas notamos a realidade. Acessamos nossos recursos internos. Um par que coopere com isso é uma dádiva, mas já não é mais uma necessidade. Os cinco As começam com uma necessidade a ser satisfeita por nossos pais, depois se tornam uma necessidade a ser satisfeita pelo nosso par e, um dia, se tornarão uma dádiva que damos para os outros e para o mundo.

Por sermos seres dialógicos, nossa autoestima surge do contato com aqueles que nos oferecem os cinco As, os quais não são elementos extras, mas os componentes do ego individual e saudável. A atenção dos outros leva a pessoa ao respeito próprio. A aceitação provoca a sensação de que a pessoa é inerentemente boa. O apreço gera um senso de valor próprio. O afeto faz com que nos sintamos merecedores de amor. A admissão nos dá a coragem de buscarmos nossas necessidades, valores e desejos mais profundos. Quando os cinco As não surgem, podemos até sentir que, de alguma forma, a culpa é nossa. Isso pode nos deixar a vida toda com uma necessidade corrosiva de compensação. Tal compensação é vã e equivocada, uma vez que a verdadeira missão é uma incursão no mundo para encontrar o que está faltando e descobrir isso dentro de nós também.

Sentimos que algo está faltando quando falamos e não recebemos atenção, quando nos mostramos e não somos aceitos, quando pedimos amor e não somos acolhidos ou quando fazemos uma escolha e não admitem que sigamos adiante com ela. Em contraste, quando os outros nos oferecem os cinco As, nós nos sentimos realizados e tranquilos em relação a quem somos. Um adulto pode pedir, sem vergonha, o A de que precisa caso este não lhe seja oferecido de livre e espontânea vontade. A pessoa só está pedindo o necessário para alcançar o início de sua humanidade completa. E essa proposta terna e sempre tão cautelosa de ser amado é precisamente o que nos torna seres humanos tão dignos de amor.

A natureza privilegia a formação de aldeias, e não é possível encontrar tudo de que necessitamos em dois indivíduos, nossos pais biológicos. Na verdade, às vezes ocorre que um deles, ou os dois, tenha morrido ou nos abandonado, deixando-nos com um vazio interior. Esse vazio pode muito bem ser substituído, seja por pais adotivos, uma tia ou um tio, um irmão mais velho, um dos avós, um padre, um professor ou qualquer pessoa que ofereceça os cinco As e, dessa forma, cuide de nós. De qualquer modo, não existem pais ou cuidadores capazes de satisfazer todas as nossas necessidades, não importa quanto sejam carinhosos. No decorrer da vida, é necessário e saudável procurar e nos abrir para outras fontes como forma de satisfazer nossos anseios. Um anseio interior nos encoraja a ficar atentos a quem possa oferecer tais coisas. A sensibilidade que adquirimos na vida adulta nos liberta da expectativa de que qualquer um vá satisfazer totalmente as nossas necessidades.

Além disso, em um relacionamento na vida adulta, assim como na infância, a expressão dos cinco As muda com o tempo. A atenção que uma mãe dá a uma criança de doze anos é diferente da que dedica a um bebê de um ano. Um parceiro pode demonstrar um nível diferente de atenção na fase do conflito em comparação com a fase romântica de um relacionamento (falaremos mais dessas fases posteriormente). Esperar que tudo continue igual é não entender a analogia entre o relacionamento adulto e o processo de amadurecimento. A qualidade e a quantidade de todas as bênçãos do amor mudam no decorrer do tempo. Isso não acontece porque as pessoas que nos amam ficam menos generosas, mas porque estão mais conscientes quanto às necessidades e aos recursos que estão sempre mudando.

Os cinco As são os ingredientes essenciais do amor, do respeito, da segurança e do apoio. Além disso, formam a essência da prática espiritual: o que cultivamos na meditação e no caminho para a compaixão. As práticas presentes neste livro sugerem técnicas e *insights* para despertar a consciência meditativa e a compaixão nos relacionamentos. Essas sugestões não são estratégias para continuar juntos, mas chaves para a prática do amor, o nosso propósito de vida e a nossa realização humana. Na verdade, temos muito a ganhar quando demonstramos os cinco As. Eles são dados aos outros, mas todos nos tornamos mais amorosos à medida que os espalhamos. Desse modo, esses são componentes da construção da virtude do amor dentro de nós. Amar é se tornar amoroso.

Atenção

É uma alegria ficar oculto, mas um desastre não ser encontrado.
— D. W. Winnicott

Todos os mamíferos sentem, por instinto, que precisam de uma atenção parental completa e que são merecedores dela. Quando um dos pais só é parcialmente atento, a criança nota e se sente insegura. A mãe leopardo não se preocupa com a própria higiene enquanto está amamentando os filhotes. Assim como não exige que os filhotes cuidem dela nem esperem pelo jantar. Mais tarde na vida, sua atenção exclusiva lhes dá prioridades saudáveis. A psique de uma criança fica confusa quando ela precisa cuidar dos pais ou tentar entender um deles, porque, por natureza, é o inverso do que se espera.

A atenção direcionada a você significa um foco comprometido. Ou seja, sensibilidade em relação às suas necessidades e aos seus sentimentos. Seus pais prestaram tanta atenção em você quanto prestam na TV? Seu pai notou e cuidou dos seus sentimentos e temores com o mesmo cuidado que tem com o carro? Ele se concentra em você por tanto tempo quanto o faz em um jogo de futebol?

Observar cada movimento seu, mesmo que por um desejo de protegê-lo, não é atenção, mas invasão ou vigilância. Na atenção verdadeiramente amorosa, você é notado, mas não examinado de perto. A superproteção é uma rejeição do seu poder (e, dessa forma, de você). A atenção autêntica chega a qualquer momento, não apenas quando se apresenta um problema. Afirmações do tipo "Crianças devem ser vistas e não ouvidas" são odiosas para pais comprometidos em prestar atenção nos filhos. "Meu pai sempre se virava para mim como se tivesse esperado a vida toda para ouvir a minha pergunta", conta o personagem de um dos romances de J. D. Salinger. *Será que eu já fui ouvido assim? Já fui importante dessa forma?*

Se não recebemos atenção na infância, é possível que tenhamos aprendido a cuidar de nós mesmos, nos tornando cada vez mais criativos e buscando a atenção de outros adultos que não sejam nossos pais. Assim, uma deficiência se torna algo benéfico, o buraco que se torna o portal. Da mesma forma, nossa capacidade de tentar nos comunicar como adultos pode ser diretamente proporcional ao reconhecimento de que o que precisávamos na infância não estava disponível. Enxergar essa deficiência no passado pode nos ajudar a identificá-la em um relacionamento atual, de forma a não continuar procurando, em uma caixinha que está vazia, por algo de que precisamos.

Atenção significa notar e ouvir as palavras, os sentimentos e a experiência do outro. Em um momento de atenção autêntica, sentimos que somos profunda e verdadeiramente compreendidos quanto a sentimentos, palavras ou atos e como realmente somos, sem nos sentirmos abandonados. Alguém sintonizado em nós nos espelha. Somos notados, reconhecidos e ouvidos. Alguém nos entende.

Da mesma forma, podemos nos sintonizar em sentimentos, necessidades, reações corporais, níveis de conforto e intimidade e graus de disposição — por exemplo, se alguém está agindo por coerção e obediência em vez de concordância genuína. Se partirmos do princípio de que determinados sentimentos são certos e outros são errados, não conseguiremos nos sintonizar. Para que nos sintonizemos com alguém, é necessária uma neutralidade em relação a todos os sentimentos, humores e estados de espírito; justamente a abertura destemida do mindfulness e do sentimento pleno. Só com essa atenção pura e profunda conseguimos enxergar além da bravata, do medo, da impassividade em relação aos conflitos de alguém. É assim que a atenção se transforma em compaixão.

Quando algo não encontra esse tipo de sintonia, acaba ficando guardado dentro de nós ou se tornando uma fonte de vergonha. Uma sintonia imperfeita no início da vida pode, mais tarde, provocar o medo de nos defendermos ou diminuir nossa confiança em que as pessoas ficarão ao nosso lado. Uma sintonia imperfeita também pode nos tornar seres amedrontados e solitários. Tememos expor algumas áreas da nossa topografia psíquica por causa de nosso desespero inato para encontrar o espelhamento humano necessário.

A atenção sintonizada promove uma zona crescente de confiança e segurança. Assim, em vez de aguardar, sentimo-nos encorajados a ir em busca de que nossos anseios submersos emerjam e nossas pequenas esperanças atinjam sua total dimensão. Acreditamos que elas vão ser atendidas. Isso é amor na forma de mindfulness, e nós nos sentimos seguros a partir disso. Implícita nessa atenção à nossa verdade está a verdade da pessoa que nos dá tal atenção. Confiamos que ela vai dizer a verdade dela e é aí que surge nosso senso de segurança.

O primeiro A é o âmago do mindfulness. Atenção significa fazer algo ou alguém entrar em foco para que a imagem não continue borrada pelas projeções do nosso próprio ego; ela requer interesse e curiosidade genuínos em relação à verdade surpreendente e misteriosa que tornam a pessoa quem ela é. Um dos genitores ou um parceiro que conheça você de forma apenas superficial talvez só esteja vendo as próprias crenças que tem em relação a você. Essas crenças ou preconceitos podem perdurar por anos, evitando que tal pessoa obtenha o tipo de informação que revelaria quem você realmente é. Seu verdadeiro eu é um potencial abundante, não apenas uma lista de traços; e a intimidade só é possível quando você está sempre se expandindo no coração das outras pessoas, e não esquecido (a) em um escaninho na mente delas. Nossa identidade é como um caleidoscópio. A cada virada, nós a redefinimos não em um estado anterior ou final, mas em um novo estado que reflete o aqui e agora das peças com as quais precisamos lidar. O desenho é sempre novo, já que as mudanças são contínuas. É isso que torna um caleidoscópio e os seres humanos atraentes e lindos. Os pais, os cuidadores e os pares que nos dão atenção amam ver a mandala evolutiva de cada um de nós.

O desejo por atenção não é um desejo por uma audiência, mas por um ouvinte. Receber atenção significa se concentrarem em você com respeito, não desdenhando nem ridicularizando. Ao receber atenção, você sente que suas intuições importam. Você é levado a sério. E recebe os créditos quando os merece. Quem ama você valoriza tanto seus sentimentos que está sempre atento a eles. Essas pessoas até mesmo procuram pelos sentimentos que você teme conhecer e, de forma bondosa, perguntam-lhe se quer mostrá-los.

Quando os outros lhe dão atenção, também confrontam você diretamente se estão insatisfeitos ou irritados, sem guardar rancor ou raiva. Sempre fazem isso com respeito e um desejo sincero de manter as linhas de comunicação abertas. A atenção, assim como os outros quatro As, deve ser oferecida em uma atmosfera de confiança e acolhimento.

Aceitação

No budismo, a comovente expressão "o olhar da compaixão" se refere a olhar para os seres humanos com aceitação e compreensão. Aceitação significa que somos recebidos de forma respeitosa com nossos sentimentos, escolhas e traços pessoais, e que recebemos apoio para eles. Isso faz com que nos sintamos seguros em relação a nos conhecer e a nos doar para os outros. A capacidade de sermos íntimos cresce de acordo com a segurança que sentimos, e essa segurança se baseia, sobretudo, em quão autenticamente somos aceitos no início da vida. No entanto, mesmo depois de crescermos, momentos e meses de aceitação por outros adultos podem preencher o que nos faltou na infância, de forma que a intimidade ainda é uma opção para todos nós. Afinal, assim como com todos os cinco As, nunca é tarde demais para encontrar a aceitação e aprender a demonstrá-la.

Se não fomos aceitos na infância, é possível que nos sintamos envergonhados ou inadequados. Mas, ao encontrar um centro de avaliação dentro de nós, podemos compensar positivamente essa falta de aceitação e, assim, nos tornarmos menos dependentes da aprovação dos outros. Desse modo, na vida adulta, não somos tão afetados nem pelas críticas nem pelos elogios, uma vez que aprendemos bem cedo a guardar nosso valor próprio nas profundezas da nossa psique. Isso não só constrói nossa autoestima, mas também facilita que aceitemos os outros. Como não estamos tentando conseguir nada deles, podemos apreciá-los do modo como são. *Meus pais perderam muito quando não permitiram que isso acontecesse entre nós.*

Para aceitar os filhos, os pais devem esquecer todos os planos que haviam feito para eles. Tais representações parentais podem começar antes mesmo do nascimento e variar desde "Vai ser um menino" até "Esse bebê vai ser a centelha de alegria do nosso casamento; ele vai salvar nosso relacionamento" ou "Essa menina vai fazer tudo o que eu não consegui". Cada uma dessas declarações é uma rejeição sutil à nossa individualidade, com suas limitações e potencial. Os pais só serão capazes de nos aceitar depois de conseguirem desmantelar nossa representação original em favor da pessoa que somos. Isso significa não se decepcionar conosco por um contrato que nunca assinamos. A aceitação é incondicional, uma vez que significa validar as escolhas e o estilo de vida de outra pessoa, mesmo quando não concordamos com eles. É o oposto da moralização. A aceitação é um estilo puro de mindfulness. Nós vemos tudo que há para ver e sentimos tudo que há para sentir, mas nosso foco está no que é e em como é.

Aceitação é aprovação, uma palavra considerada negativa em algumas psicologias. Ainda assim, é perfeitamente normal buscar aprovação tanto na infância quanto no decorrer da vida. Significa receber apoio e validação daqueles a quem respeitamos. A aprovação é um componente necessário da autoestima e só se torna um problema quando abrimos mão do nosso verdadeiro eu para obtê-la. Nesse caso, a busca por aprovação pode prejudicar nosso crescimento para uma vida adulta saudável.

Na atenção, você é ouvido e notado. Na aceitação, você é acolhido como merecedor, não em comparação com os irmãos, mas por ser considerado confiável, capacitado e compreendido, totalmente aprovado exatamente por ser quem é, em toda a sua singularidade. Você tem um apoio bondoso à sua jornada, ainda que ela seja incomum; aos seus sentimentos, ainda que sejam perturbadores; às suas deficiências, ainda que sejam irritantes. Essas coisas não apenas são toleradas, como também encorajadas e valorizadas. Você é perfeito do jeito que é, e isso basta. Em vez de esperarem que você atenda a algum padrão, seus pais querem descobrir quem você é, não importando que seja diferente do que desejavam para você. *Sim, existem pessoas que amam dessa forma*. Seus pais acreditam em você? Fizeram-se presentes? Foram pessoas em quem você podia confiar? Eles cumpriram o dever que tinham para com você? Recusaram-se a desistir de você, sem se importar com o que acontecesse? O psicanalista Heinz Kohut escreveu: "Quanto mais segura uma pessoa é em relação à própria aceitação, quanto maior é seu senso de quem realmente é, quanto mais internalizado é seu sistema de valores, maior e mais eficaz será sua capacidade de oferecer amor... sem sentimentos indevidos de rejeição ou humilhação."

Aos poucos, em qualquer relacionamento, vemos as limitações do nosso par e ele vê a nossa. Amar significa acolher os defeitos do outro com mindfulness, ou seja, sem julgamento nem crítica. Nós os acolhemos com nosso coração, amando uns aos outros exatamente como somos, com limites para reconhecer e dádivas para apreciar. Essa combinação é a verdadeira aceitação. Como um benefício especial, quando alinhamos as nossas expectativas com as limitações do outro, nós nos preservamos de decepções contínuas.

Apreço

O apreço confere profundidade à aceitação: "Admiro você; me deleito com você; valorizo você; respeito você; reconheço você e todo o seu potencial; aprecio você em sua singularidade." Para atingir todo o potencial do valor pessoal e da autoconfiança, precisamos desse tipo de encorajamento. A evolução humana advém das conquistas e das consequentes validações. Mas também advém da fé de alguém no valor do outro. A crença parental de que o filho tem grande potencial na verdade estimula o potencial da criança. Uma crença contínua e de longo prazo confere às pessoas a capacidade de torná-la realidade. Muitos séculos de crença no poder de cura da fé, por exemplo, possibilitam que mais curas pela fé aconteçam. No apreço e em todos os cinco As, a satisfação da necessidade incute tal qualidade na personalidade.

O apreço também inclui gratidão por qualquer gesto de bondade ou dádiva que possamos vir a receber. O apreço como forma de gratidão reconhece a nós e como nós nos desdobramos. Como a intimidade tem a ver com dar e receber, o apreço cultiva a proximidade. Quando damos algo, é instintivo esperar por um agradecimento. Não se trata de uma expectativa egoísta, mas de um desejo de que a transação seja concluída normalmente. Sabemos que algo está faltando em um relacionamento quando não há gratidão.

A seguinte descrição de apreço atento lhe é familiar? Alguém reconheceu e valorizou seu valor incondicional sem inveja e sem possessividade, expressando esses sentimentos de forma verbal e não verbal. O apreço veio de uma compreensão do que você era capaz de fazer ou do que sentiu, validando o mistério que é você. Também veio na forma de uma palavra de elogio, uma piscadela quando você fez alguma coisa certa, uma batida no ombro quando se sobressaiu, um olhar amoroso quando você foi você mesmo, um agradecimento por algo que fez ou deu ou simplesmente por ser quem é.

Às vezes, em um relacionamento, você não se sente apreciado e reclama, talvez até acabe explodindo. Mas, por trás de cada reclamação em relação ao seu par, há um anseio pelos cinco As. A resposta adequada e compassiva de um par que interprete a reclamação como uma oferta de amor pode ser: "Percebo que não está se sentindo apreciado. Quero que saiba que você é de grande valor para mim." Sendo assim, a pessoa ouve os sentimentos verdadeiros por trás das palavras duras. Ela se sintoniza com a mágoa e o anseio que você está expressando, e não com o pterodátilo agressivo que a está atacando. Depois, quando as coisas se acalmam, a pessoa lembra você de que, no futuro, você pode pedir por apreço sem precisar de rodeios. (Tudo isso pode funcionar inversamente também, quando é seu par que não está sentindo o seu apreço.)

Afeto

Dar e receber amor é uma necessidade primária humana. Expressamos amor de forma emocional, espiritual e física. Um toque ou um abraço afetuosos de alguém que nos ama de verdade podem penetrar em nosso corpo e restaurar nossa alma. Todos os nossos temores, não importa quão profundos sejam, podem ser apagados com um único gesto de amor.

O amor não pode ser definido de forma universal porque nossa experiência com ele é única. E, assim como não existe uma única assinatura universal, e sim várias assinaturas pessoais únicas, não existe amor no geral, apenas o amor único e vivenciado de forma ímpar por cada pessoa, em toda a sua singularidade. Aprendo o que é amor na primeira vez que me sinto amado. Depois disso, o sentimento é codificado em cada célula de meu corpo, e o amor que buscarei posteriormente na vida talvez tenha que replicar a experiência original.

Se a primeira vez que me senti amado foi quando alguém me abraçou em um momento de sofrimento, quando recebi um elogio ou atenção ou quando ganhei presentes, meu corpo vai se lembrar disso pelo resto da vida e, quando algo assim voltar a acontecer, vou me sentir tão amado quanto naquela primeira experiência. Talvez eu possa perceber o amor como ganhar coisas e, então, passar a vida tentando fazer com que os outros me ajudem ou me deem coisas. Alguém pode aparecer e piscar para mim, e posso interpretar isso como amor e me apegar a essa pessoa mesmo que talvez ela só estivesse tirando um cisco do olho.

Na vida adulta, amar é vivenciar de novo o amor de que cada célula sua se recorda. A forma como fomos amados no início da vida é como queremos ser amados por toda a vida. A maioria de nós sabe o que é necessário para se sentir amado. Apenas precisamos aprender como pedir isso. Nosso par não sabe ler mentes, então cabe a cada um de nós dizer que tipo de amor é o nosso. E, se temos que ensinar ao nosso par como nos amar, também precisamos aprender como amá-lo. Saber disso torna claro que o amor não é um sentimento puramente emocional, mas uma escolha consciente de dar e receber de forma única e, em geral, desafiadora. Amar é a coisa mais fácil e a mais difícil que vamos fazer na vida.

No decorrer da vida, o afeto inclui ser amado por sermos do jeito que somos: pela forma do nosso corpo, por como cuidamos de nós mesmos e escolhemos nossas roupas, de acordo ou não com os padrões de excelência. Nossa forma de estar presentes descreve melhor aquilo com que nos importamos do que qualquer outra coisa que fazemos ou fizemos. O contato íntimo se dá por meio da presença viva, não por um encontro de genitálias ou juras de amor. Como adultos, podemos ver um corpo bonito e pensar: "Ter isso para mim me faria feliz." O que aconteceu para nos tornarmos tão confusos a ponto de acharmos que nossas necessidades serão satisfeitas por um rosto bonito? Boa parte da atração é intuitiva e uma questão de história física e psíquica. Não deve ser levada de forma pessoal demais. Libertar-se do ego é deixar de levar as coisas de forma pessoal.

A palavra *afeto* vem de *afetar*. O *afeto* se refere a uma proximidade tanto no nível físico quanto no emocional. Fisicamente, inclui o espectro do toque, do abraço ao sexo. Emocionalmente, inclui a bondade, a consideração, a preocupação, a jovialidade e os gestos românticos, como dar flores ou se lembrar de uma data especial. O afeto flui quando *gostamos* genuinamente de alguém.

Se o afeto é apenas uma estratégia para o sexo, não é íntimo, mas manipulador. Em relacionamentos adultos, às vezes existe intimidade sem sexo, mas o sexo sempre está acompanhado da intimidade. O afeto na fase romântica de um relacionamento é diferente do afeto na fase do conflito. Na primeira, pode haver uma dimensão sexual maior; na segunda, pode significar um trabalho paciente que atravessa preocupações mútuas. Por fim, o sexo deveria manifestar todos os cinco As. Em relacionamentos saudáveis, o sexo é repleto de atenção, aceitação, apreço, afeto e muita admissão.

Como adulto experiente, sei diferenciar quando alguém está fazendo sexo como está acostumado e quando alguém faz sexo com uma conexão específica. O amor de verdade não está disponível na prateleira do supermercado; é feito sob medida pela pessoa que ama para o ser amado. Parte do sofrimento de abrir mão de alguém que nos amou de verdade é justamente abrir mão de ser amado daquela forma especial.

O afeto inclui uma proximidade ou presença amorosa. Recebemos afeto verdadeiro quando alguém se compromete a estar sempre ao nosso lado. Isso não significa morar sob o mesmo teto, mas ter uma disponibilidade confiável. É o oposto do abandono e do distanciamento. Uma criança é abandonada sempre que um dos pais nota um distanciamento e deixa isso passar sem emitir comentários e sem corrigir. Aquela criança, então, pode crescer e dizer: "Eu me senti abandonada e magoada quando minha mãe viu o meu sofrimento e não me reconfortou." Outro adulto pode dizer: "Quando eu era criança, sentia que algo estava sendo tirado de mim quando alguém me abraçava ou me acolhia. Então, quando me tocam, tenho medo de me perder de mim mesmo." Contemplar esse sofrimento e o sofrimento que fez nossos pais agirem da forma como agiram resulta em uma compaixão por nós mesmos e pelos outros personagens imperfeitos da nossa história tocante.

O mindfulness é o caminho para a presença amorosa. O contato atento é incondicional ao conceder os cinco As, mas não é condicionado por criações do ego, tais como medo, exigência, expectativas, julgamentos ou controle. Reflita: a descrição de afeto atento lhe é familiar? Confira a seguir:

Você é amado por ser quem é. A necessidade de afeto é satisfeita quando você é amado incondicionalmente e quando sente que gostam de você, na maior parte do tempo, de forma genuína. Esse amor e esse gostar são demonstrados tanto verbal quanto fisicamente. Além disso, esse tipo de amor ou de apreço provoca um senso de poder pessoal que estimula o seu ser a sentir-se confortável na própria pele. Na infância, o contato físico não tem o componente sexual. Isso possibilita que a criança se sinta segura e valorizada por ser quem é, e não pelo que pode dar para satisfazer as necessidades inadequadas de um dos pais. Cada célula de seu corpinho sabia a diferença entre ser segurada de forma encorajadora e ser pressionada para satisfazer as necessidades de um dos cuidadores. Você sabia quando algo estava sendo dado e quando algo estava sendo tomado.

Compaixão é uma forma de afeto. É a resposta do amor ao sofrimento. É o reconhecimento afetuoso de alguém para o seu sofrimento. Isso tem uma qualidade tranquilizadora. E ainda é um sinal inequívoco de que somos amados. Na verdade, a compaixão que recebemos no decorrer da vida é equivalente aos cuidados parentais.

Como a opinião dos pais é tão crucial no início da vida, a falta do amor pode fazer com que a pessoa sinta que é impossível ser amada e se culpar por isso. Mais tarde, a equação do amor pode ser igualada e atingir os padrões da outra pessoa, gerando um senso de obrigação. Você pode se sentir assim em relação aos diferentes pares que tiver na vida, sem nunca conhecer a história antiga por trás disso.

Por fim, afeto não é amor, mas uma parte dele. Ser acolhido e abraçado é bom, mas se for por quem não admite que você faça as próprias escolhas de forma livre e sem culpa logo se revelará inadequado e não confiável.

Admissão

Liberdade humana é o direito de tomar decisões e agir de acordo com elas. A admissão, como um dos cinco As, não é a permissão de um dos pais ou do par para ser livre. Trata-se, na verdade, do apoio à nossa liberdade inerente, o encorajamento para agirmos de acordo com essa liberdade de formas que beneficiem a nós e aos outros, e a colaboração para nos lançarmos na liberdade de sermos quem realmente somos. Admissão é quando alguém estende um tapete vermelho para cruzarmos na direção da realização dos nossos desejos, valores e necessidades mais profundos.

Em um ambiente acolhedor na infância, aprendo que é seguro ser eu mesmo, conhecer e demonstrar meus desejos e necessidades mais profundos. Tal abertura acontece em uma família acolhedora o suficiente para me aceitar como sou. Ser bem-vindo ao mundo dessa forma me traz um senso de estabilidade e coerência, e posso desenvolver uma fonte confiável de autoapoio, o que nutre meu pai interior para que saiba como expressar os sentimentos, mesmo contraditórios ou dolorosos. Além disso, passo a buscar relacionamentos saudáveis, ou seja, que me deem todos os cinco As.

No entanto, não é todo mundo que é beneficiado por uma infância assim. Alguns pais definem restrições rígidas de alimentação, sono, vestuário e cuidados pessoais, tudo para atender às próprias necessidades ou padrões, racionalizando que tais restrições são cruciais para a saúde da criança. Pode ser que, durante a infância, tenhamos nos sentido inseguros quanto à nossa individualidade. Talvez tenhamos percebido que, se fôssemos nós mesmos, perderíamos o amor de quem mais precisávamos. Talvez tenhamos sido obrigados a nos tornar o que os outros esperavam que fôssemos, pagando o preço para sermos amados. Mas, para que a intimidade funcione, o eu falso resultante, em algum momento, precisa perder espaço para a versão mais verdadeira. Se nunca foi seguro ser quem somos, ou seja, se sempre tivemos que esconder nosso verdadeiro eu, talvez agora não acreditemos em nossos talentos e virtudes, sentindo-nos como impostores ou fraudes. Tentar viver de acordo com as necessidades e os desejos dos outros é como um jovem cisne tentar se passar por pato só porque vive em um lago de patos. O falso eu é um conformista que, na verdade, é um príncipe herdeiro se escondendo.

Adultos emocionalmente saudáveis vêm de lares flexíveis, e não de lares severos. As primeiras necessidades (como todas as outras) são melhor satisfeitas em uma atmosfera alegre e clemente. Em um jardim assim, o açafrão sempre brota, produzindo flores de estabilidade pessoal e poderes de autocuidado, exatamente as qualidades que na vida adulta tornam a intimidade possível. Sem uma admissão saudável na infância, talvez acabemos escolhendo um par controlador, dizendo para nós mesmos: "Eu preciso obedecer, senão..." Nós não notamos a tentativa dos outros de nos manipular. Podemos ser enganados por um relacionamento que parece bom, mas é cheio de exigências e expectativas.

Mesmo em meio às cinzas da submissão contínua, um dia talvez encontremos uma liberdade interna pessoal, insistindo em acordos feitos de forma bilateral, em vez de unilateral; em cooperação, em vez de domínio. A submissão é a obediência às necessidades, aos valores e aos desejos mais profundos de outras pessoas, e não aos seus. Mas a obediência pode se transformar em desafio.

Não permitimos que os outros nos controlem, mas entendemos e sentimos o sofrimento deles quando percebemos que sua atitude controladora se trata de uma compulsão. A maioria das pessoas controladoras não consegue evitar; elas não estão no controle do comportamento controlador. Não estão nos insultando quando tentam nos controlar; na verdade, assumem o controle de modo automático e dominam pessoas e situações. E o fazem por medo de não serem capazes de lidar com o que não conseguem controlar. É necessária uma programação espiritual para se libertar da compulsão por controle e se tornar compassivo em relação a pessoas controladoras. Um poder superior ao ego precisa entrar em ação, pois o ego não vai desistir tão facilmente nem ser gentil o bastante para se tornar tolerante.

W. B. Yeats escreveu a respeito da pessoa especial que "ama a alma peregrina que existe em você". Espelhar a liberdade significa encorajar o ânimo e a paixão dos outros em vez de esmagá-los para seu próprio benefício e segurança. A "alma peregrina" também implica ir. A verdadeira admissão, da mesma forma, significa deixar alguém ir. Admitir é dar abertura quando alguém precisa de espaço ou até mesmo nos deixar. Esse é um *A* que exige coragem. Podemos ter o ímpeto de resistir ao controle ou podemos aprender ao longo da vida, tornando impossível para os outros evitar que o nosso eu verdadeiro surja. A declaração "Ela não me deixa ser eu mesmo" acaba se transformando em "Ela não pode me impedir". A alternativa não saudável seria: "Ela quis que eu mudasse e eu fiz isso por ela. Mas agora já não me reconheço mais." Essa é a situação difícil quando tentamos nos encaixar nas expectativas do outro.

A descrição de admissão a seguir lhe é familiar de alguma forma?

No decorrer de seu desenvolvimento pessoal, você busca instintivamente toda a amplitude de movimento e emoção. Você consegue sentir no ambiente psicológico de sua casa a permissão sincera para ser quem realmente é, para ter suas próprias opiniões e expressá-las sem punição, para fazer as próprias escolhas e até mesmo para sair da linha. A admissão, tanto na infância quanto em parcerias adultas, significa segurança para mostrar o espectro completo das emoções humanas do seu próprio jeito singular. O relacionamento não fica em risco, não importando quais sentimentos expresse: "Eu sempre soube que poderia dizer ou sentir qualquer coisa aqui." Você não costuma ouvir "Não precisa ter medo", "É melhor não se zangar nem ficar triste (ou mesmo feliz)" ou "Como se atreve a dizer não?". Quando o amor é a força vital de um relacionamento ou de uma família, cada um dos envolvidos se torna completo como indivíduo. Essa é a alternativa para o controle que gera o falso eu. Seus pais admitem que você veja, fale, converse, toque e seja uma pessoa separada; e que se proteja e corra atrás dos próprios talentos, relacionamentos e interesses. Tudo que você é está incluso, sendo parecido ou não com seus pais, introvertido ou extrovertido, popular ou não, religioso ou não, se vai para a faculdade ou não, se é atleta ou não, gay ou hétero ou qualquer outra orientação sexual ou de gênero. Você é aceito exatamente por ser quem é.

Se você não recebeu a dádiva da liberdade, talvez tenha ouvido: "Você não se sai tão bem na escola quanto seu irmão." Na infância, chegou a pensar "Não tenho como dizer isso"? Você se perguntava: "O que é necessário para a minha opinião importar aqui?" Ou, no fundo, sabia que só precisava ser você mesmo? Seus pais apresentavam o mundo como um lugar assustador: "Você precisa ter muito cuidado" em vez de "Você é capaz de tomar conta de si mesmo"? Você por acaso ficou surpreso quando foi para a escola pela primeira vez e se sentiu assustado e controlado porque aprendeu que o mundo era assim?

Qual é a diferença entre controle e definição de limites? O controle tornou você o que os outros precisam ou esperam que você seja. A definição de limites faz com que seja seguro para você ser quem realmente é. Paradoxalmente, não temos como conseguir a liberdade sem limites. Afinal, os limites preservam o ambiente acolhedor no qual florescemos. Eles são os primeiros braços à nossa volta e, em seguida, a palavra *não*. Até mesmo um santuário tem portas à sua volta. De que outra forma podemos fornecer segurança?

Há uma conexão entre liberdade e autoconfiança: quando se é impedido de expressar seus desejos e suas necessidades mais profundas, perde-se a confiança na validade deles e em seu próprio julgamento. Você sobrevive encontrando as regras e seguindo-as, enquanto esconde o que realmente deseja. Você torna seu propósito de vida agradar aos outros em vez de se afirmar.

Se você se sentia livre no seio da família, é mais fácil confiar em uma autoridade de apoio, tal como um professor ou um terapeuta. Essa autoridade é atenta, sem culpa e sem julgamento unilateral, ou seja, sem os elementos do ego que geram oposição à autoridade. Quando os pais ou os cuidadores começam a compartilhar gradualmente o poder conosco, da infância à vida adulta, estão nos ajudando a construir um senso estável de eu, um senso de ação e poder pessoal. Nós descobrimos o que Shakespeare quis dizer em *Medida por medida*: nossa própria "soberania desconhecida". A autoridade e as hierarquias humanas são ferramentas úteis e legítimas quando nos empoderam para tomar a iniciativa, mas não quando nos subjugam e nos diminuem. Quando a autoridade, civil ou religiosa, espelha uma criação saudável, ela nos honra e conquista nosso respeito.

Como comentário final, gostaria de fazer a distinção entre admissão e aceitação. Olhar para os antônimos pode nos ajudar a entender as diferenças. O oposto de aceitação é rejeição. O oposto de admissão é controle. A admissão é direcionada para nossas escolhas e ações. A aceitação é direcionada para os nossos traços de personalidade, nossa orientação sexual ou de gênero, nossa forma de existir no mundo como verdadeiramente somos. A admissão na infância e no início da vida adulta é direcionada para as ações de acordo com nossas escolhas, a busca dos nossos interesses, a decisão de nos casar ou não, de nos vestir como queremos, de sair da casa dos pais ou não. Na verdade, a admissão na infância nos leva à adolescência e, depois, à vida adulta. O fim da nossa dependência dos pais acontece cada vez que exploramos o mundo externo. A bênção da admissão nos equipou para lidar com os desafios que já enfrentamos e aqueles que ainda estão por vir.

> *Você se lembra de quem era antes de o mundo lhe dizer quem você deveria ser?*
> — Charles Bukowski, *Cartas na rua*

PRESENÇA INCONDICIONAL *VERSUS* OS CINCO MINDSETS DO EGO

Juntos, os cinco As constituem os componentes da presença incondicional. No entanto, também existem cinco importantes hábitos mentais que interferem na presença autêntica e incondicional e podem fazer os outros não se sentirem amados. São reações mentais praticamente involuntárias, comuns em pessoas de todo o mundo. Esses mindsets são como valentões que entram sem ser convidados e invadem a nossa experiência pura do presente e a de pessoas que lá encontramos. A prática espiritual do mindfulness é um resgate do cerco desses invasores.

Aqui estão os cinco mindsets do ego que interrompem nossa capacidade de estar presentes no aqui e agora e distorcem a realidade:

- *Medo*, ou preocupação, em relação a uma situação ou pessoa: "Percebo uma ameaça em você ou temo que talvez não goste de mim, portanto acabo assumindo uma postura defensiva."
- *Desejo* de que este momento ou esta pessoa atendam às nossas demandas ou expectativas e nos abasteçam com todo o estoque emocional necessário ou realizem nossos desejos: "Estou tentando conseguir algo disso ou de você."
- *Julgamento* pode tomar a forma de admiração, crítica, humor, moralismo, viés positivo ou negativo, censura, rotulação, elogio ou acusação: "Estou preso na minha própria opinião em relação a isso ou a você."
- *Controle* acontece quando impomos nosso ponto de vista ou plano a alguém: "Estou preso a esse desfecho em particular e à necessidade de consertar, convencer, aconselhar ou mudar você."
- *Ilusão* se sobrepõe à realidade e pode ocorrer como negação, projeção, fantasia, esperança, idealização,

depreciação ou vontade: "Tenho uma imagem mental ou crença em relação a você ou esta situação, e isso obscurece como você realmente é." (A ilusão central da vida é a de separação.)

Qualquer uma dessas cinco interpretações feitas pela diretoria editorial do ego pode ser precisa, mas ainda assim interfere na nossa experiência do presente. Cada uma delas constitui uma minimização que impõe nossos dramas pessoais sobre a realidade e impossibilita um testemunho justo. Nesse sentido, elas resultam em carma. A porta para a iluminação se abre quando o mindfulness encerra o espetáculo, ainda que por um momento. A porta para a empatia e a compaixão se abre quando enxergamos a experiência humana, não importando quão desagradável ou desfigurada seja, sem a mentalidade do julgamento e do medo. Em ambas as portas, ordenamos "Abre-te, Sésamo", o sim incondicional para a realidade.

Os cinco mindsets não devem ser interpretados como ruins. Cada um desses piratas é repleto de energia que pode ser recrutada para a escuna chamada *Amor atento*, que nunca afunda. A tarefa não é renegar esses mindsets, mas redirecionar a energia deles para que possam servir tanto a nós quanto aos outros. Desse modo, o medo pode ser usado como uma precaução sábia. O desejo possibilita buscar o outro. O julgamento inclui uma avaliação inteligente. O controle é necessário na maioria das atividades diárias. A fantasia é o trampolim da imaginação e da criatividade. Quando encontramos o centro útil de cada um desses mindsets, os transgressores podem se tornar nossos amigos do peito.

Enquanto esses mindsets estiverem em uso, não temos como oferecer os cinco As, porque esses mindsets nos distanciam do contato autêntico e suspendem ou desabilitam a nossa percepção direta da realidade. (No decorrer do livro, essas cinco defesas mentais são chamadas de camadas ou revestimentos do ego.) Não podemos impedir que nossa mente seja envolvida por essas distrações, mas o mindfulness reduz o impacto delas e ajuda a nos envolver na ação. O mindfulness é um cão de guarda, ou melhor, um cão-guia da psique, vigiando para detectar os invasores da realidade e nos guiando em segurança para longe deles.

Quando vamos *ao* encontro dos outros com os cinco As, estamos profundamente presentes e a intimidade acontece. Quando vamos *de* encontro aos outros com os cinco mindsets, estamos presos em interesses pessoais e o resultado é o distanciamento. O compromisso com a intimidade é uma transição dos recursos favoritos do ego para o paraíso do amor atento. Então, podemos dizer um para o outro: "Quando você está comigo, consigo ser eu mesmo." E esse "eu mesmo" é como a liberação do amor que existe dentro de nós.

A presença incondicional de alguém que nos ama também evoca o passado e conserta nosso sentimento infantil de sermos indesejados. Ao mesmo tempo, é impossível que um ser humano esteja total e incondicionalmente presente o tempo todo. Um indivíduo só consegue oferecer momentos e horas de presença sem esses mindsets. Apenas partes de presença podem vir de seres como nós, "reis de retalhos e remendos". Se fôssemos inteiros e totalmente satisfatórios, não teríamos motivação para explorar a jornada que torna a vida tão maravilhosa. A religião responde com uma promessa reconfortante de que existe uma presença amorosa eterna e incondicional, não em partes, mas completa. A visão religiosa madura encontra essa realidade bem no fundo da nossa própria alma. Desse modo, ainda que no mundo espiritual, somos lançados de volta a nós mesmos, e os outros são parceiros, não provedores.

Por fim, tenha em mente que é aceitável não saber o que algo significa. A capacidade de admitir o mistério é o que John Keats chamou de "capacidade negativa", ou "estar mergulhado em incertezas, mistérios e dúvidas sem buscar, com irritação, o fato e a razão". É no mindfulness que agimos exatamente desta forma: enfrentando o desconhecido, mas mantendo a serenidade. É dessa posição que, ao longo do tempo, conseguimos colher na hora certa um tipo de significado único. Essa é uma alternativa ao frenesi do ego de impor significados improvisados a partir do léxico de mindsets-padrão.

Uma vez que cada realidade e cada pessoa são, na verdade, um campo infinito de potencial, um amplo espaço aberto sem limites, os mindsets são minimizações. Sem os limites impostos pela mente, tudo é perfeito e provocativo, de uma forma exuberante, exatamente como é. A alegria é uma energia que ocorre quando nos libertamos dos mindsets. Não nos sentimos mais *obrigados* a descobrir o que as pessoas querem. Sem a necessidade de resolver, explicar, julgar e controlar, ficamos enfim livres para o mindfulness.

Prática

A prática não significa uma obrigação de melhorar, mas a confiança em seu potencial de se abrir. Todas as sugestões de prática descritas a seguir têm um único objetivo: oferecer um programa de meios hábeis para que você possa se tornar um adulto psicologicamente saudável e espiritualmente consciente, quer seja sozinho, em relacionamentos com outras pessoas, no mundo e para o mundo. Nessas práticas, o trabalho psicológico e espiritual não deve ser feito de forma sequencial, e sim simultânea. À medida que fazemos o trabalho psicológico, nos tornamos mais revigorados espiritualmente. À medida que nos dedicamos às práticas espirituais, nos tornamos mais adeptos psicologicamente. Um casal que resolve os problemas em conjunto, com a ajuda de ferramentas terapêuticas, pode melhorar muito a saúde emocional do próprio relacionamento. Mas, quando acompanhada pela prática espiritual, a conexão se aprofunda ao nível da alma. Afinal, almas gêmeas são almas que se encontraram no caminho espiritual. Meditar juntos é uma maravilhosa contribuição para a conexão, pois o comprometimento mútuo com o mindfulness é uma ferramenta poderosa para cuidar de um relacionamento. Então, meditar juntos não se trata apenas de uma prática espiritual, mas também de uma prática de relacionamento.

As seções de prática neste livro consistem principalmente de perguntas guiadas, cujo objetivo é desafiar você a admitir sua própria verdade. Elas devem ser respondidas em um diário ou caderno e, quando apropriado, em voz alta para o seu par. Se surgirem acordos de mudança específicos dessas respostas, é até melhor. No entanto, faça apenas o seu trabalho. Não tente definir o programa de mudanças do seu par, nem mesmo julgar o que ele ou ela deve fazer ou dizer.

Talvez, em busca de novas maneiras de aplicar às suas amizades o que está aprendendo e na forma como lida com todos, você queira discutir suas práticas com alguém em quem confia, além do seu par. Este programa não serve apenas para tornar seus relacionamentos íntimos mais eficazes, mas também para iluminar o caminho até um amor eficaz direcionado a todos.

O trabalho psicológico e as práticas espirituais não são empreendimentos fortemente individuais. O esforço é importante, mas a bênção, ou seja, a ajuda de forças além de você, também. Quando começar cada prática, reconheça e peça ajuda a esses poderes superiores. Quando confia que seus esforços estão ligados a propósitos maiores, você se sente apoiado, sustentado e acolhido.

As práticas mostram nosso vasto potencial para sermos adultos saudáveis que sabem amar. Também mostram de onde espreitam as obstruções e a resistência ao amor. As práticas aumentam nossa autoestima conforme observamos a ativação de todo o nosso potencial para amar, libertando-nos das barreiras que nos impedem disso. Não importa quanto nos imaginamos indignos e inadequados, temos tudo de que precisamos para descobrir a plenitude. As palavras e práticas deste livro oferecem momentos de reparação e novos ajustes que têm o potencial de diminuir ou tornar o sofrimento menos intimidador. Alguns de nós resiste à reparação, então precisamos ficar atentos para perceber se estamos fazendo isso.

As seções de prática ampliam as ideias e os temas explorados em cada capítulo e devem ser lidas mesmo que você decida não fazer os exercícios. Essas seções complementam e reforçam o texto. Mas observe que você não precisa praticar tudo. Algumas atividades foram desenvolvidas para introvertidos; outras, para extrovertidos. Algumas foram projetadas para problemas específicos, por isso não se aplicam a todo mundo. No entanto, acredito que você vai achar toda a experiência deste livro ainda mais animadora se de fato tentar realizar algumas das práticas de cada capítulo. Escolha as que achar atraentes ou desafiadoras ou talvez aquelas que se encaixam em suas circunstâncias e personalidade, assim vai notar que seu relacionamento e você mesmo se beneficiarão de formas potentes e emocionantes.

Sabemos que a repetição de vereditos internos abre sulcos na nossa mente. Continuamos a voltar a antigas crenças a respeito de nós mesmos, a hábitos-antigos e inúteis que dirigem nosso comportamento. Podemos criar vias neurais por meio da repetição — ou seja, pela prática — de novas atitudes e novos comportamentos. Quanto mais repetirmos nossas afirmações e ações úteis, mais profundamente fixaremos os novos recursos. Da mesma forma, despertamos a melhor avaliação que nosso córtex pré-frontal faz de nós quando deixamos de pensar em nós mesmos como bobos e nos afirmamos como pessoas ousadas. Quando nosso cérebro nos conta a mesma historinha de vitimização, acabamos acreditando que somos fracos. No entanto, podemos reprogramar nosso cérebro com uma nova história que nos coloca como heróis, e logo ativamos e acreditamos em nosso próprio poder.

Por fim, preste atenção nas sensações do seu corpo enquanto lê e trabalha nas práticas. Essas sensações mostram onde você deve trabalhar, o que o impede de avançar e o que o acolhe.

MEDITAÇÃO DIÁRIA | A primeira prática é meditar diariamente. Comece com alguns minutos por dia e vá aumentando até chegar a vinte minutos, no mínimo. É melhor fazer isso junto com seu par, mas também é adequado e proveitoso como experiência individual. Sente-se em um espaço tranquilo, com os olhos abertos ou fechados, as costas retas e as mãos descansadas nos joelhos ou nas coxas. Preste atenção em sua respiração. Quando devaneios ou ansiedades surgirem em sua mente, classifique-os como pensamentos e volte a consciência para a sua respiração. Não tente parar de pensar. A prática só requer que, ao notar um pensamento, você volte imediatamente a atenção para a respiração. Ao fim da meditação, tente se levantar devagar e veja se consegue manter o mesmo senso de consciência no decorrer do dia. Por fim, a respiração se torna mais real e mais interessante do que nossas histórias.

BENEVOLÊNCIA | A segunda prática para realização do casal é a construção do sentimento pleno: a benevolência é uma prática budista (também conhecida como *metta*) cuja premissa defende que todos nós queremos a mesma coisa (a felicidade) e que nossa ligação amorosa com todos os seres nos faz desejar a felicidade deles também. Eis um formato simples para essa prática: sente-se de forma tranquila e imagine-se repleto de alegria, amor, compaixão e serenidade, todas as qualidades da nossa natureza búdica. Afirme cada uma delas dentro de si e depois as envie para um círculo cada vez mais amplo de pessoas, até que tenha incluído o mundo inteiro nos desejos de seu coração: "Que a alegria me preencha, e a todos que amo", e assim por diante. Comece com aqueles que amam você, depois acrescente pessoas que você ama, então conhecidos, ou seja, as pessoas que não são suas amigas mas com as quais você se encontra no dia a dia, como caixas de banco e vizinhos. Depois, acrescente a categoria das pessoas que não gostam de você ou de quem você não gosta, indivíduos difíceis, hostis, inimigos (pessoais e políticos). Em seguida, inclua aquelas que são diferentes de você, em relação a quem você pode ter algum tipo de preconceito. Por fim, resplandeça a alegria para o mundo, para todos os seres, sejam eles pequenos ou grandes.

Dessa forma, nosso coração se expande para sua dimensão completa.

Preste atenção em qualquer resistência à medida que percorre a lista de pessoas. Não tente controlar sua resistência. Comprometa-se com uma forte intenção de amor, e a resistência vai diminuir. Algo vai mudar em seu interior quando desejar amor e alegria para desconhecidos e inimigos. Essa prática demonstra que nosso objetivo de vida vai além do bem-estar. Reconhecemos que nossas necessidades nem sempre são tudo que importa. Que o bem-estar de nossos irmãos humanos também importa, e estamos irradiando isso para eles a partir de nosso coração desperto. Agora não existem limites para o nosso amor, a possibilidade das possibilidades.

Essa prática diária também pode ser realizada durante um encontro com alguém que desperta em você um gatilho negativo. E, então, você pode se ouvir dizendo: "Que ele se abra para a luz." Desejos como esse não significam que estamos aprovando um comportamento negativo, apenas que respeitamos as limitações individuais e vemos o potencial para crescimento. Essa é outra forma de nunca desistir de ninguém, o que é a joia da coroa no coração de amor.

ABRIR MÃO DO CONTROLE | O controle saudável significa ordenar a própria vida de forma responsável; por exemplo, manter o controle de um carro ou da saúde. O controle neurótico significa agir pela necessidade compulsiva de fazer com que tudo e todos estejam de acordo com nossos desejos. Controle é o que buscamos quando notamos a realidade de nossa existência e nos sentimos impotentes para enfrentá-la. Ainda não somos capazes de dizer: "Vou ficar com este revés e ver o que ele tem a me oferecer. Noto que me sinto mais forte assim." Dizer sim para a nossa experiência dessa forma atenta nos leva ao empoderamento do nosso coração para amar mais e temer menos. Você consegue tomar essa decisão, se comprometer a ser menos controlador e se dedicar a isso como um projeto contínuo?

ESTAR ABERTO AO FEEDBACK | Quando se compromete a trabalhar para se tornar uma pessoa mais amorosa, você não depende mais apenas de seu cérebro para obter todas as informações. Fica satisfeito por aprender sobre si mesmo com seu par ou com alguém em quem confia. Você se abre para descobrir como é visto por aqueles que conhecem seu lado sombrio. Quer se *ex-por* para deixar de lado todas as máscaras e permitir que seu eu autêntico apareça. Você aceita o feedback em relação a como afeta os outros. Comprometer-se a trabalhar em si mesmo, que é justamente o objetivo dessas práticas, inclui essa abertura ao feedback. O mestre zen Wuzu relata: "Os antigos sempre ficavam muito felizes em ouvir a respeito dos próprios erros." Se você descobrir que seu ego não consegue tolerar críticas ou demonstrações de que está errado ou agiu de forma inadequada, então seu trabalho começa aqui. A condição obrigatória para essa prática é a disposição para se libertar do ego. *Eu me comprometo a descobrir alguma verdade em qualquer feedback que receber.*

Como um primeiro passo para chegar a essa disposição, peça ao seu par para descrever algo que o tenha chateado e preste atenção caso venha a julgar o que ele está dizendo, se está tentando controlar as reações do outro, sentindo medo e querendo corrigir as impressões dele etc. Reconheça cada uma dessas reações como distrações do ego e corresponda ouvindo de forma ativa e aberta. Quando seu par terminar, conte quais distrações interromperam sua escuta atenta da história. Tenha o compromisso de observá-las em conversas futuras. Você pode se comprometer a ouvir com o coração, onde estão os cinco As. Como é possível? Por meio do hábito do mindfulness, que você está construindo na meditação, e ao voltar à sua respiração sem se deixar levar pelos mindsets.

Aqui está uma prática que usa o mindfulness e o sentimento pleno para reagir de forma positiva, mas protetora, quando alguém lhe dá algum feedback negativo:

- Aborde alguém que tenha uma questão com você na intenção consciente de usar os cinco As. Diga as frases a seguir em voz alta para a outra pessoa e mantenha seu coração aberto enquanto ela fala. Essa é uma forma profundamente amorosa de ouvir, além de útil em qualquer momento da vida em todas as comunicações:

Estou prestando muita atenção em você agora.
Aceito você do jeito que é no presente momento.
Admito que você seja você mesmo.
Aprecio você pelo que foi e pelo que é.
Nutro afeto verdadeiro por você, não importa o que aconteça.

- Estabeleça contato visual enquanto escuta com mindfulness, sem assumir uma postura defensiva, sem raiva, sem planos de retaliação e sem tentar provar que o outro está errado.
- Reconheça o impacto que causou na outra pessoa e os sentimentos que despertou nela. Não minimize nem dê um desconto no impacto ao compará-los com suas boas intenções. O impacto importa mais do que a intenção.
- Comprometa-se a tomar como informação o que a outra pessoa diz, não como censura.
- No entanto, é necessário que você fale no caso de o feedback incluir acusações, insultos, ridicularizações ou comentários mordazes. Você não pode permitir isso quando está cuidando de si mesmo.
- Faça as pazes quando for adequado, crie um plano para mudar e peça apoio.

Essa prática desperta a virtude da humildade e faz com que você seja mais aberto e afetuoso.

COMUNICAÇÃO SINCERA | Estamos nos sintonizando com as necessidades e os sentimentos da outra pessoa, os quais muitas vezes não são verbalizados. Ouvir com sinceridade significa comprometer-se com a compaixão, o carinho e a conexão:

- Compaixão: somos tocados pelas necessidades e vulnerabilidades de alguém. Sentimos empatia genuína caso a outra pessoa esteja sofrendo. Guardamos a história da outra pessoa com mindfulness, ou seja, sem julgamentos.
- Preocupação: a outra pessoa conta e é relevante para nós. Nós nos importamos que ela encontre o caminho para a cura e para a plenitude. Estamos prontos para trabalhar com ela na abordagem, no processo e na solução de quaisquer conflitos que possam surgir entre nós. Desejamos sinceramente que o melhor aconteça. Estamos abertos à vulnerabilidade que isso pode exigir de nós.
- Conexão: somos parceiros, não solucionadores. Olhamos *junto com* a outra pessoa para a situação difícil que ela está vivendo. Estamos juntos, um ao lado do outro, nem acima nem além. Sabemos que podemos sentir a mesma ansiedade que ela. Sabemos que passamos por um sofrimento parecido. Sabemos que podemos cometer os mesmos erros, ou até já cometemos. Nós conversamos com o outro: "Aprendo a amar de forma eficaz ao ouvir você descrever como a minha forma de amar o atinge. Então, fale com sinceridade comigo." Essa abertura e essa escuta profundas são um encontro de dois corações, a única forma na qual uma conexão verdadeira pode acontecer: "Estou ouvindo" é o meu nome agora. A presença do coração é a melhor atmosfera para o amor aflorar e florescer. A escuta com o coração também é um componente essencial na jornada do herói. Não trilhamos o caminho, a não ser quando ouvimos nosso coração. Todas as referências neste livro ao "caminho" incluem o ouvido e o coração, não apenas os pés.
- Escuta com o corpo: notamos as sensações em nosso corpo enquanto estamos sentados com outra pessoa. Estamos cientes de como acolhemos a verdade dela, as

necessidades e os sentimentos, onde sentimos o impacto em nosso próprio corpo. Notamos se estamos confortáveis ou ansiosos no decorrer de nosso tempo juntos. De qualquer modo, mostramos receptividade por meio da nossa linguagem corporal: "Estou me inclinando para você, não me afastando. Não estou assustado com a sua desgraça. Você pode confiar em mim para estar presente." Essa é a essência da intimidade.

Quando combinamos as três formas de escuta, *apenas a nossa presença é suficiente* para gerar confiança e abrir uma trilha para o contentamento. Por fim, no mindfulness conseguimos ouvir os outros sem julgamentos, só com apreço pela diversidade. Então nosso amor acrescenta uma dimensão ao coração.

ATENÇÃO ÀS NECESSIDADES | Ao usar os cinco As como sinalizações, pergunte-se do que mais precisa no seu par ou em um amigo. Pergunte ao seu par ou amigo o que eles precisam de você. Tenha cuidado para não confundir necessidades com pedidos, planos ou soluções. Por exemplo, dizer "Preciso que você me escute" descreve não uma necessidade, mas um pedido. Dizer "Preciso de mais espaço neste relacionamento" descreve não uma necessidade, mas um plano. Dizer "Preciso de uma bebida" descreve não uma necessidade, mas (a sua ideia de) uma solução. Relate ao seu par seus desejos, planos e ideias para soluções. Então, identifique a necessidade subjacente a cada um deles e peça que ele escute. Por exemplo, subjacente ao desejo de ser escutado pode estar a necessidade de uma atenção autêntica, um foco sem distrações nas suas palavras e sentimentos, com respeito e apreço sinceros.

SENTIR-SE AMADO | Comece este exercício despertando lembranças de se sentir amado na infância e note quaisquer conexões com os tipos de amor que você busca na vida adulta. Então, pergunte para seu par o que é amor para ele e compartilhe o que é amor para você. Talvez você não se sinta amado por alguém que ama você de verdade, pois essa pessoa demonstra o sentimento de forma que você não o percebe como amor. É como se o outro estivesse falando uma língua estrangeira. Chame um tradutor: o desafio da intimidade é expandir nosso conceito original de amor para acomodar a forma única que o nosso par tem de amar. Podemos também pedir o que queremos enquanto tentamos aceitar uma aproximação e nos abrir para uma nova versão de amor.

Considere as seguintes perguntas no seu diário ou caderno: Como é o amor para mim? Quem faz com que eu me sinta assim? Eu me sinto amado de forma vibrante pelo meu par? Quem foi a primeira pessoa da minha vida que fez com que eu me sentisse amado? Eu já lhe agradeci por isso? Consigo dizer para o meu par o que é o amor para mim? Posso perguntar a mesma coisa para ele? O que vou fazer com essa informação? O amor que ofereço é infantil, parental ou adulto? O amor que busco é infantil, parental ou adulto? Quando sentimos pouco ou nenhum amor em relação a nós, podemos buscar uma prova de amor. Quanto mais provas procurarmos, mais nosso par vai se sentir ameaçado, testado e constrangido. Será que estou em alguma dessas posições?

TOQUE | Tornar-se adulto não apaga nem cancela nossas necessidades fundamentais. Todos sentimos a necessidade de um abraço, não importando a idade. Isso vem de um instinto por validação pessoal. Estamos sempre em busca de um espelhamento e de um abraço que podem ter sido inadequados ou inexistentes no início de nossa vida. Quando alguém nos ama, se importa conosco e nos respeita, o corpo dessa pessoa se transforma em uma fonte de reparação da negligência ou do abuso que sofremos no passado.

Alguns de nós temem, de forma bastante compreensível, o sofrimento de encontrar a intimidade e depois voltar a perdê-la.

Queremos ter certeza de que um par potencial merece a nossa confiança, e isso é sempre uma loteria. Se conseguirmos superar esse medo, podemos nos abrir para o toque dos outros, mesmo que com limitações, e descobrir que ele tem um poder de cura. Ser abraçado com atenção terna — por exemplo, no colo de alguém ou um ao lado do outro, com os braços entrelaçados na cintura — nos fornece um amor espelhado que talvez não tenhamos vivenciado na infância. Parece constrangedor, mas só no início; quando se quebra o gelo, parece natural. Tente esse tipo de abraço em algum momento com seu par ou um amigo próximo. Você pode se oferecer para aconchegar essa pessoa em seu colo ou se aconchegar a ela e, então, ler uma parte deste livro em voz alta. Nós nunca superamos a necessidade das formas de conforto da proximidade infantil, e não há nenhuma vergonha nisso.

OFEREÇA APOIO | Dar apoio emocional significa oferecer os cinco As de forma generosa. Ainda assim, como sabemos exatamente de que tipo de apoio o nosso par precisa em determinado momento ou situação? Por exemplo, nosso par está chorando. Vai ser de alguma ajuda abraçá-lo ou lhe dar espaço?

O Pequeno Príncipe reconheceu: "É tão misterioso o país das lágrimas." Às vezes existe um sentimento recôndito, inalcançável e inominável na experiência de alguém. Nem mesmo essa pessoa sabe o que está sentindo ou do que precisa naquele momento. O apoio consiste em simplesmente honrar esse mistério interior. Talvez não saibamos como ajudar. Então, assim como Hamlet, só podemos dizer: "Minha alma, sê paciente."

Em outros momentos, a sensibilidade pode tomar a forma de indagação. Quando seu par parece estar sofrendo e disposto a se comunicar, tenha por hábito a prática de perguntar de que tipo de ajuda ele precisa. Essa é uma forma respeitosa de encorajá-lo a pedir apoio, uma outra contribuição da intimidade. Aqui estão alguns exemplos de como fazer isso: "Vejo que está sofrendo. Por favor, me diga como posso apoiar você neste

momento"; "Quero lhe dar todo o meu apoio neste momento.";
"Estou disponível para o que der e vier. Como posso ajudar?";
"Se você não sabe do que precisa, posso simplesmente fazer
companhia".

NOTE OS MINDSETS | A presença amorosa toma cinco formas:
atenção, apreço, aceitação, afeto e admissão. Mindfulness é o
caminho para tal presença amorosa. O contato atento é incondicional ao conceder os cinco As, e não condicionado pelos tipos
de mindsets do ego, tais como medo, exigência, expectativa,
julgamento ou controle. Dê uma olhada na tabela a seguir e
registre exemplos diários de como você se encontra dos dois
lados do caminho de se relacionar com um par. Mostre seus
resultados para o seu par, peça feedback para fazer alterações
e também uma resposta compassiva.

Os cinco As	Seus opostos
(baseados no mindfulness)	(baseados nos mindsets)
Ser atento.	Ignorar, recusar-se a ouvir, estar indisponível, temer a verdade.
Aceitar.	Tentar transformar alguém para se encaixar nas nossas especificações, desejos ou fantasias.
Expressar apreço.	Criticar.
Ser afetivo.	Agir de forma egoísta ou abusiva.
Admitir.	Ser controlador, exigente ou manipulador.

COMPROMISSO ESPIRITUAL COM OS CINCO AS | Os cinco As constituem objetivos ou fins em si mesmos. Dar e recebê-los não apenas são uma forma de realização pessoal, mas também práticas
espirituais por meio das quais realizamos nosso destino heroico
de trazer ao mundo os benefícios e tesouros que encontramos
no caminho. Em termos espirituais, podem ser explicados da
seguinte forma:

- Atenção significa consciência da interconexão de todas as coisas.
- Aceitação significa afirmar um sim incondicional para as sérias realidades da existência, os fatos da vida.
- Apreço significa a atitude de gratidão.
- Afeição significa o amor que sentimos pelos outros e pelo universo.
- Admissão significa que concedemos aos outros e protegemos em nós o direito de viver livremente e sem controle externo.

Transforme essas cinco necessidades/propósitos em afirmações e compromissos, que você pode repetir diariamente ou com mais frequência, se possível. Use os seguintes exemplos:

- Sinto-me em unidade com todos os seres humanos e com a natureza. Noto o sofrimento e a alegria deles. Tomo decisões que fazem com que me sinta mais conectado e mais próximo deles.
- Aceito os fatos da existência, tanto os que parecem positivos quanto os que parecem negativos. Eu me rendo ao que não pode ser mudado e confio que isso será útil no percurso da minha vida.
- Sou grato por tudo que já foi e continua sendo e estou aberto para o que está por vir. Demonstro meu apreço por tudo que recebo.
- Demonstro meu amor em todos os meus pensamentos, palavras e ações.
- Valorizo meu direito de viver de acordo com meus próprios valores, necessidades e desejos mais profundos. Respeito esse direito nos outros.

2 | AMOR E MENOS

Uma pessoa deseja ver sua existência confirmada por outra pessoa... De forma secreta e tímida, ela espera por um "sim" que lhe permita ser quem realmente é, e isso só pode vir de um ser humano para outro. É de um ser humano para outro que o pão celestial do eu é passado.
— Martin Buber

NASCEMOS COM A CAPACIDADE de sentir todo o arsenal das emoções humanas, mas, antes que possamos utilizá-la plenamente, essa capacidade requer uma ativação. Todos nós temos tudo que é necessário para sentir; no entanto, para vivenciar nossos sentimentos de forma plena e segura, estes precisam ser "validados" por outra pessoa que os espelhe. O espelhamento acontece quando alguém reflete de volta os nossos sentimentos, mas de forma calorosa. Desse modo, sabemos que somos compreendidos e que é seguro sentir e demonstrar sentimentos. O espelhamento motivado pelo afeto inclui o respeito positivo e incondicional por nossos valores, necessidades e desejos únicos demonstrados por alguém que concede os cinco As de forma consciente. O elemento do mindfulness significa que nos sentimos amados sem os artefatos do ego: medo, fixação, controle, expectativa, apego, preconceito, defesa ou julgamento. Por exemplo, se sentimos medo e este é considerado com atenção, apreço, aceitação, afeto e admissão, então esse medo é, na verdade, totalmente acolhido; ou seja, somos capazes de reconhecê-lo e senti-lo de forma segura a partir de então.

O contrário do espelhamento é a vergonha. Se não recebermos espelhamento suficiente, nos sentimos envergonhados em relação a quem somos. A seguir há um exemplo de espelhamento e sua alternativa: uma criança está com medo de ir para a escola pela primeira vez. A mãe diz: "Sei que é assustador, e tudo bem sentir medo. Eu vou com você hoje e vou ficar lá por um tempo. Quando eu voltar para casa, vou pensar em você. E vou chegar para pegar você na hora certinha e nós vamos sair para tomar sorvete. Você pode sentir medo, mas não pode permitir que esse medo o impeça de se divertir durante a aula, nem depois!" Essa criança, e posteriormente o adulto que vai se tornar, provavelmente não vai abandonar os próprios sentimentos, e sim confiar na própria capacidade de sobreviver ao medo. Medo não significa "pare", apenas "siga com cuidado e apoio dos outros". O sentimento de medo foi legitimado e instalado com segurança e de forma permanente, porque foi espelhado com o uso dos cinco As.

Agora, compare a resposta da mãe que espelha o medo do filho com a mãe que diz "Deixe de ser um bebê chorão. Você vai para a escola, querendo ou não! As outras crianças não têm medo. O que há de errado com você?" A primeira mãe espelhou o medo da criança e a guiou pelo sentimento de forma colaborativa, e essa abordagem resultou em uma confiança em si mesma. A segunda mãe ridicularizou o medo e o associou a uma inadequação, o que, por sua vez, resultou em vergonha. Sem um apoio para o sentimento, essa criança/adulto terá que encontrar o espelhamento e, portanto, a segurança em outro lugar.

O espelhamento também pode ser uma resposta para a alegria. Por exemplo, você volta correndo para casa e conta a seus pais ou cuidadores sobre um sucesso que teve na aula de educação física. Eles reagem com atenção, animação, abraços, elogios e planejam vê-lo jogando. A resposta contrária é: "Ah, não fique todo animadinho. Não exagere. Espere para ver como vai se sair no mês que vem." O entusiasmo da pessoa é suprimido. A primeira abordagem leva a um futuro de autoconfiança e exuberância, ao passo que a segunda leva a um futuro de insegurança e vergonha.

Fazer alguém sentir vergonha é uma forma de abandono, e nos apegarmos a essa vergonha é um autoabandono. É por isso que tememos tanto o abandono: é a ausência de espelhamento e, para a nossa sobrevivência emocional, nós precisamos de espelhamento. Também é por isso que tememos tanto a perda do nosso par. O luto gera um sentimento de isolamento total e de privação de espelhamento. No entanto, o luto com o apoio de outras pessoas constitui um espelhamento mútuo. É por isso que funerais são eventos públicos: os amigos enlutados espelham o nosso luto e nós espelhamos o deles. O luto é curado por libertação e por contato.

Admitir que o par espelhado tenha a própria história constitui um grande desafio para quem deseja oferecer espelhamento. Quando somos atentos, não estamos nos fixando, e sim dando apoio ao outro em seu sofrimento ou suas escolhas. Respeitamos sua liberdade e, ao mesmo tempo, estamos por perto para o caso de a pessoa precisar de ajuda. Esse é o mesmo protocolo que seguimos na criação de filhos no fim da adolescência. Não ficamos parados e deixamos que se machuquem; nós lhes informamos as possíveis consequências. E, mesmo quando eles detêm tal informação, não os impedimos de fazer escolhas que talvez os machuquem. Uma mãe não pode impedir que a filha cometa erros, mas pode ajudá-la a lidar com as consequências.

O espelhamento nos ajuda a sobreviver emocionalmente; ou seja, vivenciar os eventos da vida com o poder de lidar com eles sem que acabemos devastados ou amargurados. Se recebemos pouco ou nenhum espelhamento, talvez passemos a acreditar que precisamos nos sintonizar com o outro ou então vamos perder nosso laço com ele, laço esse que parece tão necessário para nossa existência. Desse modo, nosso inconsciente não é, como Freud sugere, apenas um mar de lembranças reprimidas ou impulsos inaceitáveis, mas também contém um conjunto de sentimentos que não atraíram uma sintonia validadora e, assim, acabaram submersos. Por outro lado, se recebemos o espelhamento no início da vida e agora nos permitimos sentir de forma total e adequada, então temos uma rede de segurança, um lugar para cairmos quando precisamos enfrentar uma crise. Algumas vezes na vida podemos fazer escolhas que não encontram o espelho da aceitação de ninguém. Então, pelo bem de nossa saúde mental e espiritual, precisamos buscar um sistema de apoio para recebermos o espelhamento ou, quando não há nenhum apoio à vista, suportamos sozinhos, confiando em nós mesmos. *Será que consigo ficar sozinho ao luar e sentir seu reflexo como o espelhamento da natureza em mim e permitir que isso seja suficiente por enquanto?*

Adultos saudáveis apreciam aqueles que espelham o que não lhes foi espelhado na infância. Adultos não saudáveis tentam drenar do outro tudo de que precisam. Em relacionamentos maduros, encontramos pessoas que nos espelham; descobrimos os mesmos poderes de espelhamento dentro de nós e, depois, também mostramos para os outros. Quando alguém me espelha, eu aprendo a assumir sua função. É como copiar uma gravação e ainda ter a mídia original.

Alguns pais e cuidadores temem os sentimentos dos filhos. Quando um filho diz para o pai "Você não me entende!", pode estar querendo dizer "Não posso demonstrar meus sentimentos porque você não sabe lidar com eles". Ele está protegendo o pai de ter que enfrentar sentimentos assustadores. Com isso, podemos permanecer nesse papel durante toda a vida, acreditando implicitamente que algumas pessoas são frágeis demais para receberem nossos sentimentos. Quando nos desesperamos com o espelhamento e a possibilidade de confiar nos outros, nos desesperamos com as coisas que tornam a intimidade possível. A intimidade é o espelhamento mútuo.

Agora, está claro que os cinco As lidam com uma necessidade essencial de alguém, e essa necessidade é o espelhamento. Isso é sintonia, o tom perfeito de aceitação e apoio emocional. Quando nossos sentimentos na infância são minimizados, condenados ou desconsiderados, não conseguimos ouvir todos os tons dos sentimentos, e uma parte de nós se torna inerte ou dormente. Imagine a alegria que sentimos quando alguém aparece, nos acolhe e nos ama com todos os nossos sentimentos. Um relacionamento com alguém assim nos abre e nos liberta; em outras palavras, funciona. Isso dá suporte e intensidade aos *insights* da psicologia do eu, a qual enfoca o poder de cura da sintonia empática e do mindfulness nos relacionamentos.

Por outro lado, nós nos sentimos arrasados e decepcionados quando nos apegamos a alguém cujo amor, na verdade, é uma farsa, alguém que não demonstra aceitação verdadeira em relação ao que sentimos nem a quem somos. Quem pode nos culpar por voltarmos a ficar dormentes? Na verdade, nosso medo de intimidade talvez seja o medo de que nossas tentativas de comunicação sejam recebidas com a mesma rejeição com a qual nos deparamos na infância. Quem não teria medo disso?

Não parece adequado seduzir ou atrair o outro para que nos espelhe. Uma alternativa saudável apresenta duas formas. Na primeira, nós podemos pedir diretamente pelo espelhamento daqueles em quem confiamos: "Você pode ouvir a minha história? Pode segurar a minha mão enquanto a conto? Você pode valorizar o que eu fiz?" Na segunda, podemos nos abrir para o espelhamento que recebemos como uma bênção, um presente espontâneo dos outros e do universo. Sim, a natureza também nos espelha. Ela está nos acolhendo neste exato momento. Como habitamos um universo generoso, realmente recebemos um espelhamento, e o nosso desafio é notá-lo. A bondade do universo se reflete nos ensinamentos de Buda acerca da compaixão universal. Quando percebemos que o espelhamento costuma ser uma forma de bênção, nos libertamos do desespero de não o encontrar.

Ao contemplar uma imagem com a expressão compassiva de Buda, vemos todas as nossas tristezas e alegrias espelhadas ali. Esse tipo de espelhamento também assume duas formas: uma desativação do nosso ego apegado e temeroso e uma compaixão para com a nossa situação como seres humanos. Esse é o equivalente a uma força provincial ao enfrentarmos nossas condições da vida. Tal presença revela que, ainda que estejamos separados, não estamos sozinhos.

O espelhamento gera em nós um senso de identidade. Quando internalizamos os poderes dos outros, há uma transformação, e esses poderes deixam de ser deles para ser nossos. A criança compete com os pais pelo poder e se frustra na tentativa. Ela, então, internaliza o poder dos pais, em vez de competir com eles; como resultado, desenvolve um senso de maestria e autoestima. Na vida adulta, ela sabe como internalizar o apoio dos outros e, dessa forma, ganha o poder de dar apoio a si mesma. Ou seja, um pai ou um cuidador interior protege a criança interior.

Na prática de devoção a *Avalokiteshvara*, o *bodisatva* da compaixão, o praticante começa honrando esse ser iluminado e termina reconhecendo que não existe uma distinção entre eles. De fato, o santuário de um bodisatva ou de um santo pode ser visto como o espelho do que somos em nossa natureza essencial; ou seja, nossa natureza búdica, nossa consciência cristã, o sopro de Deus ou o que Carl Jung chamou de Eu superior. Também podemos chamar isso de centro divino do nosso coração. Somos espelhados pelo divino porque nossa humanidade inclui uma divindade que não pode ser avariada nem diminuída. Essa é uma implicação espiritual do mindfulness que pode nos libertar de uma identificação limitadora com nosso ego e despertar em nós um senso maior de nossa unidade com a natureza e com o divino.

A NEGAÇÃO DA PRIVAÇÃO

Durante minha infância em New Haven, eu passava várias semanas do verão na fazenda da minha tia Margaret, no interior. Aos 42 anos, durante uma sessão de terapia corporal da linha de William Reich, de repente tive uma visão do interior da geladeira da tia Margaret, a qual sempre estava cheia, ao passo que a de minha família quase sempre estava vazia. Naquele momento, percebi que muitas vezes senti fome na infância. Minha lembrança mental não tinha nenhum registro disso, mas o meu corpo se lembrou da abundância da fazenda e da escassez que havia em minha casa. Na infância, talvez tenhamos negado para nós mesmos que as nossas necessidades não estavam sendo atendidas, e esse tipo de negação pode persistir durante toda a vida. Será que a comida é a minha metáfora para nutrição emocional, que também era escassa em casa? É por isso que sempre tenho mais comida do que o necessário na despensa hoje em dia? Meu corpo ainda está preso ao passado e agindo de acordo com o medo da escassez no presente? É esse medo que gera a mesquinhez? Hoje podemos até negar que sofremos privações na infância, mas nosso corpo não se deixa enganar. Sabemos de forma visceral e instintiva quando aquilo de que precisávamos nos era negado. Em relacionamentos adultos, podemos continuar negando que sentimos algum tipo de privação e, dessa forma, nunca abordar, processar ou resolver essa questão. Não seria surpresa, considerando como essas tarefas são difíceis. No meio da privação ocorrida no meu passado, posso ter decidido que eu simplesmente não precisava do que não havia lá. Quando somos treinados para enfrentar a privação na juventude, não vemos problema em suportá-la em relacionamentos na vida adulta. Quando somos treinados para suprimir nossas necessidades e calar nosso grito de dor, talvez também estejamos fazendo isso com o nosso par. Não é surpresa alguma que às vezes fiquemos deprimidos sem saber por quê. Nossa depressão é o resultado da supressão de uma tristeza que ainda perdura.

Subjacente à privação negada, porém, existe um grito silencioso, um pedido abafado. Nossa mente racional minimiza o impacto do que aconteceu conosco física, emocional ou sexualmente, mas cada célula de nosso corpo sabe o que aconteceu e sente o verdadeiro impacto. Nosso corpo é a única parte que não se deixa enganar nem aceita nossas mentiras. Frases como "Eles tiveram boas intenções" ou "Não foi por querer" não significam nada para o corpo, que só entende declarações como "Isso dói" ou "Estou com medo", ou sentimentos como raiva, tristeza ou impotência.

Se a nossa avaliação mental de um abandono ou de uma traição inclui desculpas para quem fez isso, estamos arranjando outra forma sutil de evitar a tristeza, que lida não com a intenção do outro, mas com o impacto que as ações deste tiveram em nós. No entanto, obrigar a se lembrar ou a sentir tristeza pode gerar um novo trauma. Parte da nossa resposta ao abuso é aprender a dissociar, e talvez ainda precisemos fazer isso. No luto, quando nos sentimos prontos, nós nos conectamos novamente com a visão oclusa da nossa dor. Estar preparado é a chave, e só nós podemos saber quando estamos prontos.

Nosso lado infantil pode ter um desejo fendido se tivermos sofrido algum tipo de abuso ou negligência na infância. A metade saudável de nós quer se recuperar do passado, e a outra quer reproduzi-lo, revivendo-o de forma compulsiva e, assim, continuar repetindo as necessidades não atendidas. Quando ocorre uma crise ou um acidente, somos compelidos a contar para as pessoas a respeito disso, não apenas uma, mas muitas vezes. Tal repetição é uma maneira de absorver o choque. Ainda assim, apenas o luto pelo passado nos liberta dele. O trabalho é complexo porque as duas metades precisam trabalhar juntas até que se chegue à elevação. Sim, existe algo dentro de mim que quer sabotar a minha felicidade. Como posso dar espaço para isso, confortá-lo e, dessa forma, deixá-lo descansar?

Por fim, ninguém consegue ser a melhor versão de si mesmo o tempo todo. Nossos pais ou cuidadores podem ter dado o melhor deles em algum momento ou até mesmo na maior parte do tempo. Afinal, é muita coisa esperar total consistência de qualquer pessoa. Minha nova versão de "Eles deram o melhor de si" em relação a uma criação inadequada dos pais é "Eles fizeram o melhor que estavam dispostos a fazer".

O QUE NOS MACHUCA NOS CONSOLA

Se as nossas necessidades primitivas não forem atendidas, talvez acabemos tolerando o abuso em relacionamentos adultos. Passamos a voltar sempre em busca de mais, quando, na verdade, só há menos. Continuamos voltando para onde fracassamos no passado. ("Você continua me magoando, *mas* eu não consigo deixar você.") Se, na infância, acordamos todos os dias pensando: "Alguém aqui vai me magoar hoje, mas eu tenho que ficar. Alguém não me quer aqui, mas eu não tenho para onde ir", como poderíamos partir agora? Infelizmente, a lição de que somos impotentes é reconfirmada a cada dia e permanecemos em uma situação de sofrimento.

Quando nossos pais nos tratam de forma maldosa ou fazem com que sintamos vergonha, somos levados a acreditar que *nós* temos algum defeito, e não que *eles* estão agindo de forma abusiva. "Eles fizeram isso para o meu próprio bem" é uma colaboração com o abuso. Essa conformidade e rendição para uma autoridade injusta resulta em uma aversão por si mesmo, expressa com violência clara ou velada. As origens da retaliação estão aqui. Conseguimos diminuir essa aversão ao nos sintonizarmos a ela de forma atenta, sem vergonha, medo, censura etc., e ao lidar com ela com compaixão, seja esta direcionada para nós ou para os outros.

Na infância, aprendemos estratégias de autoproteção. Descobrimos formas mentais e físicas de nos acostumarmos com o sofrimento. Nós nos condicionamos a escapar, mesmo enquanto permanecemos. Agora, essas mesmas estratégias nos mantêm presos em situações insustentáveis. Percebam a ironia disso: estamos nos protegendo por negação e dissociação e, dessa forma, só conseguimos permanecer à mercê do abuso.

Enquanto o espelhamento (a aceitação do outro em relação a nós) nos confere poder, o abuso tira o acesso que temos ao nosso próprio poder. Em um relacionamento abusivo, talvez acreditemos que não podemos partir porque as coisas *podem* melhorar. Nosso poder, dessa forma, diminui de duas maneiras: pela crença de que não temos como nos retirar da situação de abuso e pelo apego a uma esperança infundada de que o abusador mudará seu comportamento. Essas são mentiras que aprendemos quando nos acostumamos à infelicidade e ao sofrimento. Como Shakespeare disse: "Lamento ter o que temo perder."

Em alguns relacionamentos abusivos, sentimos que não conseguimos viver sem o outro. Quando só conhecemos o drama, imaginamos que um relacionamento precisa disso. Podemos treinar nosso par para participar desse jogo único de drama e brigas, o que pode tomar a forma de abandonos contínuos e reconciliações, comportamentos sedutores e contidos, discussões, triangulações, vício na infidelidade etc. Quando as coisas estão tranquilas e avançando bem, é possível que nos sintamos entediados ou até mesmo inseguros. Se o lar da nossa infância era tempestuoso, podemos enxergar o estresse como algo normal. É quase como se tivéssemos o impulso de recriar a paisagem árida do nosso passado desértico. Algo dentro de nós quer se livrar disso, mas tudo o que conseguimos fazer é restaurar o comportamento.

Às vezes, o abuso é tão sutil que nem o notamos. Sarcasmo, ridicularização, provocação, "brincadeiras" ou crítica contínua, por exemplo, começam a parecer cada vez menos abuso e mais um ruído de fundo. Às vezes, um não atende às necessidades do outro, mas, como não está fazendo nada sério para abalar o relacionamento, o casal continua junto sem pensar em opções de mudança ou até separação: *A pessoa nunca vai ser tão ruim a ponto de fazer com que você a deixe, mas nunca tão boa a ponto de satisfazer você.* De qualquer modo, podemos nos enganar e esperar que o outro mude, em vez de nos esforçar para conquistá-lo. Se a esperança não incluir um plano de mudança, na verdade o que há é, ao contrário, desesperança e rejeição à mudança. Não mudar é uma escolha. É esta a mensagem que recebemos de nosso par diante do sofrimento que sentimos: "Fique comigo e eu não vou dar o que você quer" ou "Volte e mesmo assim não vou dar o que você quer"? Não podemos nos deixar enganar para sempre. Um dia vamos admitir a verdade e entrar em ação. Emily Dickinson, em seu poema "Não é que a morte nos doa tanto", compara dois tipos de pássaro em Massachusetts: os que ficam por lá no inverno e os que migram para lugares com clima mais quente. Então ela diz: "Nós somos os pássaros que ficam."

Estar entre "os pássaros que ficam" no inverno da Nova Inglaterra quando a sabedoria nos mandaria para o México é um destino cruel que impomos a nós mesmos. Podemos usar isso como metáfora para um relacionamento com alguém que não nos nutre: precisamos de pão e imploramos por migalhas de alguém que tem medo de dar o pão e tampouco está disposto a dar uma migalha.

Exige muita coragem viver em Massachusetts por tantos invernos, até que um dia você dará um basta e, em seguida, se mudará para a Califórnia. Mas é só então que sentimos o calor pelo qual esperávamos. No entanto, talvez estejamos condicionados a aceitar que nossa vida não deve ser confortável. Da mesma forma, talvez acreditemos que nossos relacionamentos nunca darão certo, que fomos feitos para ser infelizes e não realizados. Com essa visão, talvez não consigamos o ímpeto de dar um basta quando nos deparamos com o sofrimento. Em vez disso, nos perguntamos: "Por que se dar ao trabalho?"

Viver situações de abuso é perigoso porque pode fazer com que nosso desejo de sofrer seja equivalente à nossa força de vontade para estar em segurança. É comum pensarmos "Nada que eu faça vai impedir essa pessoa de me machucar" ou "Nada que eu faça vai fazer com que essa pessoa me ame". O resultado pode ser uma conclusão assustadora: "Nada mais importa, eu não me importo com mais nada." Um sofrimento assim, tão profundo, pode assumir a forma de baixa autoestima, doenças, compulsão alimentar, autoflagelação, vício, trabalhos ou hobbies perigosos, propensão a acidentes, anorexia, a crença de que não temos como melhorar de vida etc. Isso tudo resulta em um desejo de morrer.

Talvez até busquemos relacionamentos que sirvam como proteção contra ter que confrontar nossas questões e processá-las. Podemos nos sentir atraídos por uma pessoa justamente porque ela promete, implicitamente, que nunca precisaremos confrontar, processar nem resolver nenhuma questão de forma muito profunda; que nunca precisaremos mudar nosso estilo que evita a intimidade. Pensamos: "Essa pessoa é superespecial e só tem medo de confrontar as coisas, assim como eu, então estou seguro aqui." Nesse tipo de relacionamento, forjamos um acordo tácito de ser o que Emily Dickinson descreveu no seu poema como "trêmulos na porta das fazendas" esperando por uma "migalha relutante".

Em relação a construir um ninho no inverno, acrescento ainda uma percepção minha. No ano passado, comemorei cinquenta anos como psicanalista e me perguntei qual era o problema que eu mais via nos meus pacientes. A resposta: permanecer tempo demais em situações que não funcionam. Isso também se aplica a mim. E a você?

MINHA FAMÍLIA FOI BOA PARA MIM?

O mito norte-americano do individualismo extremo ignora quanto da nossa identidade se baseia ou deriva da nossa família. Se identidade significa o que é identificável em nós, somos definitivamente galhos de uma árvore genealógica. Qualquer um de nós poderia dizer: "Eu me olho no espelho e vejo os olhos do meu pai; converso com rispidez com meu par e ouço as palavras da minha mãe; acaricio meu filho e sinto o abraço da minha avó; brigo, manipulo, controlo ou faço exigências aos meus filhos, e me lembro de como eu era tratado na infância; lido com um vizinho irritante e, vejam só, deparo com aquele ego familiar que vejo em tantos homens da minha família. Meu nome é o nome da minha família; meu túmulo já espera por mim ao lado do túmulo dos meus familiares. Já cheguei aqui com traços ancestrais e vou deixar esses mesmos traços aqui. Minha vida é um capítulo, não um livro."

No entanto, há diferenças entre mim e meus pais: eu peço desculpas quando magoo alguém; tenho mais recursos para lidar com problemas interpessoais; tornei-me mais consciente e mais suave graças a todos os livros de autoajuda que li e todos os curandeiros que conheci. Meus ancestrais imigrantes nunca tiveram acesso a essas coisas.

Nenhuma família é perfeita. O melhor que podemos esperar é uma família funcional na maior parte do tempo, que leve em conta um pouco de disfunção e que, quando as coisas dão errado, consiga encontrar uma forma de consertá-las. No meu ponto de vista, a família funcional é aquela que concede os cinco As na maior parte do tempo e na qual nenhum membro é abusivo ou sofre abuso.

Além disso, os sentimentos e as privações são expressos toda vez que são notados e reconhecidos, tanto no relacionamento do casal quanto na relação dos pais com os filhos. Pais nesse tipo de família não sentem medo nem orgulho ao se desculparem com os filhos (e vice-versa) quando necessário. Os eventos da vida são processados com paciência e carinho, considerando as reações, as intuições e os sentimentos de cada um. Os membros da família têm tempo e permissão para sentir plenamente e resolver as coisas à própria maneira. As crises não se tornam um segredo. Não há limites para a liberdade de expressão. *Alguém já me perguntou como eu me sentia durante uma crise familiar?*

Quão mais fortes nos sentiríamos se nossos pais ou cuidadores tivessem compartilhado, de modo sincero, os sentimentos e medos deles conosco? "Jane, esta é a carta que seu pai mandou do Iraque. Muitas vezes ele sente medo e desespero, mas, quando pensa em mim e em você, sente esperança. Fico muito triste em ler isso. Como você se sente?" Esse tipo de convite ao diálogo é um bom exemplo de espelhamento e mindfulness que torna a sensação menos isoladora e incapacitante e, desse modo, menos assustadora.

A frustração não faz bem à criança, mas esforço é diferente de frustração. Uma criança se esforça para vestir o casaco. O pai ou a mãe estão por perto, mas não ajudam. Dessa forma, a criança aprende a concluir o processo com sucesso: vestir o casaco. Mas, quando a criança fica frustrada porque a tarefa é difícil demais para realizar sozinha, ela tende a desistir por perder a esperança de conseguir, e o bom pai aparece para ajudar. Nas famílias saudáveis, há esforço e ajuda quando necessário, e não frustração e vergonha com o fracasso. É assim que o antídoto contra a falta de esperança entra em nossa psique como recurso interno.

Por fim, em uma família funcional, os pais se separam se um deles for viciado ou abusador e recusa ajuda. A pessoa que fica não permite que o abuso passe despercebido, e as crianças nunca se tornam objetos de uma necessidade inadequada de realização dos pais. Se a pessoa deseja permanecer no relacionamento, não é por causa dos filhos, mas por alegria ou desejo ou, um caso menos desejável, para honrar as consequências da escolha de tê-los tido.

Na vida adulta, aprendemos a desempenhar os papéis de como uma família funcional deveria ser. Tornar-se mais adulto significa ter um pai protetor interior que supervisiona e protege nossa criança rebelde interior e a conforta quando esta fica assustada. Issa foi uma poetisa japonesa que nasceu em 1763 e que sofreu abuso na infância. Ela escreveu: "Não tema,/ sapinha querida!/ Ajudarei com qualquer problema." A sensação de solidão costuma resultar não de uma ausência de pessoas para nos distrair, mas da ausência de um eu adulto para cuidar da nossa criança interior que se sente abandonada. (A solidão também é um sentimento adequado quando fazemos transições, tomamos uma decisão, nos tornamos mais despertos espiritualmente ou nos encontramos.) Podemos considerar nossa solidão de forma literal e procurar companhia nos lugares errados. Quando a criança interior não pode depender de um pai ou mãe interior, ela se liga a alguma coisa ou alguém, não importando o que ou quem, como substituto. Um pai ou mãe preocupado fica ao lado da criança de forma carinhosa e poderosa, ajudando-a a não criar vínculos inadequados. Embora isso não elimine a solidão, suaviza seu impacto. Estas palavras da escritora e professora Natalie Goldberg são úteis: "Use a solidão. A dor que ela causa provoca uma urgência para se reconectar com o mundo. Pegue essa dor e use-a como forma de mergulhar ainda mais fundo na sua necessidade de se expressar, de falar e dizer quem você é."

Os gregos e romanos antigos sabiam como a vida em família podia ser difícil. Percebiam que a interferência humana por si só não era capaz de manter famílias em segurança e que era preciso mover céus e terras para transformar um grupo de seres humanos em pessoas realmente funcionais. Eles, então, reconheceram e invocaram os deuses adequados para cada área de dificuldade. (Deuses que ajudam os seres humanos são personificações de bênçãos, dádivas especiais de ajuda que nos são concedidas de forma espontânea e que nos ajudam a transcender os limites dos poderes de nosso ego.) Os santos padroeiros são forças invocadas para ajudar de forma mais específica e servem como equivalentes modernos. Imagens religiosas de santos também são feitas para trazer a cura. Assim como todos os símbolos religiosos, elas refletem os recursos interiores para nos curarmos. Uma imagem da Mãe celestial concede bênçãos *e* é um espelho dos poderes maternais na nossa própria alma.

UM POUCO DE LUZ SOBRE O SOFRIMENTO

Agora que o meu celeiro foi destruído pelas chamas, consigo ver a Lua.
— Mashide, poeta zen japonês

Como os cinco As são os componentes de suporte emocional, quando não os recebemos, nos sentimos desconectados e isolados tanto física quanto emocional e espiritualmente. A ausência de qualquer um dos cinco As parece formar uma lacuna em nossa psique, um buraco, uma deficiência. No entanto, um A não atendido é mais do que um buraco. Se nos mantivermos na dor do vazio, esta abre um cômodo amplo em nossa psique. Afinal, as deficiências e as faltas definem o ser humano, mas, mesmo assim, têm um lado positivo. Veja a seguir como as nossas deficiências podem ser equilibradas com recursos:

Ausência disso nos outros	Pode ser uma porta para
Atenção	Olhar para dentro de mim.
Aceitação	Explorar tanto os aspectos positivos quanto os negativos do meu lado sombrio.
Admissão	Encontrar minhas necessidades, meus valores e meus desejos mais profundos e assumir a responsabilidade por viver de acordo com eles.
Apreço	Estimar quem eu sou e o mundo que me foi confiado.
Afeto	Amor incondicional por mim mesmo e pelos outros; a generosidade de amar antes de ser amado.

Sob essa perspectiva, nossas necessidades não atendidas se transformam em forças gravitacionais, atraindo-nos para as profundezas do nosso eu adulto. Quando aplicamos os cinco As às nossas próprias deficiências, eles nos levam para aquele lugar em nossa alma onde a realização é garantida. É quando mergulhamos no buraco que encontramos nossa profundidade, exatamente como Alice. O País das Maravilhas, na verdade, representa as profundezas da alma humana, com seus desafios à lógica e todas as suas possibilidades radiantes.

O mindfulness fornece ferramentas para transformar nossas lacunas em potencial de comoção. Quando estamos atentos, entramos na consciência pura da nossa aflição e a embalamos sem julgamento, medo, culpa, vergonha ou expectativa. Essa lealdade ao que se é nos permite transformar as necessidades não atendidas em autoconhecimento. *O mindfulness mostra que um buraco é um túnel, não uma caverna.* Nosso vazio se torna um espaço transicional como a passagem sombria em um concerto, um movimento entre os outros, em vez de envolver toda a composição musical. O vazio significa que não temos nenhum senso de sermos abraçados, nenhuma rede de segurança para nos proteger da queda. Nossa prática é uma rede, um paraquedas, um "apanhador no campo de centeio". São assim os nossos relacionamentos saudáveis. *De que tipo de suporte eu preciso enquanto olho nos buracos que existem dentro de mim?*

Curar o passado não é rememorar feridas antigas e tentar consertá-las, mas ficar com elas, mergulhar nelas, até que comecem a mudar e se abrir sozinhas. Ficar significa encontrar o Amado interior, nossa realidade pessoal mais profunda. Ficar em uma situação dolorosa e ser violado é aceitar nossa vitimização; ficar com o nosso eu sofrido é uma vitória espiritual. O sofrimento se torna uma passagem para a nossa vulnerabilidade e, ao chegar a esse lugar sensível, encontramos o nosso eu mais terno. Quando nos comprometemos a ficar, respeitamos nossas feridas como santuários que nos curam apenas por fazer uma visita demorada. Somos peregrinos ao realizar esse trabalho, e não carpinteiros. Se sofremos porque não encontramos o amor, paradoxalmente conseguimos encontrá-lo ao nos sentarmos com mindfulness na sensação de anseio por algo que um dia sentimos. Resolvemos nossa perda original não ao satisfazê-la com a resposta de alguém em relação a nós, mas também ao realocá-la em nosso interior. Nosso ego busca o amor, mas devemos encontrá-lo primeiro dentro de nós. Só assim poderemos buscá-lo nos outros, não mais como pobres pedintes, mas como ricos em busca de alguém com quem compartilhar nossa riqueza.

O herói dos mitos e lendas é destemido; porém, toda história heroica apresenta um interlúdio no qual o herói é impotente. Podemos citar como exemplos Robin Hood no calabouço, João no armário da esposa do gigante, Jonas dentro da baleia, Dorothy adormecida no campo de papoulas. Todos esses incidentes funcionam como metáforas para os períodos de calmaria em um momento de mindfulness. Eles reconhecem a legitimidade da impotência e da inação como estágios úteis de qualquer jornada humana. Em cada um desses exemplos, o estado de repouso nos prepara para novas visões e aventuras.

Nas décadas mais recentes, o movimento de autoajuda enfatizou que nunca devemos nos vitimizar. Talvez tenhamos nos tornado unilaterais, esquecendo-nos da interação dinâmica entre opostos complementares, tais como desamparo e desenvoltura. Ser apenas uma vítima certamente é perigoso. Jamais devemos aceitar ser vítimas de abuso violento. Mas ser vítima da depressão quando os outros nos traem é adequado. Lapsos ocasionais de impotência nos ajudam a nos libertar do ego e do controle, e todo herói de verdade aceita, de bom grado, tais lapsos.

Aliás, as perdas, as dificuldades, as decepções, as mágoas e as traições parecem necessárias para encorajar nosso crescimento da infância para a vida adulta e ao longo da maturidade. A cadela rosna para os filhotes que querem mamar depois do desmame. É dessa forma que eles aprendem a cuidar de si. Em toda a natureza, os poderes de autocuidado se desenvolvem a partir da angústia e da separação. Quando os pais dizem "não", nós sofremos por não termos nossos desejos realizados, mas outra coisa entra em ação em termos de desenvolvimento: as proibições nos dão o poder da negociação. A mãe que sempre faz tudo que queremos não ajuda a construir nosso caráter. Como diz o herói de guerra Tom Daly: "Muitas vezes os eventos que acreditamos ter causado nossas feridas mais profundas são, na verdade, aqueles que iniciam nossa libertação dos encantos doentios da inocência, da grandiosidade, da passividade, da violência ou do vício." E nós precisamos dessas iniciações, pois, sem elas, podemos resistir ao crescimento, à mudança, além de negar a nossa responsabilidade em relação aos outros e ao nosso destino de transcender nosso ego pessoal. Até mesmo o abuso e a traição ainda cedo na vida, por mais repreensíveis que sejam, podem causar um impacto positivo em seres como nós, que nos beneficiamos de experiências difíceis. Toda ruptura, interrupção e fracasso de sintonia empática dos nossos pais ajudam a nos fortalecer para enfrentar o futuro, com todas as suas separações, decepções e derrotas.

Tudo de que precisamos para acessar esse poder é a disposição de visitar o passado e sentir a dor por tempo suficiente para recebermos sua dádiva.

Os opostos sempre se encontram com os desdobramentos do mundo humano. Por exemplo, a alegria exige que o coração esteja aberto para as experiências, o que permite que a tristeza entre também. Quando uma criança se torna capaz de aceitar os opostos aparentes do pai ou da mãe, ela está amadurecendo: "A mesma mãe que às vezes reage às minhas necessidades, outras vezes está indisponível, e eu sou capaz de amá-la nos dois momentos, assim como confiar que ela também me ama." Todos nós tivemos experiências positivas e negativas com os nossos pais. Quando, já adultos, olhamos para nossa infância e vemos apenas os momentos ruins ou apenas os momentos bons, sabemos que temos o desafio de nos tornar adultos que conseguem aceitar os opostos com tranquilidade.

Sem traição, não teríamos tido nenhum estímulo ou incentivo para deixar o lar da infância e explorar o mundo sozinhos e, consequentemente, encontrar a autossuficiência. Sem isso, José não teria sido vendido como escravo e, dessa forma, percorrido o caminho até seu destino especial ao lado do faraó. Nós deparamos com esse tipo de paradoxo em cada curva da história da humanidade. Dante precisou ser expulso de Florença, a cidade que tanto amava, para enfim escrever *A divina comédia*. Homero e Milton perderam a visão antes de escrever suas epopeias gloriosas. Beethoven ficou surdo antes de compor os grandes quartetos. Em cada um dos casos, o artista criou a incrível obra a que estava destinado depois de grande sofrimento e perda. Martin Luther King Jr. sofreu muitas perdas, ameaças e até chegou a ser preso. Tudo isso serviu como prefácio para mudar o senso norte-americano de igualdade perante a lei. Nós somos artistas também, e o nosso destino — e desafio — é mais ou menos o mesmo. *Não podemos desviver nossa história de sofrimento, mas não precisamos revivê-la. Não temos como nos livrar dela, mas também não precisamos nos prender a ela.*

No mito egípcio, Osíris é cortado em pedacinhos pelo irmão mau chamado Seth. Depois disso, Osíris se torna imortal quando sua irmã/esposa, Ísis, se dá ao trabalho de procurar os pedacinhos e remembrá-lo. Repetidos ataques ao nosso senso de eu nos cortam em pedacinhos. Vivemos cortados em partes por um tempo e, então, por meio de nossos poderes femininos de busca e costura, cada parte é encontrada e unida, e assim voltamos a ser inteiros. Os antigos xamãs iniciavam os homens por meio do ritual de desmembramento. Assim como aconteceu com Cristo, Dionísio e Osíris (e todos nós), a fragmentação costuma ser uma fase necessária na transição da humilhação e do abuso para a crença em si mesmo e o amor compassivo. Os heróis feridos redimem os outros porque eles mesmos vivenciaram tanto a fragmentação quanto a restauração. Existe um caminho para o amor no meio das ruínas.

Nós acreditamos que somos a soma de tudo de ruim que já nos aconteceu, mas isso só se torna verdadeiro se não tivermos nos dedicado a nós mesmos. Na realidade, tudo que aconteceu conosco *somado* à nossa dedicação em relação a isso são os ingredientes necessários para sermos exatamente como fomos feitos para ser. Em um relacionamento saudável, podemos dizer com segurança: "Junte-se a mim no meu caos, não para me ajudar a eliminá-lo, mas para me ajudar a tolerá-lo." Ficar com o eu de forma empática e sustentada, o que conseguimos quando nos autoconcedemos os cinco As, mobiliza forças que antes estavam soterradas em sofrimento. Isso faz mais por nós do que qualquer uma de nossas tentativas de arrancar o mal pela raiz. É a diferença entre um ataque agressivo e o amor não violento diante de um ataque.

Por trás de todas as nossas feridas, imperfeições, erros e arrependimentos, existe um lugar confiável que alimenta o crescimento e permanece vivo, não importa o que aconteça. Nós nunca perdemos nosso amor incondicional pela luz. É a partir dele que crescemos. Desafios e traições são forças angustiantes que nos recebem nos portões do crescimento, enquanto esperam pelos heróis míticos em suas jornadas. Se existe uma força angustiante em todo portão, deve existir um portão para cada força angustiante. Não há iniciação sem cicatriz. Entre os povos primitivos, são os pais e os anciãos que deixam tais cicatrizes. Os jovens de hoje talvez façam isso com tatuagens e piercings.

Para que nosso coração floresça sem revolta seguindo a dura lei da criação, será que não há uma necessidade psicológica de encontrar algum valor positivo que possa transformar tais resíduos dolorosos no processo que nos dá forma e, no fim das contas, faz com que valha a pena aceitá-los? [...] Por mais sombrio e repulsivo que seja, o sofrimento nos foi revelado como um princípio supremo e ativo para a humanização e a divinização do universo.

— Teilhard de Chardin

UMA JORNADA HEROICA

A jornada heroica da vida não é apenas um percurso do ponto A para o ponto B, como no futebol americano, no qual o objetivo é sair da linha de *scrimmage* até chegar ao gol. Na verdade, é um movimento do ponto A ao ponto A à milésima potência, como no beisebol, cujo objetivo é sair do ponto inicial e voltar a ele com um ponto feito, ou seja, um resultado da jornada.

As fases da jornada heroica se encaixam perfeitamente às dos relacionamentos íntimos. O herói deixa o ambiente que lhe é familiar, passa por uma série de provações e volta para casa com uma esposa, um tesouro, um amuleto ou um poder de cura. Da mesma forma, os relacionamentos também começam quando se deixa a família, o familiar, passando por uma série de conflitos em um território desconhecido e retornando para o seu eu integral, mas, dessa vez, dentro do comprometimento com uma parceria. Como as necessidades da infância são as mesmas que temos na intimidade da vida adulta, a jornada nos leva de volta ao ponto de partida, mas sem o medo da solidão que nos motivou a sair de casa. Os obstáculos presentes nessa jornada para a intimidade, que tomam a forma de conflitos surgidos no decorrer de um relacionamento, se tornam um ponto para a verdadeira comunhão e o comprometimento quando a negociação é bem-sucedida. O que parece estar no caminho *é* o caminho. O amor adulto é o objetivo da jornada humana. O herói está destinado a amar um par e então entrar em uma parceria com o mundo. Não existe nenhum trabalho exclusivamente pessoal. Toda prática, tanto psicológica quanto espiritual, nos prepara para a iluminação e o serviço para o mundo. O amor nada mais é do que uma jornada *do* isolamento *através* da proximidade e da oposição *na* comunhão.

O estágio final da jornada, como o clímax de um relacionamento saudável, é voltar para o ponto de partida e abençoar o lugar com amor, sabedoria e cura; dádivas que recebemos durante o caminho para que pudéssemos distribuí-las em casa. O caminho da jornada pessoal e íntima vai além do ego inflado para o ego inteiro e generoso, que nos prepara para a missão mais difícil de sermos emissários de amor para com todos os nossos irmãos e irmãs humanos. As dádivas que trazemos de volta são os talentos que nos foram concedidos ao nascermos, agora ativados de forma pessoal e em relacionamentos. Além disso, fazer o bem e espalhar compaixão torna o mundo um lugar melhor e cumpre nosso destino evolutivo.

Prática

VERIFICAÇÃO DE SEGURANÇA | Escolha a pergunta a seguir que toca mais fundo em você e escreva sua resposta no caderno. Consigo me arriscar a ser eu mesmo e permitir que o amor aconteça com você? Esse relacionamento é capaz de me proporcionar a zona de segurança na qual as partes submersas de mim possam emergir? Eu ainda seria abraçado e estimado se mostrasse minhas piores características e meus sentimentos mais repulsivos?

ESPELHAMENTO | Em cada fase da vida, vemos a influência de nossos desejos mais antigos. Nosso trabalho não é renunciar às necessidades da nossa infância, mas levá-las em consideração, trabalhá-las e convocar nosso par para nos ajudar, caso esteja disposto a isso. Nosso objetivo não é apenas cortar os elos com nossos pais, mas nos unirmos a um par que possa se unir a nós em nosso trabalho. Como Shakespeare disse em *Rei Lear*: "Quem sofre só, padece em pensamento."

Faça estas perguntas ao seu par: eu me perdi durante parte do meu desenvolvimento, será que você pode me ajudar a voltar ao meu caminho? Você é alguém com quem posso dar as boas-vindas às minhas necessidades antigas e não atendidas, revivê-las com segurança e redirecionar meus esforços frustrados? Será que posso trabalhar com você no espelhamento mútuo, que nada mais é do que a compreensão e a aceitação dos sentimentos? Será que às vezes induzo você a sentir algo que eu mesmo não suportaria sentir, para que você possa me ajudar a identificar o sentimento e então o manter comigo? Você me faz sentir coisas que você mesmo não suportaria? Como podemos nos desafiar em relação a isso e superar tudo? Quais dos meus sentimentos você espelha? Quais dos seus eu espelho? Que sentimentos tememos um no outro?

BUSCA ADULTA | Adultos maduros têm uma expectativa modesta de terem suas necessidades atendidas pelo par. Eles buscam cerca de apenas 25% de suas necessidades (dose adulta) atendidas por outra pessoa (a dose infantil é de 100%), e os outros 75% vêm do eu, da família, dos amigos, da carreira, dos hobbies, da religião/espiritualidade e até mesmo dos animais de estimação (cachorros são peritos em dar os cinco As!).

De acordo com Chögyam Trungpa Rinpoche, na meditação, 25% da nossa atenção se destina à técnica; 25%, ao relaxamento; 25%, à autoajuda; e 25%, a uma expectativa vigorosa. Ele usa a analogia da nossa experiência em um cinema: 75% da nossa atenção está no filme, o resto está na pipoca e na pessoa que nos acompanha. A atenção dividida torna a experiência prazerosa, o que não seria possível se estivéssemos totalmente concentrados no filme. Dizem que meio pão é melhor do que nenhum pão. Aceitar um quarto de um pão pode ser um dos segredos dos relacionamentos bem-sucedidos.

Responda a estas perguntas no seu caderno ou junto de seu par: quem satisfaz as minhas necessidades e que porcentagem delas são atendidas por cada fonte? Quem satisfaz as suas necessidades e qual é porcentagem de cada fonte? Qual é a minha relação com esta citação de Anton Chekhov: "Se você teme a solidão, é melhor não se casar"? Apresento uma necessidade em dose adulta pelos cinco As? Ela se atenuou desde a infância (como a minha necessidade por leite)? Consigo receber uma quantidade moderada de atenção adulta e me dar por satisfeito? Ou tenho uma sensação corrosiva de que não recebi o que me era destinado? Estou insistindo nisso agora? Eu estava exultante no dia do nosso casamento quando cada célula do meu corpo estava pronta para chorar por tudo que aconteceu no início da minha vida? Posso me juntar a Henry David Thoreau no ditado: "Vou procurá-lo, meu amigo, quando eu não precisar mais de você. Então, você vai encontrar um palácio, e não um abrigo de pobres."

ENFRENTANDO NOSSAS OPÇÕES | De que forma a tabela a seguir se encaixa nas suas experiências? Quais frases descrevem você?

A criança interior não espelhada pode fazer isto	Ou isto
Procurar relacionamentos que espelhem ou construam confiança.	Buscar relacionamentos que não espelhem e que quebrem a confiança.
Compreender o trauma como uma ponte.	Vivenciar o trauma apenas como um obstáculo.
Recuperar-se do passado e ir além do sofrimento causado por ele.	Repetir o passado e se agarrar a ele.

A criança interior não espelhada pode fazer isto	*Ou isto*
Desejar transcender uma experiência.	Sentir o impulso de reviver uma experiência.
Esperar que o relacionamento seja bem-sucedido.	Esperar sempre pelo fracasso.

AUTOCUIDADO | O abuso na infância afeta, na vida adulta, a nossa capacidade de cuidar de nós mesmos, principalmente em relação à nossa saúde. Como você lida com os avisos em relação a um comportamento que representa um risco de vida? Ler uma advertência no maço de cigarros talvez nos leve a parar de fumar. Nesse caso, o aviso é recebido de forma adulta. Mas também pode não afetar você em nada: "Não estou nem aí", diz a criança interior e sofrida que acabou de encontrar outra forma de morrer. Responda a esta pergunta no seu diário: onde eu estou no espectro?

REJEIÇÃO DO ABUSO | A intimidade implica uma abertura em relação aos sentimentos da outra pessoa. No entanto, isso não significa permitir que passemos por um abuso. Nós nos defendemos e dizemos "Alto lá!" diretamente para alguém que magoa. Se alguém tenta um abuso físico, nós buscamos ajuda imediatamente. No caso de um desconforto a longo prazo em um relacionamento, esta é uma prática que pode ajudar: comprometer-se a não sofrer por mais de trinta dias de infelicidade e sofrimento emocional com o par antes de conversar sobre o assunto de forma direta ou levar o problema para a terapia. *Eu estou no plano de trinta dias ou no plano de quinze anos?*

Ao mesmo tempo, há algumas ocasiões em que não temos como confrontar os outros, mas também não somos obrigados a tolerar comportamentos abusivos ou falta de educação. Por exemplo, se estivermos em um jantar de família e um parente bêbado começar a extrapolar. Não é nosso dever fazê-lo parar, mas também não precisamos continuar lá. Essa regra também funciona em uma festa onde o consumo de álcool atingiu o ponto em que não é mais possível ter uma conversa inteligente. Nos dois casos, devemos ir embora. E não para julgar ou castigar ninguém, mas para cuidarmos de nós mesmos.

Conte para seu terapeuta e/ou amigo próximo qualquer tipo de abuso que você esteja sofrendo no relacionamento e peça um conselho sobre como agir. Chame a polícia se o abuso for físico. Peça ajuda se não conseguir perceber a seriedade do abuso.

MENSAGENS CONTRADITÓRIAS | Lembre-se da mensagem que você mais ouviu dos seus pais na infância. Quando ela surge agora? Por exemplo: "Se uma boa oportunidade aparecer, você vai perdê-la." Agora, quando alguém lhe promete um emprego, você se preocupa: "Eles vão mudar de ideia e não vão me dar o emprego." Você sente que acontecimentos assim são um antigo padrão da sua vida, mas o passado não confirma tais sentimentos. Você apenas está agindo por medo ou crença, os quais lhe foram passados no início da vida. A criança desmerecida que vive dentro de você surge sempre que algo bom aparece na sua vida.

O medo que você sente agora pode ser reconfigurado como uma forma de essa criança chamar a sua atenção. Receba-a de braços abertos e a acolha, assegurando que ela não é mais impotente; que você vai lidar com as perdas que ela sofreu e comemorar as vitórias. Você pode dizer para ela: "O adulto que eu me tornei está disponível para a criança que vive dentro de mim. Eu sei que você ainda sente esses medos. Estou com você agora. Tenho muitos recursos, e você pode contar com a minha proteção. Vou só me sentar aqui para conseguir sentir tudo de forma atenta." Essa técnica ativa de imaginação metafórica acaba com a sensação de desmerecimento da criança e aumenta a confiança que ela tem em si mesma, ou seja, em você.

A maioria de nós internalizou muitas mensagens com as quais nos julgamos e nos insultamos. No entanto, quando notamos uma voz interna autodepreciativa e censuradora, não precisamos nos submeter a ela. Podemos considerá-la o ataque de um inimigo interior que está preso em um hábito de derrota. Podemos direcionar pacientemente a voz julgadora, convertendo-a em uma nova voz carinhosa, como a de uma tia ou tio, uma voz cheia de compaixão pela nossa criança interior assustada; uma voz que fala com bondade, que nos responde com atenção, apreço, aceitação, afeto e que admite erros. É assim que conseguimos nos acalmar e evitamos desistir de nós mesmos.

A voz amorosa do aliado interior nos aceita como somos, e isso faz com que nos sintamos mais fortes e mais merecedores de amor. Uma nova força motriz adulta está em ação quando fazemos esse tipo de trabalho interno. Nossa nova voz interior não deve ser construída como um monólogo. Ela está sendo ouvida pelos companheiros iluminados que nos auxiliam no caminho. Não estamos sozinhos em nossas práticas. Estamos totalmente cercados por amor.

Somos todos seres merecedores de amor, pois existe uma completude perene dentro de cada um de nós, a nossa natureza búdica, que nada mais é do que uma capacidade para amar que nunca se perde, não importa o que aconteça em nossa vida. Essa bondade básica *é* a essência do nosso ser. Não precisa ser invocada com esforço, pois se trata de uma dádiva que foi concedida a todos e habita intrinsecamente a natureza humana. Acessamos a dimensão da dádiva, ou a graça, quando olhamos com delicadeza para nós mesmos.

As defesas do nosso ego surgem como uma reação à indelicadeza dos outros em relação a nós. Desse modo, originam-se em um anseio frustrado por amor. É por isso que nosso ego inchado merece compaixão, não insulto. Podemos escolher compaixão por nós mesmos, podemos ser um Buda para nós. Sua primeira palavra de iluminação enquanto olhava para o mundo e para o coração humano foi: "Esplêndido!" Ou podemos fazer uma campanha contra nós mesmos: ser o crítico que prega em nosso coração um cartaz de "Procura-se" em relação aos nossos erros. Quando ouvir uma voz crítica dentro de si, imagine-se como um missionário. Trabalhe de forma gentil e incansável para converter a crítica interior à maneira compassiva de Buda. Então, quando ela falar novamente, o crítico interior será um praticante do mindfulness e da benevolência.

Por fim, quando os facínoras do ego neurótico, ou seja, o medo, a fixação, a expectativa, o julgamento, o controle etc., ameaçarem nosso domínio psíquico, é o momento certo para o mindfulness. Sente-se com tranquilidade ou caminhe devagar enquanto contempla cada ataque estressante e se liberte dele rotulando-o: "É apenas um pensamento." Ou então afirme: "Eu abdico do controle dessa situação e deixo as fichas caírem livremente." Então, expanda sua preocupação pessoal para a benevolência universal, ou seja, o amor maduro: "Que todos os seres se libertem do que quer que esteja no caminho da felicidade deles." É assim que saímos do amor pelo ego e passamos para o amor pelo eco!

ADMITIR OS DOIS LADOS | Leia estas perguntas e afirmativas para o seu par ou para si mesmo e pergunte como você pode agir em relação a elas.

> Haverá perdas na minha vida? Já estive lá e voltei. Haverá ganhos maravilhosos? Eu os encontrei antes e confio que o universo os concederá uma vez mais. Não haverá só prazer ou só dor, só esperança ou só desespero. Haverá um pouco de cada, e tenho dentro de mim a capacidade de lidar com o sofrimento e aproveitar o prazer.
>
> Minha mãe foi gentil comigo? Meu pai sempre foi carinhoso comigo? Não, descobri que consistência é raro nas relações humanas. Pela minha história, eu nunca espero que nada nem ninguém sejam perfeitamente consistentes, perfeitamente agradáveis ou perfeitos. Minha aceitação com as

situações da minha existência me torna um adulto sadio. Será que eu teria chegado a essa aceitação se tivesse passado a vida toda no lado claro do rio?

CONSCIÊNCIA DA REALIZAÇÃO | Em seu caderno, faça uma lista de formas específicas como as cinco necessidades básicas (atenção, apreço, aceitação, afeto e admissão) foram atendidas e/ou negligenciadas no seu passado. Uma vez que essas cinco necessidades também são as cinco qualidades centrais do amor e do apoio, liste o que você tem procurado nos seus relacionamentos adultos e ligue as palavras semelhantes nas duas listas. Suas necessidades mais desesperadas correspondem àquelas que não foram satisfeitas na infância? Pergunte ao seu par e/ou a seus filhos se você é bom em receber e responder às necessidades deles. Se você se sentir corajoso em relação a si mesmo, faça uma lista cuidadosa de todas as suas necessidades não atendidas, mostre a lista para o seu par e, com um sorriso, diga: "Aqui está o que *não* quero que você me dê, porque essa é a minha responsabilidade."

ENCONTRANDO BURACOS | É doloroso se encontrar totalmente. Nós evitamos ao máximo os buracos deixados dentro de nós por conta de decepções no início da nossa vida e em relacionamentos adultos. Mas nós nos lançamos dentro deles e através deles. Aqui está uma prática empoderadora que deve ser feita de forma tranquila e meditativa:

1. Encontre os buracos dentro de si, os lugares em que os cinco As não foram atendidos.
2. Pense em todas as vezes que você tentou preencher esses buracos com algo ou alguém.
3. Comprometa-se a descer por essas crateras assustadoras e se sente lá dentro de forma solitária, sem tentar fechá-las. As únicas ferramentas que deve levar consigo são os cinco As. Então, basta permanecer em cada

uma de suas deficiências com atenção, apreço, aceitação e afeto, admitindo que elas estejam lá sem protestos, vergonha ou culpa. Os cinco As são a única forma verdadeira de satisfazer as necessidades. Quando você dá os cinco As para si mesmo, está curando as feridas que sofreu porque não os recebeu dos outros no passado.

Quando dedica tempo a seus lugares vazios, você começa a vê-los se abrirem em espaços vívidos. Nossas lacunas não são cobertas nem canceladas, e sim expostas pelos cinco As.

Alice seguiu sozinha o Coelho Branco pelo buraco que a levou a partes de si mesma que eram confusas e assustadoras. Pergunte a si mesmo se os relacionamentos que estabeleceu na sua vida eram para ser apenas como o Coelho, que bondosamente tentou lhe mostrar o caminho para o seu eu mais profundo, ou seja, abrir o seu coração. Agora, você está finalmente disposto a entrar.

TESTEMUNHANDO O SOFRIMENTO | No início da vida ou no decorrer dela, seu par ou você podem ter sofrido abuso e/ou traições e mágoas. Ofereça ao seu par a experiência de testemunhar com atenção o sofrimento que ainda existe. O testemunho atento significa ouvir com atenção, apreço, aceitação, afeto e apreciação do que a outra pessoa revela e dos sentimentos por trás da história do outro. Como testemunha atenta, você não dá conselhos nem tenta resolver nada, apenas absorve o que está sendo dito e sentido de forma respeitosa e encorajadora. Mantenha em segredo tudo o que foi dito e tente não tocar no assunto, a não ser que a pessoa solicite. Um cuidado: não tente essa prática se algum de vocês não se sentir pronto para enfrentar o sofrimento, pois pode despertar um trauma que foi reprimido e controlado por anos.

LOCALIZANDO A PÉROLA | Considere este comentário sobre a pérola uma metáfora para o sofrimento e seu potencial de ser transformado em algo bonito. Depois, escreva um poema como resposta (explore suas lembranças relacionadas a pérolas ou qual o papel que elas têm na sua vida) ou responda às perguntas a seguir.

Em reação a uma irritação provocada por um parasita ou um grão de areia, o poder de autocura da ostra cobre o invasor com camadas de aragonita. Depois de vários anos, forma-se uma pérola, composta do mesmo material da parte mais interna da concha de proteção da ostra. Desse modo, a pérola atinge sua beleza e seu valor a partir da própria concha protetora. O resplendor único das pérolas depende da refração da luz das suas camadas translúcidas. A iridescência que algumas pérolas emitem é provocada pela superposição de muitas camadas sucessivas que dispersam a luz conforme as atinge. Diferentemente de outras pedras preciosas, as pérolas não são lapidadas nem polidas. Elas podem se deteriorar com facilidade, e sua maciez as torna vulneráveis aos ácidos e ao calor. As pérolas gostam de ser usadas contra a pele humana, que é a melhor forma de manter seu resplendor.

Há muitas camadas metafóricas nessa descrição. Escreva em seu caderno as respostas para estas perguntas: qual é o grão dentro de você que aguarda atenção ou que já foi coberto? Você confia nos seus recursos internos para fornecer as camadas que vão transformar o grão em pérola? Note as expressões "poder de autocura", "parte mais interior da própria concha de proteção", "sua maciez as torna vulneráveis", "contra a pele humana... para manter seu resplendor." Como elas funcionam para você?

LUTO PELO PASSADO | Consulte o apêndice e leia a seção introdutória. Quando se sentir pronto, comece os passos do luto pelas perdas e os abusos que sofreu na infância. Continue com esses passos em seu próprio tempo enquanto lê este livro, talvez trabalhando um passo por vez a cada um dos capítulos a seguir. Ou talvez você prefira começar os passos depois de ler o livro inteiro. Respeitar o seu próprio tempo é um elemento essencial em qualquer prática, assim como em qualquer relacionamento.

3 | ENCONTRANDO UM PAR

NÃO HÁ COMO CONVENCER ninguém a nos amar. Tudo o que podemos fazer é nos abrir para o amor quando o sentimento surge. Nosso melhor caminho para tal abertura é ser o mais amoroso possível e parar de nos preocupar com o fato de os outros responderem da mesma forma. Amamos porque amamos, e não para convencer alguém a corresponder ao nosso amor. Paradoxalmente, é mais provável que, quando não esperamos que nosso amor seja correspondido, o amor do outro por nós seja despertado. De qualquer forma, quando a intimidade é verdadeira, nosso par não precisa ser convencido a retribuir. Ele não vai se sacrificar, submetendo-se ao relacionamento, e sim demonstrar o estilo de intimidade que se encaixa para que o relacionamento seja bem-sucedido. Os dois fazem isso. E que estilo é esse? É uma interação contínua dos cinco As.

Talvez as parcerias mais promissoras surjam quando nenhum dos dois está procurando ou quando até estão evitando a possibilidade de encontrar alguém. Só vivemos de acordo com nossas necessidades e desejos mais profundos e prestamos atenção nas pessoas que conhecemos. Confiamos no universo e em seu poder milagroso de sincronicidade para trazer a pessoa que é melhor para nós. No entanto, ainda mais importante do que encontrar um par é cuidar do nosso coração durante o jogo do namoro, que pode ser um empreendimento devastador de promessas quebradas e expectativas frustradas. Cuidar de nós mesmos durante um namoro significa não trair nossa própria natureza em uma tentativa desesperada de fazer com que alguém nos queira. Temos que manter nossos limites para que o processo não acabe em autoabandono nem em autodepreciação. Não podemos admitir que ninguém tire vantagem de nós ou que nos rebaixe por estarmos tentando. Ao olharmos para nós mesmos a partir dessa perspectiva, pensamos: "Quero um par e, para isso, estou cuidando de mim. Sou a sentinela do meu próprio eu interior vulnerável durante esse processo, que pode ser bem perigoso para a minha autoestima."

Ainda assim, não podemos ser zelosos demais, pois nosso senso de vivacidade é diretamente proporcional a quanto admitimos que nossos anseios corram livremente em nosso coração. O anseio é uma fonte de motivação e, desse modo, de realização. O anseio *é* a nossa capacidade de amar. Como pessoas saudáveis, nosso objetivo não é não ansiar por um relacionamento, mas permitir que este seja realizado moderadamente por outros, enquanto seguimos um modelo de reciprocidade, em vez de um modelo de necessidade. Afinal, relacionamentos não foram feitos para nos realizar de forma completa, mas para nos fornecer recursos em mutação e evolução contínuas à medida que vivemos a vida. Isso acontece quando nossos sentimentos são recebidos e apoiados pelos cinco As, e quando o nosso lado sombrio é cada vez mais percebido pelo outro, que também o recebe com os cinco As.

No início da vida, para manter o vínculo com nossos pais, talvez tenha sido necessário esconder nosso eu mais profundo. Talvez tenhamos nos acostumado a pagar esse preço e continuamos a também pagá-lo nos relacionamentos posteriores. Permanecemos em um lugar onde precisávamos nos esconder. No entanto, quando nos tornamos adultos saudáveis, isso muda. Ainda temos necessidades, mas elas não mais nos dominam. Quando toleramos não ter nossas necessidades totalmente satisfeitas, nosso medo se transforma em uma vulnerabilidade saudável, despertando um amor mais generoso dentro de nós. Uma pessoa saudável procura e anseia por um par aberto, carinhoso e desafiador, capaz de se sintonizar aos seus sentimentos e mantê-los. Isso garante que a criança interior assustada tenha uma permissão sem precedentes para, assim, se libertar de mágoas antigas e confiar em novos vínculos.

SERÁ QUE FUI FEITO PARA TER UM RELACIONAMENTO ÍNTIMO E PESSOAL?

Um compromisso adulto é um empreendimento verdadeiro de amor contínuo, pois envolve uma disposição perseverante de respeitar acordos e lidar com obstáculos ao abordar, processar e resolver os conflitos. Isso resulta em felicidade e respeito mútuo. O amor verdadeiro não pode ser enganado, assim como não tenta enganar os outros. Como adultos maduros, não é mais possível sermos convencidos pela aparência ou por palavras doces. Tudo o que importa é o comprometimento resistente e mútuo.

Algumas pessoas confundem apego com amor. É possível nos sentirmos apegados a alguém e imaginar que isso é amor. Alguém pode ser apegado a nós, e imaginamos que essa pessoa nos ama. Mas o amor atento é um vínculo constituído por comprometimento, não por apego ou fixação. O apego nos imobiliza; o amor, por outro lado, nos ajuda a alcançar uma evolução feliz, progressiva e eficaz. Também podemos confundir dependência com conexão. Pessoas inseguras podem tentar gerar uma conexão conosco ao cultivar a dependência, oferecendo riquezas, humor, elogios, gratidão, entre outras coisas. Os cinco As, principalmente a admissão, oferecem um caminho alternativo e confiável.

Nem todo mundo, é claro, foi feito para um relacionamento de comprometimento pleno. Uma pessoa pode se empenhar de forma diligente em todas as práticas sugeridas neste livro e, ainda assim, não ser capaz de satisfazer as necessidades de outro adulto em um vínculo íntimo. Ela talvez não seja orientada a relacionamentos ou não tenha interesse em desempenhar o trabalho que um relacionamento exige. Algumas pessoas se sentem mais confortáveis com relacionamentos e amizades mais leves, pois só são calibradas psicologicamente para isso. Elas não são guiadas pelo medo da intimidade, mas por um reconhecimento genuíno de que a intimidade não é para elas. Não existe vergonha em não desejar ter um relacionamento. Uma pessoa saudável não é aquela que está em um relacionamento, mas aquela que se sente bem na própria pele.

Muitas pessoas se casam por convenções sociais em vez de motivadas por uma escolha que reflita as mais profundas inclinações, personalidades e disposições. As pessoas que desejam manter apenas amizades, nunca cônjuges, querem os ritmos de distância *e* proximidade que a amizade oferece. Elas preferem alternar ausência e presença a ter uma presença contínua. Essa é uma opção legítima. No entanto, as pressões sociais, uma vez internalizadas, podem forçar um casamento, resultando em uma união infeliz, e talvez até mesmo em filhos infelizes.

Do ponto de vista convencional, morar junto é considerado o objetivo lógico de se relacionar e um indicador de sucesso. Mas a realidade é que alguns casais não conseguem compartilhar o mesmo espaço e funcionam melhor em casas separadas, mesmo quando o relacionamento fica mais íntimo. Vizinhos podem ter maiores chances de manter um relacionamento sem estresse do que pessoas que moram juntas. No entanto, são as pessoas que formam o casal que devem elaborar um plano adequado que melhor se encaixe à sua situação única. Um dos principais objetivos em um relacionamento é garantir a sobrevivência, e isso talvez não seja possível sob o mesmo teto.

Casamento e família constituem uma vocação especial que não é para todo mundo. Trata-se de uma escolha individual, não coletiva. É para aqueles de nós que vão desfrutar de ter um comprometimento para a vida toda, dedicando-se, trabalhando e investindo em um contexto familiar. A questão para um adulto saudável não é a escolha feita, mas se essa escolha reflete seus desejos verdadeiros e foi realizada com integridade. Este livro, inclusive suas práticas, foi escrito para leitores de todos os espectros de sexualidade e gênero, casados ou não, amigos e companheiros, qualquer um que esteja tentando amar alguém e ser feliz, elementos esses que constituem direitos de todo ser humano.

Como posso saber se fui feito para ter um relacionamento? Considere as seguintes categorias e veja qual delas descreve melhor você.

Essencialmente não: Algum traço rígido de personalidade me impede de ter relacionamentos bem-sucedidos. Por exemplo: uma introversão tão extrema que não consigo tolerar proximidade constante, transtorno mental, vício ativo, misoginia ou misantropia, maldade criminosa ou perigosa.

Existencialmente não: Alguns dos meus traços me impedem de ter relacionamentos bem-sucedidos, mas são passíveis de mudança — vão exigir comprometimento, tempo e esforço. Veja alguns exemplos extremos e moderados: Não tive relacionamentos bem-sucedidos, e cada um é pior do que o anterior. Eu preciso que as coisas sejam feitas do meu modo. Estou em um ciclo desafiador da intimidade e pareço não ser capaz de quebrá-lo; por exemplo, quando alguém chega perto demais, eu fujo. Meu ego poderoso e brigão reina em supremacia. Não suporto estar errado ou ser corrigido, não permito que ninguém venha em primeiro lugar e não permito que ninguém me magoe sem sofrer uma reprimenda severa. Não consigo, ou prefiro não ser, fiel a alguém. Fico empacado; minha infelicidade em um relacionamento não me deixa mudar nem partir. Prefiro o sofrimento de continuar junto e infeliz à dor causada pelo fim de um relacionamento. Tenho um baixo nível de desejo sexual. Pareço ter nenhuma ou uma baixa capacidade de perdoar. Um relacionamento não satisfaz de forma verdadeira, consistente e duradoura minhas necessidades, meus valores e meus desejos mais profundos, mas é uma escolha que faço em reação às pressões da família ou da sociedade. Para mim, tanto faz se meu par fica ou se vai. Neste momento, preciso passar sozinho 75% do tempo em que estou acordado.

Algumas pessoas enxergam a questão em termos extremos: somos feitos ou não para um relacionamento. Na verdade, é possível combinar opostos aparentes. Podemos conhecer o nosso próprio nível de conforto e alinhá-lo ao nosso nível de comprometimento. Não precisamos temer que alguém tome nossa vida e nossa mente por completo. Podemos decidir o tamanho do espaço que alguém pode ocupar na nossa psique. Isso se dá de duas formas: podemos conhecer e respeitar nossas necessidades, nossos valores e nossos desejos mais profundos e, *mesmo assim*, encontrar alguém que concorde com isso e esteja disposto a se juntar a nós. A expressão "adultos em consenso" diz tudo: pessoas que são adultas e concordam em trabalhar em um plano que agrade às duas.

CANDIDATOS QUALIFICADOS PARA RELACIONAMENTOS

Uma vez que escolhemos nos relacionar de forma adulta, um possível par que pareça indisponível, não demonstre reciprocidade nem abertura para lidar com sentimentos e questões acaba, devido a tudo isso, não nos atraindo. Quando nos amamos, as pessoas não parecem ser boas para nós a menos que, de fato, sejam boas conosco.

Uma pessoa se torna candidata para um relacionamento quando é capaz de dar e receber amor de livre e espontânea vontade, lidar com sentimentos, assumir um compromisso e respeitar os acordos. Ela pode demonstrar os cinco As de formas agradáveis, satisfatórias e não invasivas. É capaz de perdoar e se libertar do próprio ego por tempo suficiente para lidar com problemas de forma amigável e justa na maior parte do tempo. Segue um modelo de reconciliação nas interações, e não de retaliação. Ela ama você por ser quem é e não por ser, na vida dela, a pessoa mais recente a ocupar o espaço de "par". (Relacionamentos-rebote são especialmente perigosos em relação a isso.)

É provável que uma pessoa seja uma candidata adequada se atender a estes critérios:

- mora relativamente perto;
- consegue demonstrar todo o espectro de sentimentos humanos e aceita os seus;
- ama dar e receber os cinco As;
- é amiga, e não apenas parceira sexual;
- ama sua companhia e é compatível com você;
- está disposta a conversar sobre questões do relacionamento;
- não tem vínculos que a distraiam e impossibilitem um comprometimento verdadeiro, tais como outro relacionamento em andamento, um relacionamento antigo não resolvido, um divórcio não finalizado, entraves familiares (filhos não representam obstáculo, a não ser que exijam ou recebam tanta atenção que o pai/mãe/cuidador tenha vínculos de codependência com as necessidades deles e não consiga viver a própria vida);
- não tem vícios ativos;
- não tem um ego tão grande que você terá de agradá-lo ou ser castigada por isso;
- não se sente ameaçada pela igualdade de gênero;
- não é dominada por obsessões políticas ou religiosas;
- quer filhos se você os quiser ou não quer se você não os quiser;
- tem interesse, acessibilidade e capacidade sexual para lhe satisfazer ou consegue trabalhar nisso dentro do relacionamento;
- não tem nenhuma questão financeira (por exemplo, não conseguir ganhar, gastar, compartilhar, guardar, emprestar, contribuir ou receber);
- consegue passar tempo de qualidade suficiente para aprofundar os vínculos de forma contínua;
- está em pé de igualdade intelectual para que vocês possam compartilhar ideias;
- tem valores muito parecidos com os seus;

- não está buscando a pessoa ideal (precisar de uma pessoa ideal não é desejar uma pessoa de verdade, que é o único tipo que existe!);
- não parece ser ideal para você, então você não fica tão apaixonado que não consegue enxergar o lado sombrio dela;
- já fez pelo menos metade do trabalho necessário para ser saudável na vida e em relacionamentos (vamos falar mais sobre esse "trabalho" na primeira prática deste capítulo);
- satisfaz o critério implacável que se aplica a todas as escolhas significativas, ou seja, que um relacionamento com ela reflita e satisfaça suas necessidades, seus valores e seus anseios mais profundos;
- consegue se concentrar em você e ama fazer isso de forma comprometida e duradoura (*Como sei que isso está acontecendo com frequência suficiente?* Eu consigo me lembrar da última vez que aconteceu.);
- recebe com aprovação acolhedora o seu trio pessoal: sua mente, seu coração e sua intuição.

Esses critérios se encaixam no seu par potencial ou atual?

O QUE DESEJAMOS?

> *Todos os dias, a carícia real substitui o amante espectral.*
> — Anaïs Nin

Já ficou evidente para nós que as transações concluídas na infância entram em um estado de repouso na nossa psique. Em comparação, as necessidades não satisfeitas e as transações incompletas, como sonhos e desejos não realizados, clamam por conclusão durante toda a nossa vida, pairando sobre a maioria de nossos relacionamentos. Assim, temos que aprender sozinhos a finalizar as antigas questões emocionais quando um par não fizer isso por nós ou junto de nós.

O que desejamos quando procuramos um relacionamento? Nosso objetivo aparente pode ser oposto ao nosso objetivo real. Nosso objetivo é consciente quando o que dizemos querer corresponde ao que estamos dispostos a fazer. Por exemplo, se estamos sendo sinceros quando dizemos desejar um relacionamento, estamos dispostos a nos comprometer. Por outro lado, temos um objetivo secreto quando, na verdade, queremos o oposto do que dizemos. Por exemplo, se uma mulher diz que está em busca de um parceiro e começa a se interessar por um homem que parece indisponível. Porém, assim que ele fica disponível, ela logo perde o interesse. A pista para o verdadeiro objetivo de alguém sempre está na forma como a transação termina. Nesse exemplo, o verdadeiro objetivo da mulher, que, na verdade, ela desconhece, não é encontrar um par, mas *conquistar* um e, então, não ter mais que o desejar.

Eis outro exemplo: Piers se apresenta como um homem em busca de um relacionamento íntimo. Seu objetivo secreto, porém, não é encontrar uma intimidade adulta, pois isso o assusta profundamente. Sua fantasia de intimidade é ser abraçado e cuidado em termos físicos, mas ele não está tão preocupado em relação ao que seu par recebe. O interessante é que, quando Piers encontra alguém, ou é a pessoa certa e não está disponível ou está disponível mas não é a pessoa certa. Isso o faz continuar a busca. Ele fica decepcionado, mas está totalmente convencido de que está em busca de intimidade, só não consegue encontrá-la. Na verdade, porém, ele está correndo atrás do próprio rabo.

O objetivo de Piers é um segredo até mesmo para ele. Talvez ele sinta muito medo da proximidade. Talvez se sinta compelido a repetir uma decepção original, e agora recorrente, com as mulheres. Suas ações e frustrações lhe mostram onde precisa trabalhar, mas será que um dia estará disposto a isso? Quantas mulheres levarão a culpa, quantos relacionamentos se deteriorarão antes que ele perceba? Se não reconhecer o padrão que está seguindo, Piers nunca vai conhecer o próprio objetivo nem como isso o torna incapaz de intimidade, não saberá como isso se relaciona com questões do início da vida dele nem como fazer o trabalho que vai libertá-lo desse fracasso.

Peter, ao contrário de Piers, demonstra um objetivo sincero e aberto. A fantasia dele é abraçar e ser abraçado por alguém que não precisa ser perfeito. Quando encontra um possível par, ele se pergunta: "Essa pessoa está emocionalmente disponível, descompromissada, perto do que eu quero e estamos interessados um no outro?" Se a pessoa estiver indisponível, não importa quanto seja bonita, pois Peter não vai gastar energia, e sim exercer o desapego. Peter baseia seu nível de reação nos próprios poderes intuitivos de avaliação. Em uma parceria, quando está diante de obstáculos e conflitos, ele trabalha para resolvê-los com seu par, como faz um adulto comprometido em um relacionamento.

Piers e Peter ilustram a distinção entre estar disposto e desejar. Estar disposto é querer verdadeiramente algo, escolher tanto o objetivo quanto os meios para atingi-lo. Isso significa aceitar o trabalho e os riscos envolvidos para concluir tudo. Desejar, por outro lado, é só se encantar pelo objetivo. Piers deseja intimidade; Peter a quer de verdade.

Tanto Piers quanto Peter podem se casar um dia. Peter vai escolher seu par com sabedoria; o casamento combina com ele. Já Piers vai acabar se casando com alguém com quem possa continuar brincando de esconde-esconde. Ele se casa porque é isso que todo mundo faz, e vai tomar essa importante decisão antes mesmo de se conhecer de verdade. Encontrar um par costuma ser fácil para pessoas como Piers porque, infelizmente, mais pessoas se sentem atraídas pela abertura aparente do que pela abertura autêntica. Piers, então, terá muito mais candidatos entre os quais escolher do que Peter. Isso não ocorre porque os candidatos são tolos, mas porque estão com medo. Afinal, um relacionamento de verdade pode fazer exigências e causar sofrimento, e certamente é algo pouco familiar.

Há uma última qualidade a ser avaliada quando se quer determinar a disponibilidade. Um escritor precisa saber se seu computador tem memória RAM suficiente para aguentar o volume de material com o qual precisa trabalhar. De maneira semelhante, é preciso que você saiba se tem energia emocional suficiente para trabalhar todos os tipos de conflito que podem surgir em decorrência de um relacionamento e se o seu par também a tem. Por exemplo, se o seu par em potencial tiver questões profundas de confusão sexual e inibição por causa de um incesto no passado, isso exigirá um trabalho sério e a longo prazo para as duas pessoas a fim de que possam ter uma vida sexual feliz. Você está disposto a fazer esse trabalho? E o seu par? Se não estiver, então entrará em um projeto que não terá como concluir. Fazer terapia ou entrar em um grupo de apoio pode ajudar, mas, a não ser que os envolvidos estejam dispostos a carregar o fardo das próprias questões pessoais, nenhuma quantidade de amor será capaz de criar fôlego suficiente para a viagem. Comprometimento para trabalhar os problemas à medida que surgem é o único sinal de que queremos intimidade completa. É só isso que faz diferença, não a aparência, nem as palavras vazias, nem o que procuramos, nem mesmo o que encontramos. Adultos conhecem seus limites, lidam com eles e os expandem sempre que possível. Isso é o equivalente de se candidatar para um relacionamento intenso e real.

Mesmo se não recebermos os cinco As na infância, podemos encontrá-los, e dá-los, em um relacionamento adulto íntimo que admite a troca de sentimentos sem restrições. Nem todo relacionamento saudável oferece isso, é claro. Alguns pares só desejam uma companhia leve e sem cobranças, ao passo que outros querem compartilhar seus sentimentos e experiências mais profundos, tanto do passado quanto do presente. Ambos os estilos são aceitáveis, mas é importante saber se um par em potencial está buscando o mesmo estilo de relacionamento que a gente. Conflitos acontecem nos dois tipos de relacionamento, mas, no primeiro, tudo é tratado com leveza e deixado de lado na forma de dramas terríveis do passado. No último, porém, o conflito é abordado de forma direta e implacável e processado com sentimentos que podem ser desagradáveis e confusos.

Uma forma de saber se alguém está aberto para trabalhar em um relacionamento com você é presenteá-lo com este livro. Observe se a pessoa vai ler, se a reação vai ser negativa ou positiva e, acima de tudo, se ela quer discutir e até mesmo realizar com você as práticas sugeridas. Ler e trabalhar juntos com este livro também é uma forma muito útil de crescimento conjunto no caminho para o amor íntimo.

REVELAÇÃO COMPLETA

> *Eu ronco alto, bebo demais, trabalho em excesso e meu futuro está chegando ao fim. Mas sou alto e judeu, e amo você.*
> — David O. Selznick, ao pedir Irene Mayer em casamento

O primeiro requisito para a confiança e o comprometimento é dizer a verdade. Às vezes, não compartilhamos nossos sentimentos e reações com a pessoa com quem nos relacionamos porque sentimos que ela não consegue ouvir a verdade. Só quando o relacionamento termina nos libertamos de tudo que guardamos e sempre quisemos dizer ou mostrar. E é então que nos damos conta de como o relacionamento era para nós e como sentíamos medo de dizer a verdade, tanto a nossa quanto a do outro. Temíamos dizer o que o outro temia ouvir. Não tínhamos os cinco As e lidávamos com esse déficit para manter o vínculo e evitar a solidão.

No entanto, quando confiamos na intenção amorosa e na lealdade do outro, podemos dizer e ouvir qualquer coisa. No ambiente seguro da intimidade, podemos admitir que a verdade surja sem medo, vergonha ou constrangimento. Tal confiança floresce quando as pessoas que formam o casal se comprometem a trabalhar no próprio relacionamento. A informação pessoal trocada, nesse caso, não é assustadora: são os grãos do moinho. Desse modo, o comprometimento para um trabalho pessoal é equivalente ao comprometimento com a intimidade. E, já que a autorrevelação implica se libertar do ego, uma prática espiritual também entra em ação.

Nesse meio-tempo, talvez seja bom fazer algum tipo de revelação para que nosso novo par saiba no que está se metendo. Isso se estivermos abertos a um feedback, porque com certeza é no que vai resultar. O paradoxo é que a autorrevelação traz mais autoconhecimento. Veja a seguir um exemplo anedótico de como a verdade soa ao ser contada:

Nosso relacionamento parece estar ficando sério agora, e isso me deixa feliz. Para que tudo fique bem claro entre nós, gostaria de compartilhar algumas coisas sobre mim. Vou começar com as qualidades que são menos atraentes e, depois, vou chegar àquelas que parecem mais promissoras.

Quero muito amar e ser amado, mas tenho que admitir que meus medos me deixam na defensiva quando isso está para acontecer. Só consigo ser amado por alguém que seja flexível o suficiente para admitir tal inadequação. Na verdade, ninguém pode depender de mim para ser perfeito em qualquer área que seja.

Se você só é capaz de amar alguém que atenda às suas especificações como par perfeito, esse alguém não serei eu. Se você tem uma definição rígida do que é o amor, não vou conseguir concretizá-la. Não tenho o histórico de fazer as coisas direito.

É mais provável que eu não esteja presente tanto quanto você gostaria. Costumo ser combativo, em especial quando percebo que a intimidade está começando a surgir. Talvez eu nem sempre esteja ao seu lado quando você precisar. Talvez eu não te aceite como você é. Talvez eu a seduza com a minha aparência, meu charme, minhas palavras ou com sexo, e depois talvez eu não seja capaz de atender às suas expectativas!

Pareço ser autossuficiente, mas isso não passa de fachada. Na verdade, sou carente, medroso, desolado e solitário. Eu talvez minta ou esconda os meus verdadeiros sentimentos; talvez eu fuja dos seus.

Talvez eu tente fazer com que você faça as coisas para mim ou me dê presentes. Essas são minhas formas de obrigá-la a provar que me ama.

Talvez eu queira um relacionamento por motivos narcisistas: tê-la ao meu lado quando e como quero. Talvez eu não esteja disponível para uma troca verdadeira. Talvez não receba bem alguém que tenha requisitos pessoais. Terei que aprender a honrá-los, e isso leva tempo. Você tem esse tempo?

Notei que, com a bagagem que carrego de uma infância sofrida, a ladeira de relacionamentos é bem íngreme para mim. Talvez eu esteja vendo meu pai ou minha mãe, ou os dois, em você, e talvez eu tente fazer com que você me dê o que eles me deram ou o que não conseguiram me dar.

Talvez eu tente te controlar. Você terá que prestar atenção para detectar as várias formas que usarei para tentar manipulá-la. E se perceber e me confrontar, é possível que eu fique tão assustado que acabe me descontrolando porque você me decepcionou. Talvez eu não consiga lidar com a sua liberdade nem com as suas escolhas. Tenho ciúme, e às vezes ele chega à beira da paranoia. Talvez seja intolerável para mim que você tenha amigos próximos.

Se você precisa de alguém que nunca a fará chorar, não sou a pessoa certa. Eu posso te magoar.

Você só pode me amar como sou, não como precisa que eu seja. Vou decepcioná-la muitas e muitas vezes enquanto você esperar que eu atenda a algum critério. Você só pode me amar incondicionalmente, e não há garantias de que isso valerá a pena.

Por outro lado, também posso oferecer coisas valiosas, mais valiosas do que qualquer coisa que o dinheiro (que nem sempre tenho) possa comprar. Em cada uma, reconheço minhas limitações e meu comprometimento para trabalhar nelas.

Sei quem sou e não tenho vergonha de admitir isso. Ao mesmo tempo, sei que tenho a necessidade de mentir ou me esconder para me proteger.

Estou trabalhando em mim. Estou buscando formas mais autênticas de amar. Faço isso por tentativa e erro, perguntando e fazendo, fracassando e me levantando, domando e me permitindo ser domado, sendo e me tornando.

Quero amá-la do jeito que você quer ser amada e gostaria que me dissesse como.

Estou sempre observando meu comportamento para saber exatamente como sou controlador e exigente. E, embora eu nem sempre perceba, o seu "Alto lá!" será muito bem-vindo. Quando vejo como a ofendi, peço desculpas. Talvez eu a magoe, mas nunca será com malícia, apenas por algum equívoco ou porque meu ego assustado está sufocando o meu desejo de ser bom.

Estou tentando me sentir mais seguro na vulnerabilidade, deixar a verdade aparecer, não importando quanto me sinta ameaçado por ela. Este é um trabalho em progresso, bem longe da conclusão. Talvez você até consiga me ouvir enquanto me abro neste momento, com esta apresentação tão honesta e constrangedora. Não estou tentando pintar uma imagem bonita. Quero ser bom o suficiente para amá-la de forma honesta. Quero ser transparente para que você possa me ajudar a descobrir onde tenho que trabalhar mais.

Leve em consideração o meu desempenho, não as minhas promessas; revise minha história ao ligar para ex-mulheres, ex-parceiras, ex-amantes, amigos. Então procure sinais de mudança. Decida com os olhos bem abertos; dê seu consentimento baseado em informações.

Se você souber que sou um ser humano passível de falhas, mas cheio de amor para dar e sem muita prática em dá-lo de forma consistente, não vou decepcioná-la. Só posso ser amado com todos os meus defeitos, meus esforços para tentar corrigi--los e meus fracassos nessas tentativas. Aceite-me como sou, e o amor pode acontecer entre nós.

Só posso ser amado por alguém que me ame com minhas fragilidades e meus defeitos, cuja extensão não cessará de surpreender a nós dois. Só posso ser amado por alguém que me ame com meu ego arrogante, minhas sombras e minhas cicatrizes da infância. Só posso ser amado por alguém que, como eu, precisa se libertar da crença de que alguém pode ser perfeito para outra pessoa. Vou precisar ser perdoado muitas e muitas vezes.

Para continuar ao meu lado, você vai precisar de coragem e perseverança. Vai precisar de braços que consigam abraçar a criança assustada que vive dentro de mim, sem perder o respeito pelo adulto que sou. Você vai precisar de olhos que consigam enxergar o terror que às vezes se esconde atrás de uma máscara de raiva. Vai precisar de um coração que consiga aguentar a dor e a perda sem perder a confiança no amor que está tentando encontrá-la.

Já vivi tempo demais no passado do "não suficiente" e no futuro do "ainda não". Sinto-me mais pronto do que nunca para amar no aqui e agora. Já me apaixonei, em geral pela imagem de um ideal ou de uma projeção fantasiosa de um par. Mas, dessa vez, gostaria de me superar e continuar apaixonado por quem você realmente é. Dessa vez, vou trabalhar para conseguir os cinco As. Talvez seja assim que você e eu consigamos viver o esplendor do amor. Para encerrar, deixo a minha citação favorita de *Noite de Reis*: "Escancarei para ti até mesmo o livro mais secreto de minha alma."

P.S.: Não se deixe enganar pela eloquência. Às vezes eu sou bem grosseiro.

Aprendi a reconhecer que ser confiável não exige que eu seja rigidamente consistente, mas que eu seja fiel e real... Será que posso ser expressivo o suficiente como pessoa para comunicar de forma inequívoca o que sou?

— Carl Rogers

SEXUALIZANDO NOSSAS NECESSIDADES

Sexo não é um jogo. Dá origem a uma emoção duradoura real e a consequências práticas. Ignorar isso é rebaixar a si mesmo e desconsiderar o significado das relações humanas... Uma vida sexual ativa dentro de uma estrutura de comprometimento pessoal aumenta a integridade das pessoas envolvidas e faz parte de uma jovialidade próspera.
— Epicteto (tradução livre)

Certa vez, perguntaram a São Tomás de Aquino se Adão e Eva tinham feito sexo antes de serem expulsos do Jardim do Éden, ou seja, antes de o ego se tornar a força motriz do livre-arbítrio humano. Ele respondeu: "Sim! A intensidade do prazer não se exclui do estado de inocência; isso só acontece com a febre da luxúria e da impaciência." Talvez, a partir dessa ideia, comecemos a enxergar o que seria o sexo envolvendo os cinco As: a principal motivação para cada um de nós é dar prazer ao outro; não há objetivos. Admitimos a mudança de níveis de excitação durante o ato sexual. E verificamos continuamente as reações do outro por meio de contato visual, sorrisos e linguagem corporal.

Na verdade, há uma base física para a conexão entre nutrição e satisfação sexual. Nos momentos de relaxamento depois do sexo, a hipófise secreta o hormônio chamado ocitocina. Tal hormônio age sobre as glândulas mamárias para estimular a produção de leite em mães que estão amamentando. Parece que a natureza tinha a intenção de ligar o sexo ao amor capaz de nutrir, como se, quando apaixonados, amamentássemos o coração um do outro.

O sexo por carência carrega aquela carga deliciosa, a emoção da sensação involuntária e da força irresistível, a antecipação do êxtase, *la forza del destino*. A luxúria explora nossos hábitos e desejos inconscientes. É uma sensação (uma reação física independente), não um sentimento (uma resposta física, emocional e inteligente). Desse modo, o sexo baseado nessa carga é estimulante e sensacional, mas não inclui a profundidade autêntica do requisito de sentimento de intimidade.

Às vezes, buscamos um relacionamento sexual não para compartilhar uma paixão, mas porque acreditamos que uma resposta sexual de outra pessoa satisfaz nossas necessidades emocionais não realizadas ou até mesmo nos dá um senso de segurança. Talvez sintamos que apenas procuramos por sexo, quando, na verdade, estamos buscando os cinco As. Quando sexualizamos nossas necessidades dessa forma, estamos recrutando nossos órgãos genitais para tarefas que estes não foram criados para cumprir.

Talvez a forma específica de sexo que procuramos represente uma busca por um ou mais dos cinco As. Nós queremos ser abraçados ou tocados de maneira a parecer que estamos recebendo muita atenção, apreço, aceitação ou admissão. Quando alguém nos oferece intimidade, pode até parecer que existe afeição autêntica envolvida, embora talvez seja só uma representação disso. Os braços que buscamos são aqueles que transcendem o momento presente ou o parceiro sexual. Eles remontam a muito tempo atrás. Essa confusão sexual ocorre, sobretudo, em casos de compulsão, a qual, embora fútil, também constitui uma busca por transcendência.

O sexo é trapaceiro. Pode parecer bom, por mais que o relacionamento seja vazio ou confuso. O sexo pode sobreviver sem problemas no meio de situações de abuso ou raiva. E isso não se trata de uma habilidade, embora possa ser um sinal de incapacidade grave e confusão em relação à autonutrição. Como Eurípides escreve cinicamente em *Medeia:* "Se o que acontece à noite está funcionando, você acredita ter tudo."

E, porque o sexo leva a um vínculo, problemas com sexo em um relacionamento podem aumentar por causa do medo de intimidade. Qualquer um que tema um comprometimento vai fugir ao sentir o vínculo crescente formado à medida que o sexo amadurece. A fuga pode tomar a forma de um término ou uma revolta (briga, infidelidade, comportamento compulsivo, vícios etc.)

Um relacionamento baseado exclusivamente em sexo, em vez de na satisfação de uma amizade que inclui sexo, pode virar cinzas com o tempo. Tais relacionamentos podem render trinta anos de casamento, mas serão bolorentos, não nutritivos e amargos. Pessoas maduras fazem a transição da atração como um fardo para a atração como escolha; elas gostam disso. Mas não podem ficar presas ao melodrama por causa desse fator. Quanto mais maçante a vida interior de pessoas em um relacionamento, mais sofisticada fica a busca por emoções, por sensações sem sentimentos. Para algumas pessoas, a única fonte de sensação é o sexo. Talvez essa seja a definição de superficial.

À medida que ficamos mais saudáveis e nos tornamos mais maduros, não buscamos mais o sexo apenas pela alegria, mas o compartilhamos por conta da alegria. Quando existe felicidade em nosso mundo interior, renunciamos à busca frenética da felicidade no sexo. Na verdade, renunciamos ao desejo por qualquer coisa externa a nós porque não existe mais nada fora de nós, apenas a unicidade em expansão contínua. Permitimos que o sexo seja algo normal, que não toma mais espaço na nossa vida do que o órgão genital em nosso corpo.

NOSSOS DESEJOS

Se não estamos apaixonados ou se não temos um relacionamento sexual, talvez sintamos que nossa vida não tem significado. Quando isso acontece, é como se não acreditássemos em nós mesmos e perdêssemos de vista o sentido da vida. Quando sentimos a necessidade absoluta de ter um relacionamento de amor com alguém, na verdade nos deparamos com uma forte necessidade de trabalho pessoal em nós mesmos. Nossos desejos para encontrar aquele alguém especial, aquela pessoa que será tudo na nossa vida, também nos distraem de apreciar a nossa própria companhia. Também é possível que estejamos dando pouca atenção à nossa prática espiritual de benevolência, o amor mais amplo que é nosso verdadeiro foco e destino como seres iluminados.

Não é que o amor erótico e íntimo não seja digno de uma busca humana, é só que ele parece funcionar melhor se o abordarmos com mindfulness. Nós nos *relacionamos* com nosso desejo por amor atento ao senti-lo em sua totalidade, testemunhando como ele muda, como nos muda e para onde nos conduz, e aceitando que ele pode ou não ser satisfeito em pouco tempo. A alternativa dolorosa é tornar-se *possuído* por esse desejo, tão obcecado por ele que nossa perspectiva mais ampla nos abandona e tudo que conseguimos enxergar é o que está na nossa própria mente. Desse modo, somos como prisioneiros que só enxergam as paredes da própria cela e as imaginam como os quatro cantos do mundo. Não temos consciência de como o desejo funciona ou como pode servir como um meio para atingirmos a maturidade psicológica e espiritual.

Revelar nossos desejos ao nosso par equivale a confiar que ele vai compreendê-los, abraçá-los e espelhá-los como perfeitamente legítimos. Tal validação é algo que desejamos ainda mais do que sua realização. Às vezes, nosso desejo é tão forte, e o par dos nossos sonhos demora tanto a aparecer, que nos satisfazemos com o sexo como se fosse amor. Felizmente, o toque abundante com pouco amor logo enjoa. E esse enjoo pode ser uma dádiva que guia nossa psique de volta ao caminho da busca pela completude.

Quanto mais saudáveis nos tornamos, mais queremos apenas a combinação de amor e abraços, não as simplificações momentâneas oferecidas por estranhos em encontros casuais de uma noite ou de sexo pago. Quanto mais respeitamos nossa própria sexualidade, menores são as chances de atrofiá-la ou embotá-la. Quando consideramos o sexo um ato de amor, por mais que o amor demore a chegar, ele funciona, tanto para nós quanto para os outros, como um meio de se obter mais amor.

O DESTINO TEM SEU PAPEL

> *Vou me preparar e, algum dia, minha chance vai chegar.*
> — Abraham Lincoln

A sincronicidade é uma coincidência significativa que nos guia em direção ao nosso destino. Algo, que não sabemos bem o que é, está sempre em pleno funcionamento. Não sabemos como, mas sabemos por quê: para nos ajudar a nos libertar do medo e nos abrir para o amor. Desse modo, encontrar um par não depende inteiramente dos nossos esforços. Pois também entram em ação outras forças sobre as quais não temos controle.

James, por exemplo, é um jovem que deseja ardentemente conhecer a mulher de seus sonhos. Ele acredita que está fazendo tudo certo: frequenta bares de solteiros, interage nas redes, inscreveu-se em sites de relacionamentos e aborda madrinhas em casamentos de amigos quando está entre os padrinhos. Mas nada funciona. Frustrado e sem esperanças, ele decide desistir por um tempo e deixa a natureza seguir o próprio curso.

Em outra parte da cidade, Jamie deseja conhecer o homem de seus sonhos: um cara sensível, que tenha interesses parecidos com os seus, senso de humor, boa aparência e sanidade mental, o que hoje em dia parece tratar-se apenas de alguém que não é o assassino da serra elétrica. Às vezes, ela frequenta bares de solteiros com amigas e chegou até a se inscrever em um site de relacionamentos (sem sorte), além disso, costuma ser madrinha do casamento das amigas, mas se afasta dos convidados que chegam nela estimulados pela coragem da bebida. Assim como James, Jamie desistiu de procurar alguém e está deixando o universo assumir a busca, embora esteja irritada com a demora.

James é um ciclista que todos os dias segue o mesmo caminho pela praia. Um dia, sem motivo aparente, ele decide seguir por um caminho diferente, que passa pelo Jardim Botânico. Embora, de forma geral, não costume parar, nesse dia ele faz uma parada para sentir o cheiro das flores.

Empurrando a bicicleta pelo jardim, James começa a admirar a beleza de uma fileira de cactos entre duas trilhas, notando, de repente, que um dos cactos floresceu com uma linda flor branca e dourada. Ele sabe que aquela espécie só floresce uma vez por ano durante um dia, então sente-se atraído pela flor e, com foco intenso e instantâneo, curva-se para vê-la melhor.

Enquanto isso, na trilha paralela, sem ser notada por James, uma jovem que trabalha no Jardim Botânico também se inclina para sentir o cheiro doce da flor. Eles batem a cabeça com força suficiente para fazer barulho, mas não para machucar. De repente, se veem olhando um nos olhos do outro, tendo apenas a fragrância da flor do cacto entre eles.

James então diz: "Nós realmente quebramos a cabeça para ver essa flor, não é?" Com um sorriso, Jamie responde:

"Pois é. Podemos dizer que foi um grande encontro de mentes." Eles logo descobrem que têm mais do que apenas o senso de humor em comum. Os dois amam cactos e têm alguns em casa, conhecem o nome em latim de diversas espécies e são desajeitados o suficiente para sempre acabarem com o dedo espetado por espinhos; sinais claros de que estavam prontos para um relacionamento.

Um ano depois, James e Jamie finalmente participam de um casamento do qual não são convidados nem padrinhos. Naquele dia feliz, sem saber como os dois tinham se conhecido ou sobre o interesse botânico mútuo, o celebrante, que também é amante de poesia, cita estes versos da "Elegia", de Gray: "Muitas flores nascem sem ser notadas/ E desperdiçam toda a sua doçura no ar do deserto." Aquela doçura não foi desperdiçada em James nem em Jamie. Ela durou além do romance extraordinário, durante os conflitos normais e na vida de almas gêmeas. Eles descobriram que o amor é capaz de sobreviver às profundezas de qualquer cataclisma durante o tempo que for.

Essa história se desenvolveu a partir de coincidências, que também são exemplos da sincronicidade; ou seja, uma coincidência ou oportunidade significativa, já que promove e concretiza o destino de duas pessoas. Trata-se de coincidência que tanto James quanto Jamie tenham tido má sorte semelhante no campo do namoro? Ou será que isso aconteceu para que ficassem reservados um para o outro? Trata-se de uma coincidência que James, "sem nenhum motivo aparente", ou seja, não por causa de uma lógica racional, mas por alguma fonte intuitiva mais profunda, tenha pegado um caminho diferente, decidindo passar pelo lugar onde Jamie trabalhava? Ou será que se trata da afirmativa "Algo está sempre em ação, embora não saibamos o quê"? Será que Jamie aceitou aquele emprego porque seria por intermédio dele que conheceria James? Quando James começou a se interessar por ciclismo, será que estava se preparando para conhecer a futura esposa? Será que se trata de uma coincidência que, desde a infância, os dois amem cactos? Ou será que o relacionamento invisível deles começou muitos anos antes de se conhecerem, com os eventos se repetindo e se alinhando para tornar o encontro possível? Será que havia algo desconhecido em ação, incubando de forma cuidadosa e misteriosa uma união que só poderia ser boa para duas pessoas boas? Será que o universo está do nosso lado e tão bem calibrado a ponto de fazer um cacto florescer precisamente no dia em que duas pessoas possam vê-lo e, assim, se conhecerem? E como o celebrante do casamento, que conhecia tantos poemas, escolheu exatamente aquele para a cerimônia dos dois? Um ótimo poema beneficia uma longa lista de pessoas de gerações futuras. Será que o poeta o escreveu para eles?

Tanto a razão quanto a lógica dizem que tudo isso não passa de mera coincidência. No entanto, algo destemido e infinito profundamente arraigado na psique honra tudo o que aconteceu como parte de um plano maior do universo, articulado para a realização de vidas individuais. Agora, perceba como, na história, uma realização pessoal exigiu a participação da natureza. Os métodos humanos, ou seja, sites de encontros, festas etc., falharam em suas funções para que, assim, entrasse em ação algo maior do que qualquer coisa que o ego pudesse construir. É fácil ver por que pessoas de todas as idades acreditam que o amor rege o universo.

A sincronicidade significa que nada nem ninguém existe em isolamento. O passado de James e de Jamie se encontrou no presente, dando início ao futuro deles. A série de coincidências que levou ao encontro deles uniu as camadas do tempo; e, de fato, a sincronicidade significa que o tempo se aglutina. Note também como a sincronicidade é visível apenas quando pensamos em retrospecto. Não temos como antecipá-la ou planejá-la, e é possível desconsiderá-la.

O nome do jovem casal também é muito parecido, mas isso não se trata de sincronicidade. Não passa de uma simples coincidência, uma vez que não foi isso que os levou ao próprio destino. A sincronicidade acontece quando eventos, natureza e pessoas se unem com o intuito de tornar aparente o que está oculto, de trazer para o consciente o que estava antes no inconsciente, de fazer com que o que havia em nós apareça através de nós, de tornar total e facilmente acessível o que estava além do escopo e do toque do ego; podendo constituir o vento isolado que fará toda a diferença. E isso, inclusive, faz flores se abrirem no deserto.

Prática

FAÇA O TRABALHO | Na seção "Candidatos qualificados para relacionamentos", apresentada anteriormente neste capítulo, um critério para se tornar um candidato é fazer metade do "trabalho" necessário para se tornar uma pessoa psicologicamente saudável. O casal pode olhar a lista a seguir e registrar, cada um em um caderno ou diário, o progresso em cada item. Conversem sobre tudo posteriormente, como testemunhas, não como juízes. Vocês não estão tentando mudar nem convencer um ao outro, mas descobrir em que nível cada um de vocês está pronto para um relacionamento saudável por meio de uma entrevista mútua. O potencial de sucesso de um relacionamento é diretamente proporcional a estas dez áreas de trabalho que fazemos ao nos tornarmos adultos maduros.

1. **Lidar com questões da infância.** Lembrar-se da infância e pensar como esse período afeta a vida agora, em especial seu impacto em nossos relacionamentos: como agora estamos transferindo nossas questões com nossos pais para os outros, como nossas necessidades originais foram ou não satisfeitas, quais medos ou atitudes negativas absorvemos, se fomos criados em uma atmosfera de segurança, confiança e amor ou se sofremos abusos ou fomos negligenciados. James Hollis, no livro *Finding Meaning in the Second Half of Life* (Encontrando

sentido na segunda metade da vida, em tradução livre), escreveu: "Não é um defeito ter uma região infantil na nossa psique, pois todos somos crianças em recuperação, mas é censurável impor sua história de impotência e narcisismo ao atual ser amado."

2. **Ter autoestima.** Continuar nosso desenvolvimento com um senso de valor, autoconfiança, autoconhecimento, foco responsável nos objetivos, assertividade saudável, respeito aos limites.

3. **Libertar-se do ego inflado.** Foco em libertar-se do egoísmo, ou seja, deixar de ser autocentrado, não ter o mindset de que deve sempre ser o primeiro, deixar de agir de forma controladora, ser capaz de aceitar um feedback sem entrar na defensiva, ser capaz de perdoar e não adotar um estilo vingativo.

4. **Dar e receber os cinco As.** Atenção, apreço, aceitação, afeto e admissão, ou seja, todas as formas de demonstrar amor sem inibição para recebê-lo e com generosidade para dá-lo.

5. **Libertar-se do medo.** Não se deixar prender pelo medo de relacionamentos; por exemplo: medo da proximidade, medo do compromisso, medo de mostrar seu verdadeiro eu, medo da vulnerabilidade, medo do abandono, pois tudo isso resulta em carência e fixação.

6. **Agir com integridade ética.** Viver de acordo com padrões de honestidade, comprometimento à fidelidade e ao amor em ação (consulte "Formas de mostrar integridade e amor", na seção de prática ao final do Capítulo 8).

7. **Sentir-se à vontade com sentimentos.** Ser capaz de mostrar todo o espectro dos nossos sentimentos de forma livre e não agressiva, incluindo alegria, raiva, medo e tristeza, e ser capaz de se abrir para o sentimento dos outros.

8. **Lidar com conflitos.** Ao abordar, processar e resolver conflitos, em vez de projetar nossas atitudes negativas

um no outro, temos que ter a consciência de que temos um lado sombrio, ou seja, aquelas partes de nós que são socialmente inaceitáveis e, dessa forma, não reconhecidas.

9. **Ter uma atitude saudável em relação ao sexo.** Ter a capacidade total na área sexual para que o sexo seja desinibido e que reflita alegria, intimidade e carinho, nunca sendo usado como uma arma ou uma forma de manipulação.

10. **Dizer sim para a realidade.** Viver as coisas com calma, sem tanta precipitação a ponto de acarretar uma desestabilização; aceitar os acontecimentos da vida com serenidade e sanidade, por mais estressantes que sejam; ter tranquilidade para encontrar coragem e enfrentar o que precisa ser mudado e sabedoria para saber a diferença.

Não estamos em busca de perfeição em nenhuma dessas áreas. Só desejamos progredir de alguma forma em cada uma delas. Isso significa já ter se esforçado um pouco, continuar se esforçando e continuar com esse comprometimento no futuro. Tudo isso significa fazer pelo menos "metade do trabalho". Integrar os dez componentes de forma contínua, mesmo que lenta, *é* o que define que alguém está pronto para um relacionamento.

Se um par potencial nem sequer olha para essas questões, debochando delas como se fossem "psicobobagens da nova era", e então afirma que não existe um "trabalho em si mesmo", desvaloriza qualquer um dos dez itens ou diz que não se aplicam a ele, nossa conclusão é clara: essa pessoa não é candidata a um relacionamento saudável. Nós mesmos talvez estejamos tão apaixonados que criamos desculpas para uma rejeição da lista: "Sim, meu par está acima de tudo isso e não precisa levar nada disso a sério." Com essa atitude, continuamos no relacionamento por nossa conta e risco. O melhor prognóstico para que um relacionamento funcione é que cada pessoa que compõe o casal responda aos dez itens com qualquer uma das três primeiras opções a seguir e nunca com a última:

- "Já trabalhei um pouco nisso, e foi assim que...";
- "Sei que preciso fazer mais e vou fazer, mas foi isso que...";
- "Não cheguei a me dedicar a isso ainda, mas reconheço o valor dessa dedicação, por isso planejo fazer o seguinte...";
- "Nunca trabalhei nisso e não vejo por que fazê-lo."

Os casais também encontrarão nesse exercício utilidade para verificar o nível de comprometimento de cada um em relação à integridade psicológica. Nós avisaríamos se nosso par não tivesse hábitos saudáveis. Será que não podemos fazer o mesmo em relação aos hábitos ligados à saúde psicológica?

Aqui está mais uma prática: com os olhos fechados, imagine que você está sozinho fazendo o que lhe traz felicidade e paz de espírito. Observe onde está, a sua postura, o que está sentindo, seu senso de segurança e amparo. Quando tiver apreciado a cena, imagine-se pensando no seu par. Como a sua postura, seu nível de segurança e de amparo, seu sentimento de felicidade, criatividade e seu entusiasmo pela vida mudam?

COMPARE DESEJOS | Você tem ou deseja um estilo de vida cara a cara ou um estilo de vida lado a lado? Se você levantar as mãos de modo que uma palma fique voltada para a outra e depois virar as mãos para fora, de modo que fiquem lado a lado com os polegares quase se tocando, terá uma ideia de cada um dos estilos. Se as duas pessoas do casal concordarem no estilo de vida, a vida pode seguir de forma tranquila. Mas, se cada um quiser um tipo de configuração, surge o conflito. Mantenha uma das mãos virada para a outra e vire a segunda para a frente e, assim, você verá o problema de forma bem clara. Agora una as costas das mãos, uma contra a outra, com as palmas viradas para fora e você verá um exemplo de distanciamento. Que posição descreve a sua situação?

Se o seu relacionamento é do tipo "palmas voltadas para fora", os polegares ainda estão se tocando ou já se separaram e agora você e seu par estão cada vez menos juntos? Isso costuma acontecer em relacionamentos nos quais a ênfase está na liberdade individual. O compromisso durante o relacionamento é saudável. Quando o compromisso favorece a autonomia, a distância pode crescer. Quando o compromisso favorece a ligação, a intimidade cresce. Onde vocês se encontram nesse relacionamento? Medite a respeito dessas questões e mostre sua resposta para o seu par, sem que isso implique qualquer tipo de censura. Trace um plano para que vocês se alinhem de forma mais satisfatória. Se não conseguirem isso, considerem procurar a ajuda de um terapeuta.

Ao manter as porcentagens de suas necessidades em relação ao tempo que precisam passar sozinhos e o tempo que precisam passar juntos, os adultos criam um estilo de vida. Por exemplo, se cada um quiser passar 50% do tempo juntos, isso logicamente implica a existência de interesses externos. Responda a estas perguntas no seu caderno: você tem interesses e hobbies? Você se ressente do seu par por ter foco fora do relacionamento? Vocês pensaram nessas questões ao resolver a equação do relacionamento?

VOCÊ CONSEGUE RESPONDER "SIM" A ESTAS PERGUNTAS? | Seu par consegue se concentrar em você e responde às suas necessidades? Está trabalhando em si mesmo? Ama você de forma saudável, em oposição a uma necessidade desesperada? Cumpre os acordos? Colabora para que possam superar os obstáculos juntos? Vocês se sentem felizes juntos em mais da metade do tempo? Seu par consegue lidar com seus pontos fortes, seus sentimentos e sua liberdade? Você se sente amado daquela forma especial que é única para você e sente isso no seu corpo? Você pode compartilhar com essa pessoa tudo que incomoda, excita ou alegra você?

Se você consegue enxergar a diferença entre um bom par e um não tão bom, mas não consegue abrir mão de alguém que é errado para você, e se você comete os mesmos erros com um par atrás do outro ou se você é a vítima de um predador depois do outro (de forma voluntária ou não), peça a alguém de confiança que seja o seu *padrinho/madrinha de relacionamentos*. (Todos nós precisamos de consultores, defensores e padrinhos no decorrer da vida.) Essa pessoa vai monitorar seus relacionamentos, avaliando todos os possíveis pares, já que você admitiu que seus poderes de avaliação são fracos. Essa sugestão incomum faz mais sentido do que parece.

USE A TÉCNICA DO "MESMO QUE" | Responda sim ou não em voz alta para as perguntas a seguir. Você comeria morangos deliciosamente doces se fosse alérgico à fruta? Comeria cogumelos que parecem deliciosos se soubesse que são venenosos? Você tentaria ler um livro que parece interessante se tivesse sido escrito em um idioma que não entende? Ficaria em um relacionamento com alguém que você ama se estivesse infeliz?

Você culparia os morangos pela sua reação alérgica, os cogumelos por envenenarem você ou o livro por causar confusão? Você culpa o seu par pela sua infelicidade?

Vamos dar uma olhada nas perguntas. Cada uma oferece vantagens, mas todas apresentam um sério problema, que constitui um impedimento. Adultos conseguem abrir mão de coisas boas se algo ruim tiver um peso maior sobre as demais: "Mesmo que eu seja louco por você e você seja um ótimo provedor, não posso ficar com você enquanto continuar mentindo para mim e recusando ajuda." Você se sente seduzido pelas vantagens de um par enquanto desconsidera, nega ou mente para si mesmo sobre as desvantagens de ter esse par na sua vida? Ou você age de acordo com a verdade, mesmo que preferisse não ter que fazer isso? Quanta tolerância e autocuidado com sua tristeza são necessários para que desconsidere este "mesmo que"?

Aqui estão palavras de uma pessoa adulta: "Mesmo que você me satisfaça sexualmente, mesmo que já estejamos juntos há tanto tempo, mesmo sem saber se vou encontrar outra pessoa, sou obrigado a abrir mão de você porque você não me conhece no nível da alma ou em um nível adulto. Falta algo essencial e eu não consigo continuar." Essas palavras seriam ditas com pesar, não com acusação.

Aqui estão palavras de uma pessoa codependente: "Como você me satisfaz sexualmente, como já estamos juntos há tanto tempo, como não sei se vou encontrar outra pessoa, eu não consigo abrir mão de você, mesmo que não me conheça no nível da alma ou em um nível adulto."

Crie a sua declaração "mesmo que" usando uma formulação adulta: "Mesmo que... já que... desse modo, eu..." Aplique essa técnica sem ter nada em comum, por exemplo. Somos capazes de amar alguém e saber que essa pessoa corresponde ao nosso amor, mas, se ela não é companheira nem tem interesse nas coisas pelas quais somos apaixonados, uma solidão persistente vai tomar conta do relacionamento. Você se atreveria a dizer: "Nem em uma amizade sincera nem na intimidade autêntica você oferece aquilo de que preciso. Então, mesmo que satisfaça muitas das minhas necessidades, eu vou desistir de você porque você não satisfaz as mais essenciais."

PROMESSAS/REJEIÇÕES | Pergunte-se: Minha promessa de comprometimento para com meu par exige que eu rejeite alguma parte de mim? Façam as perguntas a seguir um para o outro. Será que conseguiremos encontrar formas de trabalhar separadamente nas nossas descobertas interiores, as quais nós dois precisamos fazer antes de conseguirmos satisfazer adequadamente a necessidade um do outro? Será que você consegue me dar esse espaço? Será que consigo admitir que você tenha esse espaço? Será que posso confiar que você ainda estará ao meu lado quando eu voltar intacto e pronto para o contato? Será que eu também estarei ao seu lado? Ou será que nossas necessidades urgentes da infância ou nosso desejo por drama serão tão intensos que vão corromper ou anular todo esse empreendimento comovente? Será que estamos genuinamente comprometidos a realizar o trabalho necessário para proteger nosso relacionamento?

FAÇA UM INVENTÁRIO SEXUAL | Em seu caderno ou diário, faça um inventário dos seus próprios comportamentos sexuais no decorrer de toda a sua vida e se pergunte se ainda está satisfeito com eles. Como você oferecia/encontrava e oferece/encontra o espelhamento no sexo? No seu relacionamento atual, você procura e oferece fusão sem intrusão, ou seja, intimidade sem possessividade? Fez isso no passado? Você sexualiza sua necessidade por amor? Está em busca da pessoa que pode levar você aos limites mais extremos do prazer ou a pessoa que toca você no âmago mais íntimo?

ABRA JANELAS | Desenhe um aposento quadrado, visto de cima, com uma janela em cada uma das paredes. Marque as janelas com a ajuda de uma bússola. Sob a palavra *Leste*, onde o sol nasce, escreva três coisas na sua vida que estão surgindo agora. Sob a palavra *Oeste*, onde o sol se põe, escreva três coisas da sua vida que estão chegando ao fim. Sob a palavra *Norte*, escreva três coisas da sua vida que estabilizam e orientam você, como a Estrela Polar. Sob a palavra *Sul*, escreva três coisas da sua vida que estimulam sua espontaneidade e criatividade, o tipo de abertura que acontece quando se está no calor ameno do Sul. Você fez um desenho de uma mente humana saudável, um espaço claro que se abre em todas as direções possíveis sem obstruções, distrações ou medo.

Imagine-se sentado, com mindfulness, no meio do aposento, virando-se alternadamente para cada uma das quatro janelas. O desafio é olhar para o Leste com a disposição de aceitar o que está por vir; olhar para o Oeste com a disposição de se libertar; olhar para o Norte mantendo sua prática espiritual;

e olhar para o Sul com a criatividade sempre animadora da reinvenção da sua vida.

Agora, pergunte-se se a sua psique é um aposento com aberturas como as que você desenhou. Como você encontra cada uma dessas janelas? Quem ajuda você a abri-las e quem tenta fechá-las? Quando você diz "E lá vou eu!", quem diz "Calma aí" e quem diz "Manda ver!"? Anote suas respostas no caderno e compartilhe-as com seu par, e com seja lá quem for seu anjo da guarda, ou *bodisatva*, que fica de prontidão do lado de fora de cada uma das janelas.

4 | ALTO ROMANCE

UMA VEZ EINSTEIN DISSE QUE, se olhássemos profundamente para a natureza, compreenderíamos nossa história humana. A natureza é constituída por ciclos, e nossa vida faz parte da natureza. Ainda assim, nos esforçamos para manter o amor como algo imutável, para fazê-lo continuar do jeito que é ou da forma que queremos que seja. Isso equivale a esperar que uma rosa esteja sempre em plena floração, ou seja, sem antes ser um botão e sem murchar mais tarde. O estilo da natureza, por outro lado, é apenas dar continuidade às transformações e confiar no renascimento. O objetivo dos seres humanos é bem parecido: manter-se no amor com todas as suas vicissitudes, do brotar ao florescer, depois à esterilidade e, então, de volta ao brotar. "Que o hálito do estio amadureça este botão de amor, para que ele possa numa flor transformar-se delicada, quando outra vez nos virmos", diz Julieta, personagem de Shakespeare. A rosa de um relacionamento tem pétalas no romance, espinhos no conflito e raízes no comprometimento. E nós podemos aceitar tal rosa, com suas pétalas dobradas e se abrindo, seus espinhos que nos arranham, mas também nos abrem.

Todas as nossas experiências e níveis de interesse seguem uma curva em forma de sino: ascendente, culminante/florescente e descendente. Essa figura geométrica expressa o que é certo da vida humana: tudo é mutável e nada é permanente. Desse modo, o crescente interesse por alguém culmina no romance, desce para o conflito e, por fim, repousa no compromisso. O amor é autêntico quando permanece intacto no decorrer de todas as fases de mudança. Relacionamentos baseados apenas ou principalmente na atração física ou sexual não são capazes de passar por tais curvas de negociação.

A fase ascendente, por definição, leva a um cume, ou seja, à fase florescente, a qual nos seduz com a ilusão de imutabilidade. O mindfulness é suspenso em favor de uma fixação. E isso nos leva à etapa de conflito. Já o diálogo e o processamento que acontecem na resolução saudável da etapa do conflito pavimentam o caminho para o comprometimento. Uma fase evolui naturalmente para outra. A curva recomeça e volta a ascender de uma nova forma.

É reconfortante saber que relacionamentos passam por etapas. Afinal, se permanecessem sempre imutáveis, será que não ficaríamos entediados e seríamos entediantes? As fases do relacionamento humano envolvem passagens de origem, mudança, perda, pesar e renovação. Elas não são lineares; entramos e saímos delas, e sua ordem varia. O objetivo dos relacionamentos não é aguentar (o que em latim significa "endurecer"). Quando tentamos ficar firmes e aguentar, o relacionamento muda e nos deixa para trás. Quando aceitamos e trabalhamos no decorrer das mudanças, evoluímos em sincronia com o relacionamento. Nosso objetivo é, então, aproveitar as mudanças e crescer por causa delas, usá-las para moldar nossa transformação pessoal. O ato de não trabalhar juntos nas mudanças torna o relacionamento um caldeirão em vez de uma moldura.

Essas etapas caracterizam todas as experiências humanas, não apenas os relacionamentos íntimos, mas também o vínculo entre pais e filhos, as amizades e as relações religiosas. O modelo da jornada heroica se baseia nas mesmas fases: partida, luta e retorno. O herói parte — ou se liberta — das restrições. Ele se separa e, depois de uma luta, busca voltar com um nível superior de amadurecimento. A não ser que interrompamos o processo, instintivamente passamos pelas mesmas etapas. Elas são a planta baixa da nossa psique. Quando uma etapa é omitida, deixa uma lacuna dentro da gente. Posteriormente na vida, essa lacuna se torna um vácuo que exige ser preenchido. Por exemplo, todo mundo parece precisar de um período de obediência durante a infância. É uma característica do apego saudável. Crianças criadas com liberdade total e sem limites chegam à vida adulta com uma "lacuna de limites". Mais tarde, elas podem entrar para cultos ou movimentos com regras rígidas porque esse vácuo que se formou dentro delas precisa, de alguma forma, ser preenchido. Esse vácuo afeta nosso julgamento de maneira que essas pessoas talvez não enxerguem que o extremismo é tão perigoso quanto qualquer coisa que desencoraja nosso crescimento.

E por que a minha jornada de amor deve passar por três fases para ser completa? Porque elas são necessárias para dar e receber os cinco As. Os cinco precisam florescer com uma fragrância intoxicante, que assim será lançada pelos ventos e se arraigará com firmeza, portanto ressemeando para um futuro contínuo. Desse modo, no romance tradicional, dois egos conhecem dois ideais de ego em um amor ideal. No conflito, dois egos se encontram em um amor conflituoso. No comprometimento, duas pessoas se encontram em um amor sem ego.

As três etapas — romance, conflito, comprometimento — se referem a um relacionamento em desenvolvimento. No entanto, antes de embarcar em qualquer relacionamento, deve haver um período de *investigação*. Até porque, antes de entregar nosso coração, queremos descobrir se a outra pessoa é compatível. Afinal, sem dúvida não compraríamos um eletrodoméstico sem verificar suas qualidades e funcionalidades. Será que conseguimos ter o mesmo cuidado em relação à pessoa com quem nos relacionamos?

Um adulto saudável começa um relacionamento de forma inquisidora e observadora. Não perdemos a cabeça, e sim a mantemos no lugar. Vemos, sentimos e confiamos que as seguintes qualidades estão no lugar certo: fidelidade, sinceridade inabalável, capacidade de nos ouvir, carinho genuíno, um comprometimento para conosco, respeito por nossos limites, disposição para dar e receber os cinco As *de forma boa o suficiente na maior parte do tempo*? Se sentimos qualquer mal-estar em relação a alguma dessas áreas, seria bom comunicar tal preocupação diretamente para o nosso par. Assim, podemos analisar a resposta. Somos recebidos com abertura ou com defesa?

A forma como cada um de nós lida com os sentimentos do outro constitui uma informação crucial para determinar se um relacionamento tem futuro. A investigação é um ato de sabedoria, pois insiste em reunir informações antes de assumir um compromisso que, posteriormente, pode provar ter sido um erro. Se você tiver a mínima dúvida, é importante esperar até que seja esclarecida antes de prosseguir. Nós, adultos sábios, honramos fielmente o teste do tempo porque sabemos a diferença entre amor e fascínio, mas, quando os hormônios estão em ebulição, talvez não sejamos capazes de diferenciar:

> Entre o amor de verdade e a atração do fascínio,
> Existe, é claro, um vazio
> Mas em um beijo assim sob o luar
> Existe espaço para o erro frio.
> Então, não tenho como saber
> Se o que sinto por você
> É verdadeiro ou coisa da imaginação.

AMOR CRESCENTE

O romance é um dos pontos altos da vida humana. Uma experiência profunda e emocionante de alegria, que deve ser celebrada e apreciada com grande satisfação. O motivo da alegria é bem simples: os cinco As fluem nas duas direções. Estamos em um relacionamento com alguém, dando e recebendo os As de forma simultânea. É isso que torna o romance algo tão delicado, doce e desejável, independentemente da nossa idade ou história. O truque é apreciar, assim como Ulisses apreciou o canto das sereias: com grande prazer, mas em segurança. Queremos ser encantados, sem sermos destruídos, enquanto mergulhamos de cabeça. Isso significa apreciar o romance como um participante presente e sem inibições, mas também como uma testemunha sóbria e satisfeita. Nós nos apaixonamos, notamos que estamos perdendo a cabeça por alguém, mas, ao mesmo tempo, a mantemos no lugar.

O romance é algo real, mas temporário. Nós nos apaixonamos, mas apenas por uma projeção de quem somos, e não pelo verdadeiro eu do outro. Ainda não é um relacionamento entre mim e você, apenas entre mim e meu eu interior. O lado sombrio do outro ainda não apareceu nesse ponto. Só vemos o lado brilhante do espelho; o ego encontrou seu ego ideal. Como diz o psiquiatra Irvin Yalom: "Em um romance, você vê o reflexo do seu próprio olhar suplicante." Afinal de contas, um espelho só é capaz de nos mostrar uma imagem, não uma realidade. Essa é a origem da expressão "O amor é cego". Só que o amor não é cego; ele enxerga e bate de frente com tudo. É o romance que pode ser cego quando enxerga apenas o que precisa. Desse modo, podemos estar apaixonados, mas ainda sem amar de verdade, ou seja, sem nos comprometer a dar os cinco As, algo que só é possível quando uma pessoa real nos conhece de verdade.

Mas nada disso representa um problema. Na verdade, é assim que os seres humanos amam. Projeções são estabelecidas precisamente para serem transformadas. Imagens são as placas de trânsito para a realidade. E a sombra não precisa vir antes da luz. O mais importante, no romance, por mais cego que seja, é que estamos sendo vistos em nosso potencial pleno para sermos amados. O romance nos dá a chance de sermos apreciados em toda a nossa grandiosidade. Isso é tão normal e legítimo quanto foi na nossa infância, quando todo mundo nos paparicava. Uma visão ideal que um amante pode ter de nós não é falsa: ela reflete quem realmente somos no âmago do nosso ser. Se o amor romântico for saudável, somos espelhados de forma que possamos melhorar nossa autoestima.

Por outro lado, nosso primeiro romance pode nos prometer algo sedutor: nossas necessidades originais até então não satisfeitas, os cinco As, poderão finalmente ser realizadas! Essa talvez seja a ilusão mais cruel do romance: "Posso sair ileso. Não preciso lamentar o que perdi no passado; posso passar por essa etapa e encontrar, aqui nos seus braços, tudo que perdi!"

Há duas formas de abordar o romance. Podemos nos apaixonar enquanto todos os envolvidos mantêm a cabeça no lugar ou então eu posso perder a cabeça por você. Perder a cabeça é se magoar ou correr riscos. Também dizemos que perdemos tempo, perdemos o controle ou perdemos o emprego. Apaixonar-se perdidamente implica impotência, permissão para perder o controle, agir como um idiota, tornar-se cativo das emoções, deixar-se levar como se tivesse perdido a capacidade de raciocínio. O amor é um vínculo consciente, não um transe fascinante.

Ainda assim, o amor verdadeiro não acontece por acaso. Tampouco somos suas vítimas passivas. Como resposta a uma atração, é necessário fazer uma escolha. É certo que não temos nenhum controle sobre a atração nem sobre a nossa reação inicial a ela. No entanto, depois disso, escolhemos uma resposta atrás da outra e somos responsáveis por elas. Temos sempre o poder de fazer essas escolhas de forma responsável e consciente. Até porque, se puderem ser vivenciadas com mindfulness, emoções fortes provocam fortes transformações. Isso significa relacionar-se com um sentimento em vez de ser possuído por ele. A atração simplesmente acontece, mas o amor é um processo que exige nossa participação, uma forma única de nos realizar por meio de dar e receber ao mesmo tempo. É uma forma de renascimento.

O romance floresce no desejo, enquanto o amor floresce na vontade. No romance, pensamos: "Estou consumido por você; e você, por mim. Estamos descobrindo, ou redescobrindo, os cinco As que tanto buscamos em nosso relacionamento primordial. Sempre quis ser amado assim. Agora que encontrei isso, nunca mais vou abrir mão, e acredito que nunca vou precisar fazer isso porque sinto a potência do crescimento do sentimento entre nós. E parece tão forte que só pode ser real e nunca vai mudar." No entanto, o cerne da ilusão está justamente nessa última declaração: *forte* não é o mesmo que imutável, significa apenas "enfático".

O romance é uma experiência exuberante e valiosa a ponto de podermos apreciá-lo sem que nos viciemos nele. O romance é a melhor forma de começar um relacionamento e é uma ponte para um comprometimento mais maduro. Mas não é surpresa nenhuma se não durar. Trata-se de uma fase que constrói um vínculo, que não é maduro por si só. A natureza criou o romance para unir duas pessoas para acasalar, propagar a espécie e apoiar um ao outro. Nessa fase, a energia sexual é alta, assim como a adrenalina. No entanto, níveis continuamente altos de adrenalina baixam nossa resposta imunológica e acabam prejudicando nossa saúde. Assim, pensando no melhor para nós, o romance só dura o tempo necessário para o sexo e a procriação acontecerem.

"Sei que ele pode ser carinhoso e próximo porque costumava ser assim no início" é uma declaração que não leva em conta o poder que o romance tem de suspender nossos medos de intimidade e de ocluir o nosso lado sombrio para que nada atrapalhe a união sexual. Durante a fase do romance, podemos ser enganados pela forma como as coisas se parecem, e nos sentimos traídos quando o brilho desbota e o nosso par volta a sentir os medos, as prioridades, os vícios e os instintos básicos originais. Nosso par não estava mentindo, apenas se apaixonando e *perdendo* a cabeça e a personalidade usual. Ele vai recuperá-la assim que o baile terminar. Acontece também que, mesmo durante a fase do romance, o medo da intimidade é mais forte do que o instinto. E é aqui que precisamos ter ainda mais cuidado.

Quando somos adolescentes, aprendemos que a forma de dizer que estamos apaixonados é por meio da nossa perda de controle e de vontade e por meio de um senso irrefutável de que não tínhamos como fazer diferente. Esse apaixonar-se perdidamente contrasta com a realidade do amor crescente como uma escolha consciente, do afeto saudável, dos limites intactos e da clareza brutal. Aprendemos que, em alguma noite encantada, sentiríamos um fascínio e nos apaixonaríamos perdidamente por alguém especial. Mas esse tipo de reação, na verdade, é um sinal da criança carente que vive dentro de nós, dizendo no que precisamos trabalhar, sem nos direcionar para o nosso salva-vidas.

Talvez acreditemos piamente que o nosso relacionamento excitante é especial. Dizemos: "Nunca foi tão emocionante assim", "O sexo nunca foi assim", "Temos um vínculo eterno", "Você é como se fosse da minha família e nunca vamos nos separar" ou, o agora popular, "Estivemos juntos em uma vida pregressa". Estes são todos os sinais e alarmes que achávamos que queria dizer: "É amor de verdade, então vamos mergulhar de cabeça!" Esses sentimentos, na verdade, são o alarme que nos avisa para sermos cuidadosos e que apontam onde deveríamos trabalhar em vez de tomar um atalho. E como podemos nos deixar enganar quando estamos animados diante da chance de ter os cinco As satisfeitos, não é mesmo?

Mas também conseguimos sentir a animação do romance sem nos deixar enganar ou preparar o terreno para a decepção. Como podemos fazer essa distinção? Relacionamentos saudáveis levam a uma interdependência; os não saudáveis levam à dependência e ao domínio. A eletricidade de uma premissa falsa toma a forma de um choque. Já a eletricidade de uma premissa verdadeira toma a forma de uma corrente elétrica constante. O choque nos deixa esgotados, mas a corrente elétrica se mantém em movimento através de nós.

Nada disso nega o esplendor do romance e da paixão. A paixão é um estado espiritual de alta voltagem. Ela nos obriga a abrir mão do controle, nos ajuda a amar de forma incondicional e facilita o perdão. Esse tipo de atmosfera cria o paraíso aqui na Terra, algo como um ambiente acolhedor que conhecemos na infância ou não chegamos a conhecer. A sensação de outro mundo, de uma força irresistível, do tempo parar, de existir algo em andamento que não está no controle do ego, tudo isso são sinais divinos. As palavras que usamos para descrever o romance muitas vezes são religiosas e vêm de um vocabulário do sobrenatural. Frases do tipo "Os olhos dele brilharam" ou "Nunca a vi tão linda" falam de uma realidade espiritual que transcende e ao mesmo tempo envolve as nossas sensibilidades. Até mesmo a expressão banal "juntos em outra vida" dá uma pista para a nossa intuição de que algo poderoso e abençoado está acontecendo. O romance nos transporta para o mundo da alma, por isso nosso par é chamado de alma gêmea.

Sentir tristeza no fim dessa fase é apropriado, mas, em geral, não aborda, processa nem resolve a questão. É bem comum que, quando "a emoção acaba", ela se transforme em culpa e decepção ou até mesmo em raiva. De forma paradoxal, quando as pessoas que compõem o casal sentem essa tristeza juntas, elas fortalecem o vínculo, e essa primeira tristeza que confrontam juntos pode muito bem ser o fim do romance.

A gratidão mútua pelo apoio no tratamento e a negociação nas etapas levam a um comprometimento crescente e respeito mútuo. Pular uma das etapas estabelece uma conexão madura com uma condição básica da nossa existência humana, que é a natureza sempre em mutação e renovação da realidade. "O maior risco é confiar que essas condições são tudo de que preciso para ser eu mesmo", disse o sábio taoista Han Hung.

Na verdade, existe uma etapa que antecede o romance. É a *investigação*, abordada no capítulo anterior. Esse é o momento de pedir informações de todos os tipos, perguntar sobre relacionamentos passados, o que funcionou e o que não funcionou neles. Afinal, um sábio minerador de ouro quer chegar a uma conclusão antes de gritar "Eureca!". Ninguém pensa em contratar um candidato para um trabalho sem antes verificar as referências e sem conduzir uma entrevista de emprego cuidadosa. Ainda assim, nós "contratamos" um par sem fazer muitas perguntas e ouvimos apenas algumas partes do nosso corpo, as quais nem sempre fazem a avaliação mais inteligente, ou nossos sentimentos, que dizem mais sobre nossa carência do que sobre as qualidades da outra pessoa. Aqui está uma paráfrase de uma cena de *As aventuras de Robin Hood*, filme de 1938:

> SRTA. MARIAN: Como você sabe que está apaixonada?
> BESS (*sua criada*): As pernas ficam bambas, e você perde o apetite.

SRTA. MARIAN (*mais tarde, falando para Robin Hood*): Eu amo você, mas, por ora, permanecerei aqui, a serviço da Inglaterra, em vez de partir com você.

Bess descreve o romance que desconsidera tudo, a não ser as sensações. A srta. Marian, por sua vez, descreve o amor que respeita tanto o sentimento passional quanto as prioridades sensatas. Ela se apaixonou e não se tornou menos consciente de seu propósito de vida. O amor crescente dela a tornou ainda mais consciente dos próprios valores, desejos e necessidades. O amor é a nossa identidade, e o amor saudável é como o colocamos em prática.

QUANDO O ROMANCE VICIA

Posso não esperar formas externas para vencer a paixão e a vida, cujas fontes estão dentro de mim.
— Samuel Taylor Coleridge, "Melancolia: uma ode".

À primeira vista, o vício em relacionamento parece exatamente a fase romântica de qualquer relacionamento. A diferença é que o romance é uma fase apropriada, ao passo que o vício desafia o fluxo e se fixa no cume da empolgação e do drama. O romance segue seu curso; o vício nos faz parar e nos paralisa. O vício é insaciável porque, no fim das contas, a satisfação flui do movimento de se passar da curva da euforia para o repouso, ao passo que o vício se prende ao cume da empolgação.

O vício também desperta sensação igual à do amor incondicional: "Não importa quanto ela me traia, eu ainda a amo, mesmo depois de todos esses anos." ("Todos esses anos" é uma pista de que houve uma interrupção do ciclo natural.) No entanto, no vício, em vez de estabelecer um vínculo, estamos nos prendendo. Lembram-se do livro *O morro dos ventos uivantes*, que é considerado uma grande história de amor? Bem, na verdade trata-se de uma grande história de vício no relacionamento. Cathy não consegue abrir mão de Heathcliff, embora ele lhe cause tanto sofrimento; e Heathcliff, por sua vez, não consegue abrir mão de Cathy, mas também não consegue ficar com ela.

Em relacionamentos adultos, estabelecemos vínculos do mesmo jeito que fazemos na infância. Se houve algum vínculo disfuncional nessa fase, talvez ainda sejamos alvos fáceis para formar vínculos viciantes na vida adulta. Uma memória celular da infância desperta um reflexo celular em nosso eu adulto. Da paisagem marinha vazia do nosso passado, espiamos em busca de uma ilha paradisíaca. Então encontramos tal ilha e a supervalorizamos, desvalorizando, dessa forma, as necessidades autênticas do nosso eu que lá está perdido. Essas necessidades são os cinco As, que devem ser satisfeitos no amor atento. No vício, estamos buscando uma versão rudimentar de um dos As; por exemplo, uma necessidade de afeição ou toque que parece uma necessidade por sexo.

Há ainda outro problema com o vício: tanto a rejeição quanto a aceitação acionam a produção do mesmo hormônio: a adrenalina. Desse modo, a adrenalina nos vicia tanto indo quanto vindo; e assim continuamos viciados mesmo durante o término do relacionamento. Podemos conseguir uma dose do nosso par, mesmo enquanto o estamos deixando. Esse tipo de vício costuma seguir o padrão de "sedução e retenção". Primeiro, atraio a pessoa para mim e, depois, eu me afasto. Em seguida, a pessoa faz o mesmo comigo. Em qualquer tipo de vício, sentimos ao mesmo tempo medo e desejo. Libertar-se disso constitui uma iluminação espiritual; então podemos concluir que o vício é uma doença espiritual, principalmente porque envolve a busca daquilo que está além da mudança. Este verso de um poema de Rumi expressa isso de forma perfeita: "Meus prazeres eróticos com minha pessoa especial tecem cada um dos véus da minha vida."

Isso significa que vemos as pessoas não como elas realmente são, mas como imaginamos, desejamos ou acreditamos

ALTO ROMANCE 151

que sejam. Não nos apaixonamos pela pessoa real, mas pela imagem que criamos dela em nossa mente. Quando a pessoa real surge, e a nossa própria versão daquela pessoa se desbota, imaginamos que o amor acabou. Para começo de conversa, no entanto, o sentimento não era amor, porque começou em nossa própria mente, e não na realidade. O objeto do nosso amor não era uma pessoa, mas uma miragem. Quando vemos a pessoa real e a aceitamos, com seu lado sombrio e tudo mais, sentimos e encontramos o objeto do amor verdadeiro.

Um vício em sexo ou em relacionamento nunca é unilateral. Uma das partes pode sentir uma atração mais forte do que a outra, mas, quanto mais uma delas é desejada, mais amada a outra se sente e mais controle tem sobre quanto vai ou não corresponder. Com um vínculo (ou até uma amarra) tão doloroso, uma pessoa assume uma abordagem direta, e a outra recorre a um padrão indireto de sedução e afastamento. Nunca estamos sozinhos no palco. O outro membro do elenco está sempre representando seu papel.

Desse modo, o objeto do nosso vício passa a ter um poder superior sobre nós, ou seja, entregamos para nosso par a nossa vontade e a nossa vida. Esse foco de reverência em uma pessoa e na história dela e/ou em como consertá-la pode ocupar a nossa mente por anos a fio. Todo o tempo que poderia ter sido dedicado a uma prática espiritual, a buscas criativas ou à dança solta é absorvido pela grande fixação. É assim que o "credor voraz" do vício esvai todo o nosso potencial, podendo nos arrastar para "uma desmoralização incompreensível", como diz o programa dos Alcoólicos Anônimos.

Em um relacionamento saudável, nós nos conectamos, mas não nos fixamos. Só podemos ter, de fato, aquilo que não nos tem. Isso nos leva à grande ironia do relacionamento viciante: nós nos fixamos e, dessa forma, *não* temos. A segunda ironia é que, quanto mais dependemos de alguém para nos sentirmos seguros, menos segurança sentimos. Às vezes, chega a ser assustador perceber o impacto que um par passou a ter em nossa vida e pensamentos. Podemos reagir com atitudes contrafóbicas, como nos aproximarmos ainda mais! Homens viciados em mulheres podem se perguntar: "Será que eu uso mulheres para segurar aquela parte de mim que duvido que consiga ficar de pé sozinha?"

Na trajetória misteriosa da nossa vida, podemos sair de um foco, crise ou fascínio para outro. Dezoito anos de foco nos filhos, vinte anos em uma carreira, catorze em um vício físico, sete em uma obsessão por um par; é possível que cada um desses períodos, alguns dos quais são sobrepostos, sirva para nos manter bem longe da nossa vida interior própria. Tememos não ter nada entre nós e o nosso eu. Nossa vida interior parece um vazio aterrorizante quando, na verdade, é constituída por um espaço tremendo. A meditação com mindfulness abre esse espaço para nós, mostrando que ele não é nem um pouco assustador. O mindfulness nos liberta do medo que nos leva ao vício.

Desejos viciantes não precisam sinalizar fraqueza, doença ou inadequação. Todos nós podemos cair neles. O fato de que o amor indesejado aumenta nosso desejo é uma constante do relacionamento. Na verdade, o tema de fixação viciante é recorrente no decorrer da história. Não estamos sozinhos no mistério da alegria no sofrimento. Sentir compaixão por nós mesmos e enxergar nossas dificuldades com deleite e sem vergonha, remorso ou malícia dará ao nosso drama humano um final feliz.

O vício parece ter muito pouco a recomendar, e ainda assim apresenta muitas dimensões positivas. No decorrer dos nossos vícios, descobrimos onde estão nossas perdas da infância, nossas necessidades não satisfeitas, nosso sofrimento não curado. Descobrimos quanto somos carentes, destituídos e desprezados. Descobrimos nossa verdadeira condição, e isso resulta em certa humildade. Essa é outra forma como o vício pode se tornar um caminho para um despertar espiritual: ele nos ajuda a nos libertar do ego, aquele hábito de acreditar que controlamos nossos desejos, emoções e necessidades. Desse modo, o sofrimento do vício não é ruim nem inútil. Ele nos inicia na grande profundidade da autocompreensão. Um universo síncrono recruta exatamente a pessoa que vai nos fisgar, puxar e afundar, se essa for a única forma de seguirmos nossa jornada. Foi esse mesmo universo que formou o tornado para que Dorothy pudesse encontrar seus poderes. A sublevação é um arremessador habilidoso que nos lança a bola da nossa própria verdade.

Por fim, o vício revela a nossa perseverança, o nosso vigor para ir atrás daquilo que queremos. Embora seu objeto seja inadequado, nosso foco obcecado nele mostra que temos as ferramentas para prestar atenção e ir atrás. Isso constitui habilidades maravilhosas para a intimidade, as quais simplesmente aguardam para serem realocadas.

Eis o paradoxo dos seres humanos: buscamos o que não podemos receber daqueles que são incapazes de nos dar. Nós nos fixamos de forma desesperada e ineficaz àquilo que não é capaz de nos dar o que achamos precisar.

COMO É AMAR?

> *Será um coquetel, toda essa alegria que sinto*
> *Ou será um sentimento genuíno?*
> — Cole Porter, "At Long Last Love"

O amor pode ser confundido com o apego que é bem recebido pelo par, com o desejo sexual que é satisfeito pelo par ou com a carência que é resolvida pelo par. O amor pode ser confundido com dependência, rendição, conquista, submissão, dominação, gratificação, fascinação, sofrimento ou vício. Talvez eu ache que amo você porque você me ama ou porque não vai me deixar ou não vai permitir que eu me sinta sozinho ou até porque não vai me fazer sentir nada. Talvez eu ache que amo você e diga isso com paixão quando, na verdade, estou apenas reagindo à forma como minhas próprias necessidades são atendidas por você. Talvez eu diga "Amo você" quando simplesmente quero dizer "Estou fixado em você e me sinto muito bem com isso".

Podemos confundir o amor por causa dos bons sentimentos que surgem em nós quando estamos apaixonados ou porque acreditamos que possuímos um ao outro. Os cinco As são antídotos para tais motivações. São dádivas autênticas, às vezes difíceis de dar, as quais exigem e criam um coração carinhoso, um amor direcionado ao outro e livre de narcisismo. No amor verdadeiro, sinto e demonstro uma consideração incondicional por você, e continuo amando mesmo nos períodos em que você não me satisfaz. Meu amor consegue sobreviver às épocas em que você não tem nada para dar. Esse amor não reflete as minhas próprias carências ou necessidades, mas sim um comprometimento com um caminho de dar e receber.

No decorrer da vida, podemos exigir ou esperar que as pessoas demonstrem amor por nós exatamente do modo como nos sentimos amados pela primeira vez: nos paparicando, nos defendendo, com demonstrações físicas de afeição etc. Uma das minhas primeiras lembranças da vida é da minha avó italiana e de como eu me sentia amado por ela simplesmente pela forma como ela ficava comigo enquanto minha mãe saía para trabalhar. Ela se sentava ao meu lado enquanto eu montava meu quebra-cabeça do Dick Tracy; ela ouvia comédias no rádio comigo, embora não conseguisse entender inglês. Durante toda a minha vida, nas reuniões de família, sempre me vi sentado no meio das minhas tias mais idosas, buscando aquele conforto familiar e único que só consigo sentir na presença de mulheres mais velhas. Minha mente racional me diz que elas são velhas e não têm tanta energia, e é por isso que ficam sentadas por tanto tempo, mas nenhum pensamento é capaz de dissuadir as células do meu corpo do que elas sentem. Na viagem que fiz para a Inglaterra, eu adorava a hora do chá, quando ninguém se levanta nem vai embora. Até mesmo aquilo parecia amor para mim. Sei que às vezes insisto com amigos para passarmos uma noite em casa em vez de sair. *Estou sempre tentando organizar as coisas para o amor do qual me lembro e o qual desejo. Ainda estou comparando paparicos com mais amor?*

Quando nossas exigências de amor se tornam compulsivas ou insaciáveis, temos uma pista de que duvidamos da nossa capacidade de despertar o amor. E essa dúvida costuma fazer com que necessitemos de provas e mais provas de amor. Isso parece narcisista da nossa parte, mas, a partir de um ponto de vista mais compassivo, isso pode sugerir que não nos temos em alta conta. Na verdade, a necessidade de sermos vistos como especiais pode ser uma compensação por não nos sentirmos amados.

Como podemos superar as dúvidas que sentimos em relação a nós mesmos? Por meio da simples prática de agir com amor. Ser digno de amor, na verdade, é o outro lado da moeda do amor. As pessoas que acreditam que são dignas de amor são aquelas que amam. E as pessoas que amam têm uma probabilidade maior de serem amadas. Isso envolve se libertar do ego, mas também exige um mindset único: quando um conflito ou questão surge entre nós e outra pessoa, nós não nos perguntamos como saímos vencedores, e sim como convocamos toda a intenção amorosa e como agimos sobre ela. Nossa primeira pergunta é: "Como posso ser o mais amoroso possível nesta circunstância?" Quando demonstramos os cinco As para os outros, eles se sentem amados e, ao mesmo tempo, nos veem como pessoas dignas de amor. Mudar o foco de uma preocupação com uma vitória pessoal ou uma vingança para tentar ser mais amoroso nos traz felicidade, e essa felicidade é o melhor contexto para se libertar do ego e demonstrar os cinco As.

Quando a empolgação vem de aprender a inventar o amor em cada pensamento, palavra e ação, logo percebemos que somos dignos de amor. Por causa desse novo hábito, passamos a nos amar mais, e isso faz com que os outros nos amem mais. Em seguida, paramos de insistir que os outros demonstrem quanto nos amam. O poço sem fundo finalmente foi preenchido ou pelo menos se tornou menos irritante. Assim, a nossa carência é substituída por exuberância. Quando damos aquilo de que sentimos falta, não sentimos mais tanta falta. Permitir que o amor flua através de nós *nos* transforma no caminho do amor. É então que podemos pedir que nosso amor seja correspondido em vez de exigir isso de forma compulsória. Podemos receber aquilo de que precisamos quando não mais precisamos ter aquilo.

Quando nos libertamos da nossa carência, o amor que sentimos se expande de tal forma que toca todo mundo. Amamos os outros porque nós e eles temos uma conexão íntima. Não existe um eu separado em nenhum lugar à vista. O amor compassivo é a resposta natural para os reveses humanos de sofrimento e a verdade humana de interdependência, além disso ele torna mais leve o fardo de encontrar alguém especial. Ficamos menos carentes à medida que ficamos mais responsivos às necessidades dos outros.

> *Se não é possível um afeto com igualdade,*
> *Que seja eu o que ama com mais intensidade.*
> — W. H. Auden, "The More Loving One"

Prática

SIMPLESMENTE NOTAR ONDE ESTOU | Na fase de comprometimento, egos saudáveis se relacionam. Existem três etapas que caracterizam a maioria dos relacionamentos humanos, incluindo os íntimos ou familiares, as afiliações educacionais e religiosas e qualquer interesse a longo prazo. Veja se consegue se localizar em alguma das três fases de relacionamento, as quais correspondem à jornada heroica.

Apego	Desapego	Integração
Romance: ideais de ego se abraçam.	*Conflito: as sombras dos egos colidem.*	*Comprometimento: egos saudáveis se relacionam.*

Apego	Desapego	Integração
Dependência mútua.	A luta para afirmar as necessidades e os desejos pessoais.	Interdependência, com tranquilidade e compatibilidade na satisfação das necessidades.
Armadilha, não há limites.	Estabelecimento de limites e independência.	Respeito mútuo dos limites.
O herói parte.	O herói luta.	O herói volta para casa.

Ficar preso na fase do apego **causa** retrocesso, fixação ou vício. É aqui que estou? Estar preso na fase do desapego provoca problemas com autoridade e **causa** distanciamento. É aqui que estou? Passar de uma fase para a outra desperta uma serenidade e nos abre para preocupações com o mundo mais amplo. É assim que relacionamentos saudáveis curam o mundo. É aqui que escolho estar.

Como você sente os cinco As na sua fase atual?

COMPARANDO ROMANCE E VÍCIO

Romance	*Vício*
Uma fase.	Contínuo.
Necessidade de satisfação com um senso de contentamento.	Carência sentida como um poço sem fundo.
Desejo por contato.	Desespero por contato.
Proporcional.	Dá-se mais e recebe-se menos.
Em geral, igualitário.	Com frequência, hierárquico.
Recíproco.	Unilateral.
Tem futuro.	Não tem futuro.
Sentimentos de satisfação e alegria.	Sentimentos de não conseguir o suficiente.
Segurança.	Dúvida constante.

Romance	Vício
Animação para o próximo encontro.	Sofrimento e intolerância em relação a ausências.
Aumenta a autoestima.	Diminui a autoestima.
Limites soltos.	Sem limites.
Ambas as pessoas se relacionam entre si.	Uma das pessoas está sendo possuída pela outra.
Início da jornada desafiadora para o amor.	Formação de um ciclo vicioso de sofrimento.

Use essa tabela para descobrir como você está se relacionando agora. Se parecer viciado, escreva em seu caderno ou diário respostas para as afirmações a seguir: você está sempre atrás de uma pessoa que não quer nem respeita você; fica com alguém cujos problemas são insolúveis ou com uma pessoa que é abusiva; está com alguém que suga você; vive voltando para conseguir mais quando só há menos; nunca recebe o suficiente daquilo de que não precisa; esquece que, se não consegue receber o suficiente, então não precisa daquilo; está tentando refazer e desfazer simultaneamente um vínculo parental; tem um vínculo viciante com alguém que também tem um vício em você; é o objeto do vício de alguém.

O texto a seguir é algo que você diria? "Quando não consigo me libertar, nem sei ao certo se realmente quero ficar. Enquanto me sentir assim, abro mão dos meus limites e às vezes até do meu respeito próprio. Eu aguento qualquer coisa do meu par só para me satisfazer. Perco muita coisa por causa das minhas fixações viciantes."

LIBERTAR-SE DA NEGAÇÃO | No romance, queremos o que o outro pode dar. No vício, desejamos desesperadamente o que o outro, ou qualquer pessoa, não pode nos dar. A recuperação de um vício unilateral pode começar quando nos libertamos da negação: "Eu não quero saber o que você é incapaz de dizer. Não consigo ver que o que eu quero não é o que você oferece. Eu não estou olhando para você, mas para a minha própria carência." A libertação de um vício significa o fim da nossa confusão. Escreva primeiro no seu caderno; depois, quando estiver pronto, conte a um amigo; e, por fim, converse com o objeto do seu vício.

LIDAR COM A OBSESSÃO | Um vício é uma obsessão em nossa mente e uma compulsão em nosso comportamento. Estamos alimentando o vício quando permitimos que pensamentos obsessivos se transformem em ações compulsivas. Admitir os pensamentos e não agir em relação a eles é parte crucial de se libertar. Desse modo, até posso pensar em você o tempo todo enquanto estou dirigindo pela autoestrada, mas não preciso parar no primeiro acostamento e ligar para você só para ouvir sua voz. Libertar-nos do vício é deixar passar a vontade de "só uma dose".

É necessário se esforçar para ver o que está acontecendo. Repita essa declaração em voz alta caso se aplique a você: "Na verdade, todos esses pensamentos sobre a pessoa que me amou ou me abandonou são um pedido de atenção da parte ferida e infantil de mim que está mais uma vez vivenciando o sofrimento original por meio dessa nova versão de pai ou mãe que me abandonaram, seja física ou emocionalmente. Pensamentos obsessivos sobre essa nova pessoa são, na verdade, pedidos urgentes do meu passado. Um grande sofrimento no relacionamento atual talvez me dê uma pista indesejada de vínculos familiares rompidos há muito tempo. Essa pessoa apenas desperta esse dilema do passado que continua presente."

RESPONDER ÀQUELES QUE SEDUZEM E DEPOIS SE RETRAEM | Quando alguém assume o estilo de sedução e retração, essa pessoa seduz motivada pelo medo de ficar sozinha e abandonada e se retrai por causa do temor de se aproximar e ser totalmente envolvida. Ela está totalmente à mercê de um pânico que cria uma resposta de reflexo. Em um contexto de tanto temor, a sedução não é uma mentira nem a retração é uma punição. A uma pessoa que age dessa forma, podemos responder com compaixão em vez de com retaliação. Pergunte a si mesmo: Consigo ficar de lado como uma testemunha não julgadora para ajudar o meu par a superar o medo? Se for você o que seduz e se retrai, que tal buscar ajuda no programa dos doze passos ou até mesmo na terapia?

ENCONTRAR O PROGRAMA | Na minha prática como terapeuta, costumo deparar com o fato de que os vícios quase sempre precisam seguir seu curso. Marcel Proust parece apoiar isso quando diz que o amor obsessivo é "como um feitiço maléfico em um conto de fadas contra o qual a pessoa não tem como se defender até que ele tenha deixado de ter efeito". A terapia e a prática espiritual ajudam, mas não têm como competir com um fluxo ativo de adrenalina. Um relacionamento viciante promete e entrega toda a empolgação que a maioria das pessoas interpreta como sentir-se vivo de verdade. É difícil desistir disso, em especial quando há tão pouco para substituir esse sentimento. Em última análise, o vício é uma forma de sofrimento, como ouvimos nas antigas canções: "Quem pode me dar o que você me dá?"; "Quem pode me fazer sentir assim?"; "Quem pode fazer o sofrimento ser tão bom?"; "Nunca vai existir alguém como você!"; "Por que o seu beijo me tortura dessa forma?".

Ao mesmo tempo, há algum tipo de ferramenta que funciona? Um programa de doze passos constitui uma ferramenta espiritual poderosa para pessoas viciadas em relacionamentos, em romance ou em uma pessoa específica. Ao trabalhar cada um dos passos adaptados do programa dos Alcoólicos Anônimos e ter um padrinho/madrinha, a pessoa consegue se libertar do vício. Perceba que todos os seus esforços não são o suficiente para livrar você desse tipo de sofrimento. Será necessário se entregar a um poder superior. Quem ou o que é esse poder para você? Esse poder superior pode ser Deus, a Mãe Natureza, o coração sagrado do universo ou seja lá o que você considerar transcendente. São todas formas da força divina, uma ajuda que chega além do nosso esforço ou controle. Um programa de doze passos nos ajuda a formar um vínculo com esse poder que é superior ao ego e constitui um refúgio da armadilha do vício.

A prática espiritual pode frustrar as tentativas frágeis, mas teimosas, do ego de controlar os outros e fazer o mundo obedecer aos nossos desejos. Sendo assim, precisamos de meditação nas três marcas da nossa existência: a impermanência, o sofrimento e o fato de que um eu sólido não passa de ilusão. Não conseguimos ver nada disso sem a ajuda de alguém, principalmente enquanto estivermos viciados, e é por isso que precisamos de um programa com padrinho/madrinha, uma prática espiritual com orientação e sessões de terapia.

Aborde os vícios não com vergonha, mas com espírito inquisidor, que deseja saber como sua mente ficou presa no desejo. Isso significa encontrar uma forma de se aceitar sem uma mentalidade de julgamento, medo, culpa, fixações, preconceitos ou defesas — ou seja, com mindfulness. Enxergue o outro como Buda, alguém que está aqui para mostrar onde você precisa trabalhar, quanto se desviou do caminho e como pode voltar para ele.

LIDAR COM O INTERESSE NÃO CORRESPONDIDO | Alguém se torna muito atraente para nós, e talvez essa pessoa não se sinta da mesma forma nem note nossa existência. No início, o interesse parece gostoso e encorajador. Então, as fantasias agradáveis se tornam dolorosamente obsessivas e os desejos tímidos se tornam necessidades fervorosas. A alegria do desejo se transforma na angústia do anseio. Um impulso se transforma em sofrimento. Desse modo, quando nos damos conta, estamos tão perdidamente viciados que nossa vida vira um verdadeiro inferno, sem contato com o paraíso. Começamos a manipular o outro ou as circunstâncias para satisfazer nossa ânsia por contato. Perdemos o respeito próprio. Essa progressão do vício é descrita na literatura dos Alcoólicos Anônimos como "perspicaz, desconcertante e poderosa". Ficamos confusos com a velocidade e a intensidade com que somos tomados. Nossa felicidade agora está completamente nas mãos da pessoa que queremos possuir.

Estamos presos ao desejo de que as coisas sejam de um jeito diferente do que são e somos impotentes para torná-las como queremos que sejam. O vício é um enganador que dá ao ego uma retribuição. Desse modo, torna-se uma questão espiritual porque transcende ao poder do ego, mas também uma questão psicológica, já que suspende os poderes do ego saudável. Assim, é necessário realizar tanto um trabalho espiritual quanto psicológico. Em seu caderno, avalie as questões propostas a seguir. Qual dos cinco As você procura? De que forma, nesse drama, você fracassou no autocuidado? O que você sente? Esses sentimentos são os mesmos que você tem evitado por muito tempo? Você consegue senti-los de forma segura e catártica? Acha que chegou a hora de buscar terapia?

Se você se encontra em um relacionamento viciante (ou no espectro do interesse, paixão e possessão), considere as declarações a seguir e avalie as que se aplicam à sua situação: "Admito que não consigo mais controlar meus pensamentos, sentimentos ou comportamento em nada relacionado à pessoa"; "Continuo agindo como se conseguisse ser eu mesmo perto da pessoa, mas noto que não consigo."; "Sinto medo o tempo todo"; "Tento agir de forma normal quando não me sinto normal"; "Eu *atuo*"; "Tanto a presença da pessoa quanto sua ausência estão me colocando em contato direto e inevitável com toda a necessidade que tenho pelos cinco As"; "A pessoa não permite mais que eu fuja com meus subterfúgios"; "Não se trata de quanto preciso de alguém, mas de quanto me deixei de lado"; "Uso a imagem de precisar de alguém para me salvar, para que eu não tenha que enfrentar o desafio de autocuidado, meu único objetivo legítimo"; "Tudo a meu respeito e tudo que já fiz serve apenas para que eu ache que perdi ou decepcionei a pessoa; é por isso que não acredito que sou digno de ser amado"; "Durante o tempo que estamos juntos, não ouso mostrar para a pessoa o que há de mais digno de amor em mim, minha vulnerabilidade sincera, pois acredito que ela não vai conseguir lidar com isso"; "Se revelar meus sentimentos, é possível que eu assuste a pessoa"; "Temo que a pessoa sinta medo porque isso pode fazer com que eu a perca, então me reprimo".

Veja a seguir dicas práticas para pessoas que têm algum interesse não correspondido. Não sugira planos elaborados para o tempo que vão passar juntos quando a pessoa só quer bater papo sem maiores intenções. Não proponha planos nem convites elaborados que parecem inocentes ou educados, mas que foram feitos apenas para que vocês tenham mais contato. Mais contato é mais distração do único foco saudável para um viciado: o trabalho que você precisa fazer em si mesmo. Use afirmações como: "Desisto do meu anseio por mais contato com o Jim" e "Estou abrindo mão da minha fixação pelo Jim". Um programa de doze passos pode ajudar muito.

DESCOBRIR O QUE BUSCO | Responda às perguntas a seguir à medida que for lendo. Eu tenho o desejo maduro e empoderador de encontrar alguém que me proporcione os cinco As? Ou tenho um desejo desempoderador, no qual procuro alguém para cuidar de mim ou ser cuidado por mim, para fazer coisas para mim ou para quem eu possa fazer coisas, para me presentear ou ser presenteado, para me controlar ou ser controlado, para me elogiar ou mesmo para me machucar? Quais desses modelos ou partes deles descrevem sua forma atual de estar em um relacionamento? Conte para o seu par o que descobriu.

ESTAR AMOROSAMENTE PRESENTE | O amor não é só um sentimento, mas também uma forma de estar presente. Demonstramos o amor por meio da presença sustentada e ativa *junto com* uma expressão incondicional dos cinco As e *sem* as camadas ou mindsets condicionais do ego, tais como julgamento, medo, controle etc. Nós recebemos amor do mesmo jeito: com os cinco As e sem as interferências do ego. Em outras palavras, o amor acontece melhor no contexto do mindfulness.

Podemos expandir nossa consciência de que dar e receber amor é o nosso objetivo de vida e a satisfação verdadeira dos nossos desejos humanos. Podemos nos comprometer a uma vida de amor universal. Uma forma de fazer isso é adotar o estilo "com/sem" descrito no parágrafo anterior. Também pode ajudar fazer as seguintes afirmações todo dia de manhã, e no decorrer do dia, concentrando-se em cada palavra, enquanto se imagina agindo exatamente dessa forma. Pode ser uma prática bem poderosa, como um mantra silencioso, um prelúdio para interagir com alguém ou ao enfrentar uma situação assustadora. "Estou totalmente presente aqui e agora com atenção, apreço, aceitação, afeto e admissão incondicionais. Estou feliz de me livrar de todos os julgamentos, medos, controles e todas as exigências. Que essa seja a forma como demonstro meu amor para todos. Que eu sempre esteja mais aberto ao amor que dedicam a mim. Que eu sinta compaixão por aqueles que temem amar. Que todos os seres encontrem este caminho de amor."

EXPRESSAR INTIMIDADE | Aqui estão algumas qualidades de um momento íntimo: calor humano, intimidade, toque respeitoso, contato visual, presença incondicional sem hesitação, abertura, candura, relaxamento, humor, alegria esfuziante, liberdade das tensões ou demandas, total disponibilidade, sair ou ficar juntos de forma espontânea em vez de uma forma planejada, sem preocupação com a hora ou a agenda, a sensação de que alguém quer estar aqui e em mais nenhum outro lugar e, por fim, sem o envolvimento de nenhum dos mindsets do ego. Tudo que ocorre em tal momento é "extraoficial" e, dessa forma, imensamente permissivo.

No seu caderno ou diário, responda às perguntas a seguir: Quais são as qualidades da intimidade que você vivencia em seu relacionamento? O que falta? Algumas pessoas só agem dessa forma íntima quando o relacionamento está ameaçado. Pergunte-se quando os momentos íntimos acontecem para o seu par e quando acontecem com você. Compartilhe suas descobertas com o seu par sem fazer com que ele sinta que errou de alguma forma.

5 | QUANDO SURGEM OS CONFLITOS

Oh, tempo! Oh, morte! Oh, violência!
Fazei o que quiserdes de extremos neste corpo,
Mas a base resistente e a estrutura inabalável do
meu amor
São como o próprio centro da terra,
Que para ele chama tudo
— Shakespeare, *Troilo e Cressida*

EM NARRATIVAS HEROICAS, a iluminação costuma ser seguida por uma incursão no submundo. Nossa jornada em um relacionamento tem uma queda do cume, em vez de uma subida até ele. A segunda fase dos relacionamentos, geralmente a mais longa, é a do conflito, que ocorre à medida que a luz do romance é substituída pela sombra da tensão. Nessa fase, a imagem romântica existente é substituída pela realidade. Não conhecemos a nós mesmos nem conseguimos integrar nossas experiências até nos depararmos com a nossa própria sombra e até criarmos laços com ela ao passarmos por poucas e boas em sua companhia. Como podemos conhecer o nosso par até fazermos o mesmo com ele? Como podemos amar o que não conhecemos? Se nos conhecemos, nada que alguém faça é totalmente estranho ou imperdoável.

O romance mostra o lado brilhante do objeto do nosso amor, a sombra positiva — o potencial inexplorado para o bem que projetamos naqueles que idealizamos. O conflito expõe o lado sombrio da pessoa, a sombra negativa, ou seja, uma tendência a mesquinhez, abuso ou egoísmo, que é, então, projetada como uma forte antipatia em relação àqueles que demonstram o mesmo comportamento. Aquilo que foi ocultado pelo romance está agora livre para ser visto por todos os lados da parceria. Confrontamos a mesquinhez, a falta de consideração, as escolhas egoístas e o ego arrogante com a própria necessidade de estarmos certos, de nos livrarmos das coisas e para nos vingarmos. Notamos em nosso par todas as coisas que não conseguimos tolerar nem esconder. O que era fofo no romance pode se tornar insuportável no conflito.

Essa fase é totalmente normal, necessária e uma parte útil do processo de construir um vínculo duradouro. Sem o embate que isso envolve, talvez nos perdêssemos um no outro e, dessa forma, acabássemos nos perdendo de nós mesmos. Para evoluir da projeção romântica para a autoafirmação madura, precisamos de conflito. É a fase do amor que corresponde à fase de desapego da jornada heroica.

A experiência humana só ocorre em um contexto relacional, e conflitos específicos do nosso passado são desenterrados nos relacionamentos. Como resultado de se relacionar com um par adulto, conseguimos nos lembrar da nossa vida com nossos pais de forma mais vívida do que achávamos possível. Na fase do conflito, na verdade, não conseguimos deixar de encontrar os espectros da nossa infância. Essa é a fase na qual dizemos para nosso par ou para nossos filhos exatamente as palavras que nossos pais nos disseram tanto tempo antes. É então que treinamos cuidadosamente o nosso par para nos ajudar a reencenar nossas mais amargas e antigas decepções, mágoas e perdas. Nessa fase, instintivamente abordamos questões que agora estão prontas para o pesar e, assim, reencenamos o passado para ver com nossos próprios olhos o que aconteceu conosco e para controlar isso com a ajuda do espelhamento de algumas ilusões, enquanto a psique continua se ajustando às verdades recém-reveladas.

O caminho para o centro é por meio dos extremos. Saímos do extremo do romance e vamos para o extremo do combate para, então, chegarmos ao centro do comprometimento, de acordo com o ciclo da tese, da antítese e da síntese. A natureza também passa da exuberância do verão para a escassez do inverno, para que possamos exultar na vivacidade da primavera. Conseguimos enxergar agora que se relacionar com algo ou alguém, em vez de ser possuído por esse algo ou alguém, é o equivalente a reconhecer que é inevitável que o relacionamento passe por fases.

Por fim, é importante perceber que, na jornada do romance para o conflito, passamos por três modos:

Ideal	*Normal*	*Maré baixa*
Melhor de todas as situações possíveis; apaixonado.	A rotina de se viver sem grande estresse ou animação.	Alto nível de estresse, rompimentos, depressão profunda.
No meu melhor.	Funcionamento adulto.	No meu pior.
Neste modo, você vai me ver sendo amoroso, heroico, compassivo. Não existe muita necessidade de trabalhar em mim mesmo!	Neste modo, tenho uma visão clara, confiante e comprometida do trabalho de abordar, processar e resolver as coisas.	Neste modo, você vai ver meu lado mesquinho, minha autopiedade e minha paranoia. Não é possível nenhum trabalho no relacionamento aqui. Primeiro é necessário um trabalho pessoal.

Pessoas maduras vão do melhor ao pior e voltam ao centro muitas vezes. Aceitar isso como um fato nos liberta de levar o comportamento do nosso par de forma pessoal demais, de culpá-lo e até mesmo temê-lo, ou seja, todas as formas de se libertar do ego. Quando estamos presos no modo de maré baixa, como no tema mítico do navio encalhado no porto, precisamos tomar atitudes especialmente fortes, porque ficar parado pode ter se tornado mais confortável do que o esforço que é necessário para se mexer. É por isso que o risco se torna o padrão do herói.

Ou, para usar outra metáfora, a natureza precisa da ruína das estruturas estabelecidas para acomodar novas condições do ambiente. Isso significa que a vida inclui, necessariamente, turbulências e até mesmo dissoluções, os prenúncios da transformação. Na verdade, sistemas naturais participam zelosamente da própria autotranscedência. São João da Cruz fala da seguinte forma sobre o próprio ego: "Rapidamente, sem poupar nada, estou sendo totalmente desmantelado." Ele não apenas diz isso, mas reza por isso. O distúrbio do *status quo* e o desmantelamento de antigas formas são sinais de uma evolução salutar. A natureza se regozija nos botões da primavera, mas fica igualmente em polvorosa com o outono, o qual assegura uma outra primavera ainda mais abundante. Será que conseguimos enxergar os conflitos dessa mesma forma otimista?

> *O processo da evolução é, em si, altamente transcendente.*
> — Ken Wilber

RESOLVENDO AS COISAS

As demandas trabalhosas do amor acabam sendo os únicos ingredientes para a completude na vida adulta. Isso ocorre porque podemos trabalhar de forma cooperativa com nosso par para tornar as coisas melhores e/ou podemos reconstruir nossos próprios poderes de autocuidado se um par não conseguir fazer isso por nós.

Defender nossa posição é o oposto de abordá-la. E o comprometimento com um relacionamento envolve abordar, processar e resolver nossas questões pessoais e mútuas. Em relação aos conflitos, *abordar* significa admitir enxergar o que está acontecendo dentro de nós e no relacionamento, quais são os nossos gatilhos, o que precisamos procurar e explorar em vez de acobertar. Já *processar* se refere a mostrar nossos sentimentos em relação ao conflito, notando as raízes do nosso passado e nos abrindo genuinamente para os sentimentos e as questões da infância da outra pessoa. Os conflitos contêm uma questão subjacente e geralmente muito antiga que não foi abordada, processada nem resolvida. Os atos de abordar e processar revelam qual é a questão. Adultos saudáveis amam descobrir quais são essas questões e onde elas se encontram; querem trazê-las à luz e se responsabilizar por cada uma delas, sem buscar culpados. Por fim, passamos para a terceira parte do nosso programa para lidar com conflitos: *resolver*. Sentimos um senso de encerramento, de libertação e de sermos mutuamente ouvidos. Deixamos a questão de lado, em vez de guardá-la para uma futura retribuição ou como ressentimento contínuo. Fazemos acordos que curam o conflito e previnem sua repetição. Desse modo, começamos olhando e enxergando, e terminamos melhores.

Se tememos a intimidade real, vamos fugir da possibilidade de um programa como esse. É preciso que nos sintamos seguros o suficiente para olhar para aquilo que mantivemos escondido de nós mesmos ou evitamos reconhecer em nosso par. É claro que a maioria de nós tem o dom de não dar atenção ao que sabemos que exigirá uma resposta difícil ou dolorosa. No entanto, tal negação pode custar nossa própria sensibilidade e vulnerabilidade. E, como ocorre com qualquer virtude, a coragem necessária para abordar questões dolorosas é facilmente acessada pela prática. Veja a seguir o que pode acontecer.

O vazamento de uma torneira não é uma tragédia para alguém que tem ferramentas e habilidades. Nossos conflitos podem ter resultados maravilhosos para nós se, em vez de estratégias para provar que estamos certos, demonstrarmos respeito mútuo e usarmos ferramentas que nos ajudam a cooperar. Resolver os problemas de forma cooperativa é apenas transformar o conflito em comprometimento. Na verdade, o comprometimento é articulado na nossa disposição de lidar com obstáculos em vez de evitá-los, ser paralisados por eles ou guardar ressentimentos por causa deles. Resolver as questões é atravessar o portal da jornada heroica para a intimidade: um desafio doloroso leva a uma mudança. Quando conseguimos cruzar essa passagem, transformamos o obstáculo em ponte. A energia antes presa em uma competição de egos agora é combustível para um comportamento adulto responsável. Dizemos: "Posso negociar com você e podemos crescer juntos na dificuldade. Nosso amor não envolve apenas um comportamento afetuoso; mas sim um comprometimento adulto para lidar diretamente com nossos sentimentos e nossas preocupações."

A maioria de nós tem dificuldade em estar com o outro; ainda assim, o amor envolve escolha de continuar resolvendo as coisas. Quando nos recusamos a fazer isso ou quando o fazemos de forma relutante, não amamos mais, não de verdade. Podemos ainda estar ligados por um vínculo de sentimento, história ou obrigação, mas não é mais amor, nem será o suficiente para um relacionamento feliz e eficaz.

O que torna os relacionamentos tão complicados é que eles não se baseiam no pensamento lógico e discursivo, mas em sentimentos e necessidades ambíguos e confusos que iludem a mente e abalam o coração. Às vezes, o amor funciona de forma automática, mas, na maior parte do tempo, funciona porque nos esforçamos para isso. Podemos facilmente localizar onde precisamos nos esforçar: tudo que não funciona exige esforço. Já que todos os adultos têm questões que precisam ser trabalhadas, a recusa de se trabalhar é equivalente à relutância para se relacionar como um adulto. E, se nos esforçarmos razoavelmente sem obter nenhum resultado, o relacionamento está pronto para acabar, para que ambas as partes possam seguir em frente. Alguns relacionamentos jamais vão funcionar e, quando desperdiçamos energia tentando rejuvenescê-los, acabamos nos sentindo esgotados.

Desse modo, desistir de um relacionamento que não nos faz feliz não se trata de egoísmo. O objetivo de se relacionar com alguém não é suportar o sofrimento. Embora o sofrimento faça parte da vida dos seres humanos, o desafio da vida adulta é viver com ele e superá-lo. Isso, no entanto, não quer dizer que devemos desistir de um relacionamento ao primeiro sinal de sofrimento. Qualquer um consegue sentir a diferença entre um sofrimento infinito e episódios ocasionais disso. O primeiro é inaceitável, a não ser para uma vítima. E o último constitui um desafio digno de um herói, que vai enfrentar o sofrimento e ser transformado por ele. Um lema do mercado de ações também se aplica a relacionamentos saudáveis: volatilidade no curto prazo, mas crescimento no longo prazo.

Nós crescemos nos relacionamentos quando temos um programa de prática espiritual que nos ensina a abandonar tudo o que o ego acha merecer: as expectativas e noções preconcebidas acerca de como os relacionamentos devem ser, o que nosso par deve nos dar ou como deve ser a aparência ou o comportamento dele. Na prática espiritual, também queremos abandonar velhos hábitos de tentar manipular os outros ou nos esconder e começar a permitir que nos vejam (*expostos*) como somos. Como resultado, podemos cooperar com a energia do outro em vez de precisar conquistá-la. Podemos fazer acordos para mudar, e manter esses acordos é o melhor sinal de que um relacionamento vai funcionar.

A cooperação, ou seja, a parceria, é o cerne da resolução de conflitos. *Não estamos mais trabalhando individualmente para a ascensão da nossa própria posição, mas trabalhando juntos para a saúde e a felicidade do relacionamento.* Nas artes marciais orientais, movimentos harmoniosos substituem a luta com o adversário. Esse amor não resistente, não dominador, não passivo e não violento surge do desarmamento incondicional, ou seja, não existe lugar para "Eu sou bom, você é mau" ou "Eu estou certo, e você, errado". Se ficarmos presos em meio a tais dualidades, projetamos o rosto de um oponente no nosso par, e assim nós dois saímos perdendo. Por outro lado, quando nos libertamos dessa dualidade, nos alternamos em relações como professor/aluno e amigo/amigo. Mas a única forma de chegar lá é sendo mais amoroso e humilde do que antes. Se as duas pessoas forem apenas justas uma com a outra, o amor nunca vai surgir, que dirá durar. Alguém precisa ser generoso primeiro.

Isso pode parecer uma rendição. Mas força nem sempre significa assertividade. É com os outros que um adulto encontra o equilíbrio entre afirmar a própria autonomia e reconhecer sua interdependência. Vejamos o exemplo de Margo, que é a esposa de Evan, um marido amoroso, mas que interpreta qualquer "não" como rejeição. Isso a intimidava no início do casamento, quando era sempre conciliadora e parecia pisar em ovos. Mas, à medida que Margo foi se tornando adulta, também se tornou mais forte. Sentia compaixão por Evan, com todo aquele medo e sistema automático de defesa. As antenas de Evan eram muito sensíveis à rejeição por causa da força de seu passado, e ele não conseguia deixar de acreditar que sempre seria rejeitado. Então Margo percebeu que o ajudaria muito se ela fosse cuidadosa ao formular suas declarações. Antes, era crítica em relação à falta de cuidado de Evan com as coisas, usando afirmações acusadoras com o pronome "você" ("Você sempre faz bagunça e nunca arruma"), e ele, por sua vez, sempre reagia e explodia. Agora ela usa afirmações com o pronome "eu" para descrever as reações dela aos hábitos dele ("Eu fico magoada quando você faz bagunça em casa porque isso faz com que pareça que você não se importa comigo"). Desse modo, Evan entende o recado sem sentir que levou uma bronca. Nesse contexto, ou seja, em um ambiente acolhedor, é mais fácil que as mudanças no comportamento aconteçam. Quando Margo processou o próprio medo à luz do dele, parou de pisar em ovos perto do marido. Entrou em sintonia com ele. Agora ela é capaz de conviver com os medos de Evan sem fazer acusações e sem se sentir diminuída por eles. Isso só aconteceu porque Margo está se libertando do próprio ego e permitindo que o amor flua para dentro de si, pois notou que tinha o par certo, no momento certo para que pudesse trabalhar nessas coisas, ou seja, se tornar uma adulta mais compreensiva.

Margo e Evan conseguiram mudar bem rápido. Em um relacionamento, uma pessoa pode estar pronta para lidar com uma questão assim que esta surge, ao passo que a outra espera um tempo até incubar uma resposta. Nós precisamos respeitar o tempo de cada um e não levar para o lado pessoal se o nosso par não responder com tanta rapidez quanto gostaríamos. É como o tempo que alguém leva para responder a uma mensagem deixada na secretária eletrônica: isso não reflete quanto o destinatário da mensagem nos respeita. A questão tem a ver com o tempo da pessoa. Alguém pode retornar a ligação no instante em que ouvir a mensagem, outra pessoa pode esperar um dia ou mais. É uma questão de estilo pessoal, não uma questão de insulto ou de respeito em relação a nós.

Na verdade, uma resposta sem pressa pode ser um bom sinal, que indica um processamento lento e deliberado. Em uma peça de teatro, cada evento é processado, ao passo que, em uma novela, nada é. Os solilóquios de Shakespeare processam a ação que acabou de ocorrer. Já nos melodramas, os eventos vão se empilhando, um sobre o outro, sem fechamento, solução ou transformação.

Vivenciar o processamento significa fazer isso de forma consciente. Sem isso, a vida se torna uma série de episódios, um seguido do outro, sem nenhum movimento através deles em direção a uma nova compreensão ou ao crescimento. Viver de forma episódica é o oposto de viver de forma coesa. Se a filha adulta de um alcoólico se casa com três alcoólicos em sequência e sua visão de mundo for episódica, ela vai enxergar os casamentos fracassados como uma coincidência e lamentar sua falta de sorte. Se ela enxergar a própria vida de forma contextual e coesa, reconhecerá a existência de um padrão e a conexão deste com sua infância. É mais provável, portanto, que ela explore os princípios organizadores de sua vida e busque formas de os reconfigurar para que possa ter relacionamentos mais saudáveis.

Para redimir o passado, precisamos enxergar a nós e à nossa história em um contexto e com continuidade. Para isso, é necessário identificar onde precisamos trabalhar. Tentar criar intimidade enquanto questões pessoais ainda precisam ser resolvidas é como tentar construir uma embarcação marítima estando dentro do oceano. Primeiro, precisamos ter um compromisso individual para abordar, processar e lidar com nossos próprios bloqueios e demônios. Alguns de nós têm questões pessoais tão profundas que talvez sejam necessários anos de trabalho antes de conseguirmos nos relacionar intimamente com alguém.

Um compromisso com o processamento também significa um compromisso para parar de tomar decisões unilaterais e decisivas. Em vez disso, cada pessoa compartilha seus sentimentos sobre o andamento do relacionamento, cada uma declara o que é bom e o que não é tão bom, o que funciona e o que talvez precise de mudança, como se sente em determinada situação e como as coisas poderiam ser feitas de forma diferente para que ambas as partes fiquem mais felizes. Quando algo parece totalmente bom, ou seja, no pensamento, no sentimento e na intuição, isso costuma significar que uma necessidade está, de fato, sendo satisfeita.

Resolver as coisas envolve dois passos: articular a verdade à medida que cada pessoa a vivencia e agir de acordo com ela. (A frustração surge quando articulamos sem agir.) A sua verdade inclui seus sentimentos sobre a questão assim como seu tipo de personalidade, seu lado sombrio, suas necessidades e desejos, seus padrões morais, seus objetivos de vida, suas aptidões e dádivas, suas limitações, sua herança familiar, sua história pessoal e o impacto de suas experiências passadas na sua vida presente. Agir de acordo com verdades pessoais significa admitir as próprias limitações; ativar seu potencial para usar seus dons e talentos; e fazer escolhas que reflitam seus padrões, seus valores e sua integridade.

Quando cada pessoa se sente ouvida no nível das emoções, recebe algo que queria e faz um acordo que leva à mudança, processar os problemas se conclui na resolução deles. Se você e seu par não conseguem fazer isso juntos, procurem ajuda na terapia ou na mediação de algum amigo objetivo. (Cuidado: pensar "Eu sou capaz de lidar com tudo isso" pode esconder o medo de pedir ajuda.) Relacionamentos saudáveis usam a terapia para resolver conflitos que desafiam o casal. Além disso, terapia também significa fazer check-ups regulares. Jamais pensaríamos em deixar de fazer isso em relação à nossa saúde física, mas conseguimos fazê-lo em relação à nossa própria felicidade.

Um aviso: alguns conflitos não se resolvem quando os abordamos ou processamos. Só o tempo e a graça são capazes de resolvê-los. De forma semelhante, as jornadas do herói costumam começar com uma situação que não tem solução. Esse tipo de situação complicada existe para diminuir a crença do ego de que ele é capaz de resolver todos os problemas da vida com a própria força de vontade e sem contar com a graça. Em todos nós existe algo que faz e algo que permite. Para nos tornarmos totalmente humanos, precisamos honrar esses dois poderes que carregamos em nosso interior.

É um prazer inenarrável que, depois de... arruinar tanto e reconstruir tão pouco, nós resistimos.
— Lillian Hellman

O PASSADO NO PRESENTE

Lembranças de buquês há muito mortos... deixaram na minha memória o encanto passado com o qual... sobrecarreguei este novo buquê.
— Henri Matisse

Nós, seres humanos, memorizamos nosso passado. No entanto, nossas necessidades arcaicas acabam se intrometendo no presente, trazendo nas mãos a cobrança de uma conta vencida. Lidamos com nossas questões do passado para que não fiquem se repetindo nos relacionamentos do presente; caso isso aconteça, notamos o que ocorre e assumimos a responsabilidade. Sem consciência do passado, podemos parecer envolvidos em um relacionamento maduro quando, na verdade, estamos encenando uma peça de muito tempo atrás. Lembranças do passado surgirão em proporção direta ao crescimento da intimidade. Isso acontece porque tanto o passado quanto o presente detiveram ou detêm nossa chance de receber o que sempre desejamos, que é: atenção, apreço, aceitação, afeto e a admissão e o encorajamento de sermos quem realmente somos.

Como podemos saber se a questão que está nos incomodando em um relacionamento maduro surgiu no presente ou veio do passado? Bem, por meio de uma autoavaliação atenta. Se minha mãe absorveu e contaminou toda a minha experiência com mulheres, que chance eu tenho de ver a minha esposa como ela realmente é? Quando sinto um pânico familiar, sou tomado por uma raiva que me surpreende ou então reajo com mais intensidade do que a circunstância pede e não sei explicar por quê; posso muito bem concluir que, na verdade, não é o rosto do meu par que estou vendo, mas o da minha mãe. Isso se torna ainda mais claro quando me sinto mais constrangido e controlo o sofrimento por mais tempo do que a situação exige. Apenas aquelas questões que carregam o peso de um passado não resolvido, de abuso ou de sofrimento não perdoado podem explicar tal reação excessiva. (E, na verdade, não é realmente uma reação excessiva, já que a criança interior está reagindo a um trauma do passado que ainda machuca.)

Todos vivenciamos momentos nos quais nos sentimos impotentes, amedrontados, presos, provocados e fora de controle. Estamos ouvindo a voz da nossa criança interior pedindo nossa atenção e nossa intermediação como adultos. A criança interior não sabe como apresentar a situação de forma direta, então gagueja a mensagem por meio de atos tímidos e sentimentos estranhos e lamentáveis. Quando entendemos isso de forma consciente, nos tornamos automaticamente mais adultos e mais compassivos em relação a nós mesmos. Quando a consciência conecta as experiências presentes com os determinantes da infância, nossa experiência de vida ganha um significado mais amplo. Isso faz parte da nossa capacidade de nos acalmar.

Um comportamento adulto e equilibrado no trabalho e um comportamento infantil e fora de controle dentro de casa com o par apontam para a diferença entre os poderes que o presente e o passado despertam em nós. Quando o fogo do passado se acende novamente, tratamos as questões e os conflitos de forma compulsiva, e eles parecem ter uma qualidade de "isso ou aquilo", obstruindo a oportunidade de comprometimento ou negociação. Uma transação comum pode replicar um cenário da infância que ainda provoca sofrimento. E nós costumamos ser cegos quanto a essas conexões com o passado. Nossa mente racional nos engana e nos faz acreditar que a transação não passa de um fato do aqui e agora, quando, na verdade, também é um artefato do passado que provoca sofrimento e que precisa ser concluído.

Processar o sofrimento que nos faz sentir isolados é a tarefa mais difícil da nossa vida, então tentamos evitá-la ao configurarmos as perdas do passado como inconveniências do presente. Enquanto acreditarmos que nosso desconforto tem a ver com o nosso par aqui e agora, não precisaremos enfrentar um sofrimento antigo. Lembranças traumáticas, sempre presentes, mas nunca conhecidas, podem residir em nosso corpo e não em nossa mente consciente. Por exemplo, podemos ter sido programados para sentir a obrigação de sofrer abuso e acreditar em mensagens autodepreciativas, as quais, por estarem armazenadas em nossas células, agora surgem como reações automáticas que pilotam nosso comportamento. E, por exemplo, no passado podemos ter sido abraçados de forma abusiva, sexualmente ou sufocante, e, agora, ficamos tensos quando alguém nos abraça ou nos toca. Quando precisamos esperar por uma pessoa que deveria nos buscar no aeroporto, podemos sentir, como adultos, a dor do abandono. Uma crença infantil de que não conseguimos fazer nada direito pode surgir e nos assombrar no momento de um divórcio. Não conseguimos evitar essa crença, pois trata-se de um reflexo celular que surge do mesmo modo que pensamos em "49", quando vemos "7×7".

É claro que não podemos evitar nem nos esconder permanentemente de antigas crenças e reações. Mas podemos chamá-las pelo nome e, como um fantasma, elas podem retroceder quando enfim lançarmos luz sobre elas. E como fazemos isso? Quando questões do passado vêm à tona, elas chegam com o senso de serem reais no presente. Ajuda quando *as arquivamos corretamente* na gaveta mental do passado: "Eu me sinto assim porque existe uma coisa no passado com a qual não lidei completamente." Assim, da próxima vez, será mais fácil enfrentar essas questões e, com o tempo, antigos pensamentos e reflexos cederão ao brilho libertador da consciência.

Nós vivemos no presente do aqui e agora, e não no passado do nunca mais, muito menos no futuro do ainda não. Lembranças emocionantes, assustadoras ou humilhantes duram para sempre em nossa memória. Nunca conseguimos nos livrar do passado. Da monotonia do ontem, sim, mas não daquela manhã de tantos anos atrás, quando alguém nos abandonou de forma tão repentina; não daquela tarde quando alguém ficou ao nosso lado de forma tão leal; não daquela noite quando alguém nos tocou de forma errada; não daquela noite em que alguém chorou conosco de forma tão comovente. O passado nunca nos deixa. Não, as lembranças nunca se vão e nunca desaparecem por completo.

Esse assunto tornou-se outro livro que escrevi. O título diz tudo: *When the Past Is Present: Healing the Emotional Wounds That Sabotage Our Relationships* (Quando o passado se torna o presente: a cura de feridas emocionais que sabotam nossos relacionamentos).

INTROVERTIDO OU EXTROVERTIDO?

Embora, sem dúvida, as diferenças de gênero existam, também é verdade que as características que atribuímos ao gênero do nosso par ou aos medos em relação a isso refletem, na verdade, a introversão ou a extroversão natural da pessoa com quem estamos. Compreender um par atual ou em potencial pode significar avaliar as diferenças entre introversão e extroversão, as quais constituem duas tipologias psicológicas igualmente saudáveis. Uma não é superior à outra, assim como o cabelo castanho não é superior ao preto. O mundo precisa dessas duas tipologias para funcionar de forma criativa. Mas os cinco As são dados e recebidos de forma diferente por introvertidos e extrovertidos, como nas descrições a seguir.

Uma pessoa extrovertida se anima na companhia dos outros; uma introvertida, por sua vez, sente-se esgotada. Alguém extrovertido procura pessoas com quem possa socializar, ao passo que o introvertido prefere se isolar. Um extrovertido corre o risco de se magoar, e o introvertido, o de se isolar. Um extrovertido prioriza a experiência imediata, ao passo que a prioridade do introvertido está na compreensão em relação à experiência. Para um introvertido, o alarme interior de sensações físicas soa urgentemente: "Preciso sair daqui." Já o alarme do extrovertido avisa: "Eu preciso estar com alguém." Ambas as reações podem parecer compulsivas para quem as sente.

Em um relacionamento, esses estilos opostos podem levar ao conflito. Eu sou extrovertido, você é introvertido. Eu salto sem olhar, e você enxerga isso como estupidez. Você olha primeiro e para, e interpreto isso como timidez ou falta de espontaneidade. Quando me sinto mal, busco a companhia de pessoas; quando você se sente mal, prefere ficar sozinho. Acredito que você esteja me rejeitando; e você acha que estou invadindo sua privacidade. Quero ir; você quer ficar. Chego em casa para conversar; você chega em casa para ficar sozinho. Eu aceito bem as perguntas e as considero um sinal de interesse em mim; você se ressente de perguntas e as considera invasivas. Eu revelo meus sentimentos e meus desejos com facilidade; você considera isso superficial ou perigoso. Você guarda as coisas para si; eu vejo isso como um comportamento secreto e um sinal de que você não confia em mim. Eu preciso falar para esclarecer meus pensamentos; você não pensa bem com os outros falando e precisa de uma reflexão longa e silenciosa. Em uma cidade desconhecida, eu peço informações a alguém; você procura o caminho no mapa.

Se sou introvertido, pode ser que você se zangue comigo por não querer socializar tanto com os amigos. Mas, se você aceitar minha introversão como parte da minha personalidade, vai compreender a minha necessidade de ficar sozinho e não vai levar minha ausência para o lado pessoal. Em suma, uma tipologia é um fato, não um defeito.

Os introvertidos podem ter aprendido que a raiva, às vezes, é a única forma de manter as pessoas afastadas. Isso pode fazer com que pareçam rabugentos. Um extrovertido pode interpretar como rejeição a necessidade de um introvertido de ficar longe. Um introvertido pode buscar projetos que é capaz de fazer sozinho ou pode descobrir que consegue ter um tempo sozinho ao assistir à TV, sair para fumar ou beber, ao sentar-se diante do computador etc. Quando o alarme interior do introvertido soa, significando que precisa ficar "longe das pessoas", ele se afasta ou se dissocia. Novamente, isso pode parecer rejeição ou abandono para um par. Mesmo as horas de leitura, sem erguer os olhos, podem parecer uma forma de distanciamento.

Algumas pessoas são tão profunda e extremamente introvertidas que se sentem melhor quando não estão em um relacionamento. Um extrovertido que se casa com um introvertido pode perceber que a necessidade do par de ficar sozinho pode ser maior do que a necessidade dele de estar em sua companhia. Um introvertido é mais bem treinado para a autossuficiência do que para a cooperação, e ele talvez se sinta culpado em relação a isso e ao tempo que passa sozinho. Um introvertido às vezes se sente como um canhoto em um mundo de destros, então é possível que sempre sinta certo nível de inadequação. Como todas as minorias, ele tem um conjunto único de fatos e escolhas que precisa enfrentar se quiser se relacionar com os diferentes.

Um introvertido pode ser facilmente incompreendido, então às vezes ele acha necessário se explicar ou explicar o próprio comportamento, pois se sente como um intruso. Quando ele sente a necessidade de se afastar, vai precisar pedir um tempo, em vez de se retrair de forma unilateral, o que pode parecer outra rejeição. É bem provável que um introvertido precise brigar pelo direito de ser quem é. Quando seu par precisar que ele seja quem não é, o introvertido vai se sentir pressionado a ser falso para que possa ser amado. Um introvertido pode até mesmo se sentir tão solitário ou com tanto medo de ficar só que, para ter aprovação, aprende a agir como um extrovertido: o seu eu verdadeiro é introvertido, mas ele finge ser extrovertido, como um eu falso.

Parte do trabalho de se tornar saudável é conhecer a sua tipologia psicológica autêntica e então fazer escolhas que combinem com ela. Se somos introvertidos, precisamos de um trabalho que não exija contato direto com o público o dia todo. Se não conseguimos pensar rapidamente, precisamos pedir tempo para tomar uma decisão ou emitir uma opinião. De qualquer forma, reconhecemos que, como introvertidos, nós automaticamente precisamos ser mais assertivos do que a maioria das pessoas, mesmo que a assertividade não nos seja natural. O truque é encontrar um equilíbrio entre sermos assertivos e continuarmos fiéis a quem realmente somos.

Então surge a questão: se os introvertidos e os extrovertidos exigem respostas tão individuais no dia a dia, eles também são amados de maneira diferente? A tabela a seguir pode ajudar a responder:

Os cinco As	Como amar um introvertido	Como amar um extrovertido
Atenção	Mostrar consciência e lealdade que a pessoa não interprete como escrutínio ou invasão.	Observar frequentemente e ter um interesse ativo no que a pessoa está fazendo.
Aceitação	Validar a necessidade da pessoa para se distanciar sem considerar isso uma rejeição.	Mostrar que você está com a pessoa e sempre vai estar ao lado dela.
Afeição	Deixar que a pessoa sinalize que deseja qualquer tipo de proximidade.	Demonstrar o seu amor de forma frequente, tanto com ções quanto com palavras.

Os cinco As	Como amar um introvertido	Como amar um extrovertido
Apreço	Expressar gratidão e reconhecimento da bondade e disposição da pessoa para conviver com você.	Mencionar com frequência e, em ocasiões especiais, fazer uma menção especial do seu reconhecimento.
Admissão	Respeitar a necessidade da pessoa de ficar sozinha até que ela peça para passar um tempo com você.	Juntar-se à pessoa e compartilhar os interesses dela de alguma forma e com a maior frequência possível.
Atenção	Eu noto muita coisa, mas não sou muito de falar.	Eu noto as coisas e digo o que estou vendo.
Aceitação	Não fico julgando.	Quero ativamente que você seja você mesmo.
Afeição	Vou ficar próximo só quando me sentir pronto.	Adoro ter contato físico o tempo todo.
Apreço	Sinto apreço por você, mas demonstro apenas quando não é constrangedor nem exigido.	Demonstro meu apreço com palavras e ações que devem despertar uma resposta sua.
Admissão	Dou total liberdade para você e para o seu estilo de vida.	Quero incluir você em tudo que é importante para mim.

Como prática, talvez ajude responder às perguntas a seguir em seu caderno ou diário. Eu me aceito como sou? Aceito meu par como ele é? Posso responder que sim se não estou tentando mudar a mim nem ao outro. Eu aceito que tanto a introversão quanto a extroversão são tipologias legítimas? Posso responder que sim se não reclamo do estilo do meu par nem sinto vergonha do meu. Também posso reconhecer que eu talvez esteja em um dos extremos do espectro da introversão ou da extroversão e que tenho uma capacidade limitada para lidar com alguém do lado oposto?

RAIVA SAUDÁVEL

Conflitos despertam a raiva, que é uma emoção saudável. A proximidade desperta tanto a afeição quanto a agressão. E essa ambivalência, apesar de normal, pode nos despedaçar como cavalos puxando em direções opostas. A alternativa é aceitar os diversos sentimentos como um fato dos relacionamentos humanos. Em uma intimidade comprometida, posso sentir raiva de você e *ainda assim* amar você. Posso deixar você com raiva de mim sem precisar revidar. O verdadeiro relacionamento, dessa forma, inclui estar com a pessoa *e* ficar contra ela: "Você pode sentir raiva de mim e ter uma posição contrária à minha, mesmo assim sei que você ainda me ama. Eu posso fazer a mesma coisa com você. A raiva não nos possui; nós a sentimos. Ocorrências discretas de raiva não são capazes de confundir nem de obstruir o fluxo do nosso amor contínuo." Sendo assim, demonstramos raiva, mas com uma intenção amorosa.

Uma pessoa totalmente realizada é capaz de reconhecer e vivenciar todo o espectro dos sentimentos humanos. Dizer que somos incapazes de sentir raiva, por exemplo, é negar a inclinação à agressão que nos ajuda a lutar contra a injustiça no mundo. Quando tememos ou inibimos nossos poderes humanos, diminuímos a nós e aos outros. Se não somos capazes de sentir todas as polarizações das emoções humanas em sua totalidade e com segurança, como podemos vivenciar a serenidade que é tão necessária para a autorrealização? A serenidade é a capacidade de lidar com as emoções e as crises com integridade, tranquilidade e sanidade.

De forma consciente ou inconsciente, alguns de nós juramos lealdade ao deus da vingança. O ódio é a raiva presa no desejo de retaliação. As pessoas que odeiam e retaliam têm um senso de eu amedrontado e desgastado. O desejo de retaliação quando os outros nos ofendem está arraigado em nós desde a era das cavernas. Isso não é sinal de degeneração moral, mas uma reação natural e automática de sobrevivência a ameaças e abuso. Nosso trabalho é escapar dessa inclinação primitiva e avançar na nossa evolução natural. Aceitamos os fatos da natureza humana enquanto escolhemos não agir de acordo com eles. Nós nos tornamos seres humanos mais generosos quando encontramos formas de expressar a raiva sem machucar os outros. Essa resistência não violenta flui de uma consciência superior, e não do instinto, e torna o mundo um lugar mais atento, seguro e amoroso.

Quando somos adultos, podemos sentir e vivenciar sentimentos ou condições aparentemente contraditórios. Por exemplo, podemos ter um compromisso com alguém *e* manter limites pessoais; podemos ter um conflito com alguém *e* estar trabalhando nisso; podemos sentir raiva *e* ser amorosos. Independentemente das condições, somos capazes de nos sentir abandonados *enquanto* estamos comprometidos e demonstrando amor. Na verdade, podemos continuar amando durante qualquer adversidade, e isso constitui um exemplo tocante de como nosso psicológico trabalha para seguir um padrão espiritual. Ver os outros como bons ou maus é dividir o mundo entre os que despertam amor e os que despertam ódio. Internamente, nosso amor vai parecer desejo e nosso ódio vai esconder o medo que sentimos. Quando estamos confortáveis com a raiva, formamos um arco de conexão que nos faz sentir mais inteiros e perceber que os outros também o são. O que nos impulsiona e nos sustenta na intimidade é o amor que fica confortável com os outros sentimentos. A raiva é normal, e uma reação ocasional nunca cancela o amor. Nada cancela.

A raiva é desprazer e aflição em relação ao que consideramos injusto. Abuso é violência e violação. É possível distinguir a raiva do abuso. Eles até podem ser parecidos, pois são viscerais e envolvem vozes alteradas, gesticulação veemente, rostos vermelhos e contato visual intenso. Ainda assim, como mostra a tabela a seguir, existe uma diferença. Use-a como uma lista de verificação para examinar a forma como demonstra sua raiva. Você se relaciona com sua raiva de forma atenta, ou seja, dentro dos limites e sem um comportamento invasivo, ou é totalmente possuído por ela e perde o controle? Avalie a tabela sozinho e, depois, com seu par. Troquem informações sobre onde cada um de vocês se encaixa. Assuma o compromisso de conhecer essa tabela tão bem que vai se lembrar dela quando sentir raiva, fazendo uma pausa longa o suficiente para se lembrar de praticar uma raiva atenta, e não um abuso. Como regra geral, é recomendável praticar uma pausa como forma de se preparar antes de qualquer atividade diária comum. Fazer uma pausa entre um estímulo externo e sua própria reação faz com que suas escolhas sejam mais saudáveis, livres e responsáveis. Reações imediatas e inconscientes costumam surgir do medo e da ignorância e provocam sofrimento tanto em nós quanto nos outros. A ironia da raiva é que ela parece ser um fluxo de desabafo, mas, na verdade, é um bloqueio.

Raiva de verdade	*Abuso: o lado sombrio da raiva*
Expressão pessoal autêntica: o modo do herói.	Demonstração teatral: o modo do vilão.
É sempre atenta.	É estimulado pelo ego e preso nos mindsets.
Expressa um sentimento.	Torna-se uma explosão de fúria.
Pode ser expressa com um rosto vermelho, agressividade e voz alta.	Pode ser expresso com um rosto vermelho, ameaças e gritos.
Tem como objetivo um vínculo mais profundo e eficaz: uma pessoa com raiva se *aproxima* da outra.	Quer colocar a fúria para fora sem se importar com quem possa ferir: um abusador age *contra* a outra pessoa.
Diz "Ai!" e busca um diálogo aberto e vigoroso.	Só quer uma discussão acirrada e precisa ganhar.

Raiva de verdade	Abuso: o lado sombrio da raiva
Mantém a boa vontade o tempo todo.	Deseja o mal do outro.
É uma forma de assertividade que demonstra respeito.	É agressivo, constituindo um ataque.
Demonstra um amor mais duro que enriquece ou conserta o relacionamento.	Explode em maus-tratos brutos e danosos que colocam o relacionamento em risco.
Surge do descontentamento diante de uma injustiça.	Surge a partir de um senso de afronta a um ego ferido e indignado.
Foca na injustiça como intolerável, mas reparável.	Foca na outra pessoa como sendo má.
Informa o outro, cria uma atenção arrebatada, evoca uma resposta atenta.	Tem a intenção de ameaçar o outro e o repele.
Tem a intenção de comunicar, relatar o impacto do que o outro fez.	Tem a intenção de silenciar, intimidar, humilhar, atemorizar ou destruir o outro sem se preocupar com seus sentimentos.
Deseja que o outro responda, mas não exige isso.	Insiste que o outro lhe dê razão e diga que suas reações são justificadas.
Pede uma mudança, mas admite que o outro possa mudar ou não.	Mascara ou expressa uma exigência controladora de que o outro mude.
Pede que o outro se responsabilize e faz as pazes.	Culpa[1] o outro e se vinga.
É baseada em uma avaliação inteligente.	É baseada em um julgamento, fazendo do outro o errado.

---

1 A culpa é diferente de uma avaliação de responsabilidade. Na culpa, existe uma censura com a intenção de constranger e humilhar. A intenção é mostrar que alguém está errado. Na avaliação de responsabilidade, a intenção é corrigir um erro e restaurar o equilíbrio. Em uma vida adulta atenta, não se deve culpar ninguém, e sim considerar todos responsáveis.

Raiva de verdade	Abuso: o lado sombrio da raiva
É baseada na questão presente e é expressa de forma nova a cada incidente.	Costuma acumular questões passadas não resolvidas e uma raiva deslocada, que aumenta de intensidade a cada novo incidente.
Tem alguma perspectiva, sendo capaz de distinguir entre questões menores e maiores.	Está preso ao calor do momento e explode de forma exagerada, não importando o tamanho da provocação.
Coexiste com outros sentimentos.	Obstrui todos os outros sentimentos.
Assume a responsabilidade pela própria angústia.	Culpa o outro pela própria angústia.
É não violento, mantém o controle e permanece dentro de limites seguros (controla o temperamento).	É violento, fora de controle, sarcástico, punitivo, hostil e vingativo (não controla o temperamento).
Libera energia e volta ao repouso.	Desvia a energia e cria um estado contínuo de estresse.
É breve e termina com um senso de conclusão (uma chama).	É contínuo e se transforma em ressentimento, ódio, rancor ou amargura permanente (um incêndio).
Inclui pesar e reconhece isso.	Inclui pesar, mas mascara isso com invulnerabilidade fingida ou negação.
Acredita que o outro é o catalisador da raiva.	Acredita que o outro é o causador da raiva.
Trata o outro como par.	Trata o outro como alvo.
Origina-se no ego saudável e o estimula.	Origina-se no ego arrogante e nele se perpetua.
Coexiste com o amor e o empodera: destemido.	Cancela o amor em favor do medo: base no temor.

Raiva de verdade	Abuso: o lado sombrio da raiva
Todas essas são formas de abordar, processar e resolver.	Todas essas são formas de evitar o próprio pesar e a própria angústia.

O amor pode coexistir com a raiva quando incluímos os cinco As na forma de demonstrá-la. Por exemplo, demonstrar raiva de forma atenta em relação à reação de alguém significa modulá-la para que o outro possa recebê-la de forma segura. Ao fazer isso, também estamos levando em conta e aceitando os limites do outro. É uma forma de afeição que permite ao outro se abrir para o que estamos sentindo. Na verdade, todos os sentimentos se tornam mais seguros quando expressos no contexto dos cinco As, que são formas de apoio emocional. Faça as perguntas a seguir ao seu par e sugira a ele que as faça para você também.

Eu tenho o direito de sentir raiva. Você me aceita como alguém que pode sentir raiva?

Tenho o direito de expressar abertamente a minha raiva. Você é capaz de admitir isso?

Quando estou com raiva, tento transmitir para você que existe algo me incomodando. Você consegue prestar atenção no que me deixou com raiva?

Vou continuar amando você mesmo quando eu estiver com raiva. Você consegue continuar me amando enquanto estou com raiva de você?

Meus sentimentos despertam compaixão e atenção em você ou eles ativam o seu ego para que me ridicularize, demonstre desdém ou fuja de mim?

Se este for o caso, como posso estar presente nesses momentos de forma que eu me sinta seguro para ficar e resolver as coisas de forma respeitosa?

A agressão passiva (ou seja, expressar a raiva de forma indireta) não tem lugar em relacionamentos adultos. Analise seu estilo de relacionamento na tabela a seguir e se pergunte se você se envolve em comportamentos indiretos. Caso faça isso, admita esse fato para si mesmo e para alguém em quem você confia e que possa lhe ajudar a fazer um plano para corrigir o comportamento.

Expressar a raiva de forma direta	*Expressar a raiva de forma indireta*
Discordar abertamente ou dizer o que incomoda você, expressando seu desagrado em relação ao que está para acontecer ou ao que já aconteceu.	Não cumprir os acordos ou mensagens.
Abordar, processar e resolver seus sentimentos.	Provocações/atrasos. Ficar de mau humor, fazer tratamento de silêncio, fazer birra ou desaparecer. Tecer críticas/desenterrar coisas do passado. Não transar ou usar a infidelidade como arma. Antagonizar. Fazer piadas ou pegadinhas. Ridicularizar ou fazer comentários sarcásticos. Enganar e prejudicar o outro pelas costas. Parar de proporcionar os cinco As.

Prática

NAVEGAR POR RESSENTIMENTOS E AVALIAÇÕES SEM MÁGOAS | Expressar ressentimento e avaliações de forma diária e direta um para o outro sem dar um feedback. Por trás da maioria dos ressentimentos existe uma exigência implícita. Identifique a sua em voz alta. Por trás da maioria dos sentimentos de apreciação existe um desejo implícito de mais do mesmo. Admita isso em voz alta.

Pares que são amorosos de forma atenta nunca engajam, de modo consciente, em comportamentos que magoam um ao outro. Eles se policiam e prendem os ladrões que estão sempre tentando roubar o vulnerável baú dos tesouros da intimidade: o ódio, o sentimento de vingança, a violência, a ridicularização, os insultos, as mentiras, a competição, a punição e o constrangimento. Nós perguntamos um ao outro como estamos nos saindo em relação a isso.

DEFENDER-SE DO ABUSO | Nenhum relacionamento deve tirar sequer um dos direitos humanos. Um relacionamento de verdade não vem com custos. Um relacionamento no qual um dos pares está sempre buscando a aprovação do outro é uma relação de pais e filhos, e não uma relação entre dois adultos. Em um relacionamento adulto, porém, podemos deixar de lado nossas poses, nossas tentativas de estar sempre bem para merecer o amor. Somos amados exatamente do jeito que somos.

Além disso, quando vivemos como adultos, qualquer um pode nos odiar, mas ninguém pode nos ferir. Recusamo-nos a nos tornar vítimas de abuso; em vez disso, nós nos defendemos: "Você parece me odiar, e sinto muito pelo sofrimento que isso causa a nós dois. No entanto, quando você se aproxima de mim de forma violenta, é minha obrigação impedir que isso aconteça. Não vou permitir que você me machuque nem que seja abusivo; tudo o que lhe permito é que me diga como se sente." (A violência inclui injúrias e insultos, não apenas agressão física.) Diante de uma situação abusiva, recomendo uma abordagem de três passos: (1) defenda-se mostrando seu sofrimento e definindo seus limites; (2) fique com o seu par se ele se demonstrar aberto e responsivo; (3) saia de perto caso ele não se acalme.

Esses passos constroem intimidade porque contêm dois elementos cruciais:

- Demonstrar seu sofrimento enquanto você se defende mostra vulnerabilidade, mas não aquela que vemos em vítimas, e sim a que vemos em pessoas fortes.
- Afirmar seus limites significa que você os está mantendo e que está agindo com sinceridade.

Ficar com alguém não significa estar à mercê de abuso, mas se envolver para abordar, processar e resolver as questões. Permanecer ao lado de uma pessoa atormentada significa manter-se conectado com ela, mas sem permitir que lhe cause tormentos. Ficar constitui uma prática de mindfulness que envolve devoção à realidade do amor. Quando alguém que o odeia vê que você está em sofrimento e ainda assim não o abandona, ele pode confiar em você e acabar desistindo do próprio ódio. No entanto, ficar não é uma estratégia para fazer os outros mudarem. Ficamos por causa do nosso comprometimento de colocar o mindfulness antes da censura, e a compaixão antes do ego. Pagamos o ódio com amor, buscando a comunhão, não a retribuição. Se conseguimos uma proximidade com o outro, ficamos felizes. Mesmo que demore, continuamos presentes. Se fracassamos, então nós nos libertamos.

MEDIR A FELICIDADE | Se você está infeliz em um relacionamento, talvez ache que é culpa do seu par. Na verdade, porém, isso pode ocorrer porque você não acredita que tenha o direito de ser feliz. Considere os sinais listados a seguir acerca de tal crença. Quais afirmações se aplicam a você? Escreva por três minutos cada uma delas enquanto as vivencia. Depois, formule o oposto de cada afirmação sobre como ela pode se aplicar a você.

- Acredito que meu objetivo de vida não é aproveitar, e sim suportar.

- Os outros sempre vêm primeiro.
- A lealdade aos outros vêm antes da lealdade a mim mesmo: sou motivado por dívidas, história, culpa e pena.
- Sempre nego meu instinto de autoproteção.
- Não consigo falar sobre relacionamento nem mudar ou sair dele porque posso acabar magoando o outro. Digo para mim mesmo: "Criei fama, agora me deito na cama."
- Antes de impor meu poder ou satisfazer minhas necessidades, preciso fazer os outros felizes.
- Desde que eu faça meu par feliz, meu relacionamento é um sucesso.
- Estou disposto a permitir que meu par me magoe.

Se meus pais ou crenças culturais ou religiosas modelaram o estilo descrito nas afirmações acima, isso significa que elas ainda regem minha psique? Quando vou assumir a minha própria psique?

ABORDAR, PROCESSAR, RESOLVER | Assuma um compromisso consigo mesmo e com seu par de que você vai falar sobre todas as suas preocupações em vez de escondê-las ou desconsiderá-las. Abordar uma questão é tornar o implícito explícito. Isso inclui aquilo que aperta você por dentro ou aquele sentimento insistente do qual você nunca fala. Todos os sentimentos humanos são legítimos. Aceitar a validade de um ou outro sentimento é ouvi-lo com os cinco As, sem as defesas ou os argumentos do ego. Abordar uma questão, desse modo, é escolher ser mais amoroso, uma vez que é um comprometimento respeitoso para com a verdade um do outro.

Se você tem dificuldade de saber todas as implicações e nuances dos seus sentimentos, aqui está uma técnica fácil que pode ser útil. Escolha a palavra que melhor descreva o que está sentindo e procure-a em um dicionário de sinônimos. Leia para o seu par a lista de palavras apresentadas, comentando, depois de cada uma delas, se e como a palavra se encaixa. Por exemplo, você pode estar se sentindo frustrado, mas percebe que isso inclui um elemento de decepção lastimosa ou amarga e talvez reconheça que sua expectativa estava muito alta!

Processar uma questão significa explorar e trabalhar todas as implicações de um evento e as intenções por trás do comportamento dos envolvidos. Isso ocorre tanto com a atenção ao sentimento quanto com a busca por mudança. Aqui está uma técnica simples de três passos para processar os eventos: diga o que aconteceu de acordo com sua visão; expresse o que você sentiu na hora e como se sente agora; explore o que ainda precisa ser resolvido e acompanhe o desenrolar. Fazer isso diariamente faz com que você tenha menos problemas e, portanto, menor estresse.

A resolução começa quando você faz um trato para mudar um padrão de comportamento com o intuito de quebrar um ciclo disfuncional. Ele se completa quando um estilo novo e mais satisfatório de relacionamento se torna uma segunda natureza. Uma resolução completa é, em última análise, o resultado automático da abordagem e o processamento completos. Uma relutância em abordar, processar e resolver questões pode ser sinal de falta de esperança, ou seja, o sinal da morte de um relacionamento.

RELATAR IMPACTO | Qualquer atitude de nosso par que despertar algum sentimento em nós merece ser relatada, assim como o impacto que teve em nós. Dizemos: "Quando você fez/disse isso, eu senti isso." E o dizemos de forma atenta, ou seja, sem culpa nem expectativas; trata-se simplesmente de uma informação. Ninguém provoca um sentimento, mas as ações e as palavras são as catalisadoras dos sentimentos. O outro par ouve, sem oferecer uma solução imediata ou sem assumir um comportamento defensivo, e logo pergunta: "Do que você tem medo? O que você acredita em relação a mim ou a isso? O que você quer de mim agora?" Procure seu par e, por cinco minutos, faça essas perguntas um para o outro. Quando estamos comprometidos a trabalhar em nós mesmos, recebemos bem as perguntas levantadas neste livro e as informações sobre nós mesmos que descobrimos ao respondê-las. Você já está começando a recebê-las bem?

ENCONTRAR UM CENTRO | Acordos bem-sucedidos exigem responsabilidade. Em um relacionamento no qual um par é substancialmente mais responsável do que o outro, pode parecer que esse precisa fazer a outra pessoa mudar. Por exemplo, um dos integrantes do par pode sempre ser pontual em todos os compromissos e planos feitos pelo casal, não importando as circunstâncias. O outro pode ser indiferente ou irresponsável, não cumprir os compromissos e não ser confiável. O par altamente responsável pode culpar o irresponsável ou tentar consertá-lo, sem obter muito sucesso. Uma pessoa erra pelo excesso; a outra, pelo defeito. A virtude está no meio, no centro atento; e não em nenhum dos lados da linha de culpa. O objetivo de um dos pares é ser menos compulsivo, o do outro é ser mais responsável. Se apenas uma das pessoas fizer o trabalho e mudar, ela ainda pode aceitar a outra e vê-la com diversão e compaixão, e não com reclamações. Estar no centro faz com que nos sintamos bem, e temos menos necessidade de fazer os outros mudarem. Considere a tabela a seguir:

Um extremo irresponsável	O centro atento	Um extremo compulsivo
Não demonstra energia suficiente.	Tranquilidade.	Energia demais.
Pode perguntar qual é o motivo do seu comportamento.	Vê tudo o que acontece com uma ligeira diversão e compaixão sincera.	Pode culpar o par e se sentir desrespeitado quando este não consegue corresponder à sua definição de responsabilidade.

Você e o seu par são opostos em relação a isso? Se for o caso, como lidam com isso? Você insiste que o outro mude ou consegue ver e admitir quando algo é uma questão pessoal?

PROTEGER NOSSA ENERGIA | Faça, mentalmente, as perguntas a seguir a respeito de sua vida no momento. Estou em um relacionamento com alguém que tenta sufocar minha energia viva? (Nossa energia viva é aquela que quer nos iluminar de dentro para fora e iluminar o mundo por nosso intermédio.) Por que permito que alguém limite a minha energia? É um hábito da minha infância? Estou com alguém que esgota a minha energia? Estou com alguém que adora a minha energia e me encoraja a deixá-la fluir? Veja algumas sugestões que podem ajudar a acender sua energia caso ela venha a falhar:

- Desista de controlar os outros. Cada gota de energia que usamos para mudar os outros é retirada em dobro da nossa energia viva. Não somos controladores para evitar que coisas ruins aconteçam, mas para evitar o sentimento de pesar, raiva ou decepção.
- Pergunte o que você deseja 100% do tempo. Diga o dobro de "sim" para si do que diria de "não", mas esteja disposto a se comprometer.
- Escolha a reconciliação em vez de brigas constantes. Nunca retalie nem lance mão de um comportamento violento, não importa a provocação. É melhor corrigir as ações inadequadas dos outros com instrução e compaixão, em vez de com punição e retaliação.
- Confronte ou dê as costas para quem tenha comportamentos que visem deprimir, humilhar, controlar, abusar ou assustar você, não importa que vocês sejam muito próximos.
- Expresse sua criatividade; comece com um projeto que até então você só havia imaginado.
- Seja quem você é sexualmente. Com responsabilidade, é claro. Isso pode incluir realizar uma fantasia ou assumir um estilo de vida que você guardou dentro de si por muito tempo.

- Cultive um senso de humor, aprenda a brincar e veja graça nos eventos do dia a dia, no comportamento do outro e nas próprias reações.
- Tenha coragem na hora de se apresentar e mostrar suas decisões.
- Faça amizade com a natureza.
- Dance ou escreva poesia ou canções sobre sentimentos e os eventos da sua vida.
- Encontre uma alternativa quando deparar com um problema aparentemente intransponível. (A energia viva é alegria, e a alegria acontece quando encontramos alternativas para os pensamentos de se/ou.)
- Revele aquele segredo que só serviu para tornar sua vida mais complicada.
- Abandone todos os "sim, mas" que vierem à sua mente enquanto leu esta lista!

COMBINAR O QUE EU QUERO COM O QUE VOCÊ PODE DAR | Podemos serem exigentes para que nosso par corresponda ao que acreditamos ser expectativas razoáveis. Por exemplo, Jennifer vai se arrumar de última hora para um compromisso, em vez de ficar pronta com antecedência, como sempre é o caso de Roger. No entanto, Jennifer já mostrou no decorrer dos anos que ela não é como Roger. Na verdade, o estilo dela é sempre deixar tudo para a última hora. Roger, porém, está convencido de que sua parceira precisa fazer as coisas "da maneira correta". E, realmente, o senso dele do que é certo exige que os outros reduzam o nível de estresse dele ao mudarem qualquer estilo que o incomode.

Tudo isso o faz censurar e criticar Jennifer. A reação dele se tornou uma forma de se distanciar dela, como ocorre com qualquer expectativa que não é baseada em um acordo. Ele se irrita e pode até acreditar que Jennifer, às vezes, faça isso de propósito só para desrespeitá-lo. Roger toca no assunto de forma cada vez mais frequente e raivosa. Jennifer, de modo compreensível, considera isso irritante.

A alternativa saudável talvez seja Roger aceitar o fato de que o tempo de Jennifer para fazer as coisas é único e, desse modo, fazer uma afirmação de intimidade: "Jennifer é assim mesmo, e eu a amo." Quando aceitamos quem a pessoa realmente é, agimos em favor da intimidade em vez de contra ela. Quando nos reconciliamos com o que vemos como limitação do nosso par, estamos praticando a aceitação, um dos As do amor. Aceitar menos do que esperamos, mas de forma mais realista, reduz o estresse à nossa volta.

Os pares resolvem melhor as coisas quando se alinham à oração dividida em três partes: ter serenidade para aceitar o que não podemos mudar, coragem para mudar o que podemos e sabedoria para saber a diferença. Aplique isso com a personalidade das pessoas. Existem alguns traços em nós mesmos e nos outros que não vão mudar; a maioria, para dizer a verdade. Algumas até podem ser mudadas. Cabe a nós saber identificá-las no momento do conflito. Dessa forma, encontraremos a serenidade, pois vamos aceitar o que não podemos mudar. Nosso diálogo em relacionamentos se concentrará no que pode ser mudado. E é assim que conquistamos a sabedoria de saber a diferença.

Ao mesmo tempo, a pessoa que frustra o par por causa do horário também pode levar em consideração buscar, ao menos, fazer algumas tentativas de ser mais pontual. Isso constitui um ato de amor pelo par, uma vez que a forma como age é um gatilho de nervosismo para ele: "Já que um planejamento com antecedência e fazer as coisas com menos correria são coisas tão importantes para Roger, posso controlar meu estilo natural e, assim, deixá-lo feliz." Nesse caso, Jennifer tomou uma decisão pela proximidade sem grandes custos para si mesma e como um presente para a pessoa que ela ama.

NÃO PRECISAR SABER | A história de São Jorge lutando contra o dragão não é sempre a melhor metáfora para uma luta. A maioria dos dragões de hoje é sutil e psíquica. Alguns apresentam configurações confusas que precisam ser contempladas antes de serem compreendidas e depois confrontadas. Desse modo, nem sempre podemos confrontar nossas questões assim que surgem. A confusão é uma fase totalmente legítima da resolução. Talvez precisemos de um período de ambiguidade, incerteza e falta de clareza antes de vermos o que está acontecendo. Quando uma das pessoas do casal ou as duas estão confusas, é o momento certo para uma conversa atenta sobre a confusão. Isso não significa fixações ou tentativas de controle nem insistência de acabar com ela. A confusão tem vida própria. É como a massa do pão que precisa de escuridão para crescer e não pode ser apressada. A paciência é um ingrediente do pão e do amor. Se respeitamos nosso tempo e estado de espírito, crescemos na autoconfiança. O reverendo Sydney Smith deu essa maravilhosa sugestão no século XVIII: "Em momentos de depressão, faça pequenas incursões na vida humana, nada muito além do jantar ou do chá."

Façam as seguintes perguntas um para o outro. Vocês podem ficar juntos de forma flexível, controlando a própria tensão sem gestos prematuros para acabar com ela? Você consegue se relacionar com a sua tensão ou confusão, em vez de se sentir pressionado ou intimidado? Faça um comprometimento verbal para abordar e processar a questão só quando os dois estiverem igualmente prontos. Se vocês nunca estiverem prontos ao mesmo tempo, essa é outra questão que precisa ser abordada antes de se sentirem prontos.

Agora, considere as afirmações a seguir. Às vezes, é necessário permitir que eu sinta as coisas acontecerem sem fazer nada. Às vezes, guardar alguma coisa é mais importante para o meu crescimento do que colocar para fora. Isso, portanto, significa renunciar ao controle quanto aos meus sentimentos e conduzi-los para onde desejam ir ou ficar. Dessa forma, respeito meu próprio tempo e confio em mim mesmo. No seu caderno, cite alguns exemplos de quando renunciou ou não aos próprios sentimentos e respeitou seu próprio tempo.

FAZER UMA AUDITORIA | Um dos motivos por que nossa democracia funciona são os nossos sistemas de controle e avaliação. Da mesma forma, os relacionamentos também exigem esse tipo de auditoria e controle de qualidade para funcionarem bem. A busca por terapia para ajustar e resolver questões também ajuda. Assim como feedbacks acerca do seu relacionamento vindos daqueles em quem se confia. Você também pode fazer um check-up pessoal, uma verificação do "estado da união". Cada uma das pessoas do casal prepara uma apresentação que vai levar a uma conversa. Isso pode acontecer a cada três meses ou no início de cada estação do ano ou no aniversário do relacionamento, caso prefiram fazer isso apenas uma vez por ano.

Cada uma das pessoas do casal apresenta, sem discussão, sua visão de como as coisas estão. Isso pode ser feito usando um modelo de passado, presente e futuro. Primeiro, apresentamos o que vimos no relacionamento no passado, como nos sentimos em relação a isso agora e, finalmente, o que esperamos para o futuro. Em cada categoria, mencionamos nossas necessidades, nossos medos e nosso nível de confiança: como estavam, como estão e como esperamos que fiquem. Depois, podemos afirmar a experiência de cada um dos cinco As, como sentimos que estão acontecendo entre um e outro.

Durante todo o tempo, cada pessoa apresenta a própria visão sem ser interrompida. A conversa começa depois que cada uma acabar de apresentar, o que deve ser feito sem acusações nem críticas. Estamos ouvindo as palavras e os sentimentos sem interromper, compreendendo a necessidade e sem brigar. Estamos entusiasmados e abertos a qualquer mudança para melhor em todas as áreas.

Essa técnica só funciona quando as pessoas forem íntegras, altamente respeitosas, totalmente abertas e completamente dispostas a transformações radicais em si e no relacionamento. Se o ego estiver presente, tudo pode, sem dúvida, ir por água abaixo.

DISTINGUIR CONFLITO DE DRAMA | O conflito pode ser tratado com as ferramentas que estamos aprendendo a usar: abordar, processar e resolver. O drama não responde a essas ferramentas. Na verdade, são necessárias para ele uma programação espiritual e uma grande dose de trabalho pessoal. Use a tabela a seguir para ver onde você se encontra com qualquer questão que esteja enfrentando no momento. Liste os estilos à esquerda que mais lhe agradam, anote-os em forma de afirmações e prenda o papel em um lugar visível aos dois.

Conflito saudável	*Drama estressante*
O problema é colocado na mesa e o vemos em perspectiva.	O problema se torna maior do que nós dois; ficamos possuídos por ele e perdemos a perspectiva.
Exploramos a situação.	Nos aproveitamos da situação.
Abordamos a questão de forma direta.	Nos desviamos da questão ou a acobertamos.
Expressamos nossos sentimentos com calma, assumindo a responsabilidade por eles, sem jogar a culpa no outro ou fazer com que sinta vergonha.	Lançamos mão de injúrias para jogar nossos sentimentos um em cima do outro e nos envolvemos em demonstrações teatrais e dramáticas com a intenção de manipular, intimidar ou nos distanciar do outro.
Estamos em busca de uma forma de manter o relacionamento estável e não temos comportamentos violentos.	Explodimos, agimos de forma violenta ou nos afastamos de mau humor.
Mantemos o foco na questão do presente.	Usamos a questão do presente para desenterrar ressentimentos do passado que contaminam o processo do presente.

Conflito saudável	Drama estressante
Estamos comprometidos com um estilo bilateral ao processar questões e tomar decisões.	Um de nós toma uma decisão secreta ou unilateral.
A questão é resolvida com um acordo ou a mudança para algo melhor.	A questão permanece uma ferida aberta, causando muito ressentimento e estresse.
Nós dois estamos procurando uma forma de tornar nosso relacionamento melhor.	Um de nós precisa ganhar e ver o outro perder.
Discutimos de forma justa.	Usamos táticas desleais.
Admitimos a responsabilidade mútua pelo problema.	Estamos convencidos de que o problema é culpa do outro.
Estamos comprometidos em resolver as coisas, mas respeitamos o tempo do outro.	Insistimos que o problema seja resolvido de acordo com nosso tempo, sem tolerância para dar um intervalo se o outro precisar de mim.
Tentamos lidar juntos com uma questão, só nós dois.	Trazemos mais alguém ou mais alguma coisa como forma de distração (por exemplo, um caso extraconjugal, bebida).
Se necessário, buscamos ajuda na terapia ou em um grupo de apoio.	Recusamos ajuda ou a usamos como tentativa para justificar nossa posição pessoal.
Queremos que nós dois saiamos melhores desse conflito.	Queremos que o outro seja punido.
Deixamos de lado nossas fixações em relação ao resultado que queríamos em favor de uma resolução que seja boa para os dois.	Insistimos em resolver as coisas do nosso jeito.
Estamos cientes de todas as complexidades.	Só vemos o preto no branco.

Conflito saudável	Drama estressante
É aceitável concordar em discordar.	A ambiguidade é intolerável.
Notamos, espelhamos e sentimos uma compaixão profunda pela dor do outro.	Estamos tão presos em nosso próprio sofrimento que não vemos o sofrimento do outro ou pensamos "Bem feito, mereceu".
Admitimos se o nosso comportamento tiver alguma ligação com a nossa infância.	Batemos o pé afirmando que a questão a ser resolvida gira em torno inteiramente do aqui e agora.
Cada um de nós reconhece de que modo nossa sombra pode estar envolvida.	Enxergamos o lado sombrio do outro, mas não o nosso próprio.
Nosso conflito se baseia no amor e queremos demonstrar os cinco As.	Nosso drama se baseia no medo e *temos* que nos preservar e proteger o ego.
Estamos centrados no mindfulness.	Estamos distraídos pelos mindsets do ego.

CRIAR UM ESPAÇO PARA O PROBLEMA | Desenhe um círculo para fazer um gráfico de pizza. Escreva o problema que está enfrentando no meio do círculo, usando os termos mais simples possíveis, sem editar; por exemplo, "Meu par me deixou". Esse fato por si só já provoca uma tristeza profunda. Agora, considere como o ego interfere ao acrescentar o medo, a fixação em um resultado, a necessidade de controle, a culpa, a sensação de abandono etc. Todas essas são fontes adicionais de sofrimento desnecessário. Divida o círculo para demonstrar o tamanho variado de cada uma dessas fontes de sofrimento, dando uma indicação visível de como você está sendo distraído de vivenciar experiência pura, que se trata simplesmente do fato de que seu par foi embora. Agora desenhe o gráfico novamente apenas com a frase simples no meio e note o senso de espaço resultante. É assim que o mindfulness abre espaço em torno das nossas experiências para que possamos estar presentes naquilo e em nada mais. Isso, por sua vez, permite que soframos por causa de uma situação, uma perda, por exemplo, sem o sofrimento adicional de todas as forças centrífugas geradas por nossa mente.

DISTINGUIR NECESSIDADE DE CARÊNCIA | O que busco nos relacionamentos quando tenho carência de satisfação de necessidades na infância? O que busco quando tenho necessidades adultas? Responda às perguntas a seguir para se localizar em relação à tabela.

Uma criança carente diz	Um adulto saudável diz
Acabe com a minha solidão.	Seja meu par enquanto nós dois respeitamos a necessidade que cada um tem de às vezes ficar sozinho.
Faça com que eu me sinta bem.	Sou responsável pelos meus próprios sentimentos e não espero nem preciso me sentir bem o tempo todo.
Dê-o para mim.	Negocie comigo.
Nunca me traia, nem minta, nem me decepcione.	Aceito que você é passível de erros e procuro abordar, processar e resolver as questões com você.
Ajude-me a não sentir medo. Eu dependo de você.	Ajude-me a aprender a amar. Dependemos um do outro.
Satisfaça totalmente as minhas necessidades.	Satisfaça moderadamente as minhas necessidades.
Ajude-me a repetir cenários antigos e repetitivos de minha infância e de relacionamentos do passado.	Eu lamentei o passado, aprendi com ele e agora quero algo melhor.
Faça a vontade do meu ego.	Confronte e liberte o meu ego.
Exijo que você satisfaça 100% das minhas necessidades.	Espero que você satisfaça uns 25% das minhas necessidades.

Uma criança carente diz	Um adulto saudável diz
Estou em busca de estabilidade fora de mim mesmo.	Estou em busca de um lugar que honre e aprimore a estabilidade que tenho dentro de mim.

Faça as perguntas a seguir a si mesmo e anote as respostas em seu caderno ou diário. Quais foram os pares na minha vida que atraíram o meu eu adulto? Em quem penso quando estou me sentindo bem? Quais foram os meus pares que atraíram o meu eu criança? Em quem penso quando estou na pior? Você também pode se perguntar: quais dos meus hobbies agradam o meu eu adulto e quais alimentam a carência da criança que vive dentro de mim?

Se você está com dificuldade de encontrar sua voz adulta, o espelhamento da voz do pai/mãe/cuidador, conte sua história aos seus amigos. Você vai ouvir sua voz adulta na resposta deles. Isso acontece porque eles são mais adultos que você? Não, eles simplesmente não estão ensurdecidos pelos decibéis que distraem o seu eu adulto do seu drama.

ENXERGAR CLARAMENTE | É provável que as únicas questões que tratamos de forma direta, sem melodrama ou fortes reações, sejam aquelas que não têm nenhuma ligação com nosso passado. Admita para si mesmo que existe um elemento das suas questões mais pesadas que remonta ao seu passado. Em seu caderno, faça uma lista de algumas formas com as quais você talvez esteja mantendo seu passado vivo e como isso acaba sabotando seu presente. Emily Dickinson escreveu: "As formas que enterramos habitam,/ nossos quartos familiares".

Quando reagimos com intensidade ao comportamento ou às palavras de alguém, pode ser que estejamos agindo de forma adequada, ou talvez estejamos reagindo de forma exagerada. Quando isso acontece, é bom fazer uma análise com três elementos a partir das perguntas: "É o meu lado sombrio? É o meu ego? Tem a ver com questões da minha infância?"

Lado sombrio: nosso lado sombrio é aquele que renegamos, reprimimos e negamos enquanto o projetamos nos outros. Quando notamos outra pessoa fazendo algo que nós faríamos, mas não conseguimos admitir, pode ser nosso lado sombrio falando. Desprezamos ver no outro o que existe em nosso inconsciente. Nosso trabalho é ser **amigável** com esse lado sombrio ao reconhecer as nossas próprias projeções e reivindicá-las como nossas.

Ego: Como já vimos, o ego é **neurótico** e inadequado quando motivado pelo medo de não ser **aceito** ou pela retaliação arrogante ou por acreditar no próprio **merecimento**. Um ego ferido se demonstra nas seguintes falas: "Como se atreve a fazer isso *comigo?*", "Você vai se ver comigo!" ou "Você sabe quem *eu* sou?".

Questões da infância: Talvez **estejamos** reagindo a alguma questão pendente quando pensamos: *Você está replicando o que foi feito comigo quando eu era criança. Vejo que está recriando um cenário do passado que é muito controverso para mim. Estou reagindo diante de um estímulo do passado.* "Parece uma recordação", comentou Keats, falando da facilidade de escrever alguns versos de poemas. Quanto do que sentimos é exatamente assim? Transações que parecem estar acontecendo aqui e agora, mas que são lembranças do passado com esses três elementos. Use uma experiência recente que **estressou** você, despertando uma reação intensa de sua parte. Analise-a levando em conta o lado sombrio, o ego e as questões de infância, como descrevemos nesta prática. Em seguida, **admita** para a pessoa que incomodou você o que descobriu sobre a sua verdadeira motivação. Faça para si mesmo estas **perguntas**: estou chateado porque estou projetando meu lado sombrio **na** pessoa e vendo o pior de mim nela? Estou reagindo dessa **forma** porque meu ego arrogante está ofendido? Estou sentindo **tudo** isso porque alguma coisa da minha infância está ressurgindo? Essa mesma técnica é útil para explorar qualquer outra **atitude**, crença, reação, preconceito e motivos de sofrimento. **Assuma** um compromisso recorrente consigo mesmo para **fazer** uma análise procurando esses três elementos (lado sombrio, ego e questões de infância) dentro de você e para trazê-los para a luz.

Às vezes, agimos como se estivéssemos chateados, e não é nem o nosso lado sombrio, nem nosso ego, nem algo da infância. Às vezes, *chateado* significa algum pesar. Estamos tristes porque alguma coisa não saiu do jeito que queríamos, ou alguma coisa ou alguém nos magoou ou nos decepcionou. O pesar é uma reação que geralmente não reconhecemos, admitimos ou sentimos. Afinal, preferimos usar a raiva para encobri-lo. Por exemplo, podemos estar chateados porque nosso par não fala a respeito dos próprios sentimentos, então sempre precisamos adivinhar o que ele está sentindo. Podemos até reagir com raiva quando nossa verdadeira reação talvez seja de pesar por ele não conseguir se abrir nem ser sincero conosco. O sentimento que costuma ser mais disfarçado em um relacionamento é o pesar, então é útil procurar nele primeiro para encontrar nossa reação interior autêntica a estímulos dolorosos. Compartilhe seu pesar com seu par. Vocês podem se alternar para completar esta frase: "Eu me sinto triste quando você_____." Ao que você pode acrescentar: "E escondo minha tristeza com _____."

> *É o grande mistério da vida humana quando um pesar antigo se transforma em uma alegria terna e tranquila.*
> — Fiódor Dostoievski, *Os irmãos Karamázov*

6 | O MEDO APARECE, ASSIM COMO OS PERIGOS

Temi, porque estava nu, e escondi-me.
— Adão no Jardim do Éden, Gênesis 3:10.

A pior coisa do medo é o que ele faz com você quando tenta escondê-lo.
— Nicholas Christopher

RELACIONAMENTOS ÍNTIMOS NATURALMENTE despertam o medo. Nós tememos a intimidade porque tememos o que pode acontecer se demonstrarmos os cinco As e nos aproximarmos de verdade de alguém. O medo de intimidade é normal em um mundo incerto como o nosso. E, desde que não sejamos movidos nem paralisados por eles, os medos têm sua utilidade. *Mesmo que o medo me siga, nunca vai me guiar.* Tememos os perigos que acompanham um relacionamento: traição, mágoa, amor, confrontos de egos, confissões pessoais, abandono e sufocamento. Esses dois últimos são medos centrais em relacionamentos. Se você os sente, saiba que não está sozinho.

SUFOCAMENTO E ABANDONO

O medo de sufocamento ocorre quando, se alguém se aproximar demais, tanto física quanto emocionalmente, nos sentirmos sufocados ou perdermos nossa liberdade. Isso é o equivalente à atenção ou afeição em excesso e à não aceitação e admissão insuficientes. Se nos sentimos sufocados, dizemos: "Deixe-me em paz." O medo do abandono ocorre quando, se alguém nos deixa, ficamos tão desolados que tememos não sobreviver emocionalmente. E isso é o equivalente a uma perda de atenção, apreço ou afeto. Se tememos o abandono, dizemos: "Fique comigo." Em qualquer um dos casos, sentimos medo quando o poder parece "externo", em vez de estar dentro de nós. É quando nos sentimos presos em uma armadilha na qual somos controlados e estamos completamente nas mãos do outro.

Uma pessoa saudável pode sentir tanto o medo do abandono quanto o do sufocamento, embora um tenda a predominar sobre o outro em qualquer pessoa ou em qualquer relacionamento. É possível sentir esses medos sem nunca os chamar pelo nome nem conhecer sua origem. Além disso, como são lembrados e mantidos no nível físico, e não no intelectual, eles costumam ser imunes à força de vontade comum; parecem reações automáticas a estímulos autênticos. Por exemplo, um abraço pode parecer ameaçador para alguém que tem muito medo de se sentir sufocado. *Será que sou o guardião de um corpo em que cada célula mantém um prisioneiro andando de um lado para outro, preso por crimes que não cometeu?*

Nós alternamos continuamente entre a necessidade por proximidade e o medo disso. Na infância, talvez tenhamos sentido que nossa identidade corria risco se os nossos pais ou cuidadores nos sufocassem com atenção, apreço e afeto demais. Como resultado, sentimos medo de perder a nossa identidade e estabelecemos limites rígidos. Assim, rejeitamos abraços, dizemos não a exigências e nos escondemos de qualquer atenção. Desse modo, construímos um muro que nos mantêm bem longe do amor perigoso, mas, infelizmente, isso também acontece com qualquer outro tipo de amor. Quanto mais grave a rejeição, mais rigorosa é a retração. Compreender isso torna essa retração, tanto em nós quanto em outras pessoas, um gatilho para a compaixão.

O medo de sufocamento pode resultar da tentativa de um dos pais de nos usar de forma inadequada para satisfazer uma necessidade. Isso pode ter assumido uma forma de abuso, seja ele físico, sexual ou emocional. Posteriormente, já na vida adulta, a vítima de abuso na infância pode temer que alguém sinta qualquer tipo de necessidade em relação a ela, mesmo que seja uma necessidade adequada e vinda de outro adulto. O medo de abandono, por outro lado, pode ser rastreado até algo completamente inocente. Por exemplo, uma criança pode ter se sentido abandonada quando a mãe precisou ser hospitalizada por um tempo. As explicações para uma criança em geral não chegam ao fórum no qual os temores estão armazenados: o sentimento primitivo e celular de eventos que configuram a ausência como rejeição.

Realmente, algumas pessoas podem considerar qualquer ausência do passado como abandono. Elas não conseguem visualizar gradações no distanciamento humano, nenhum espectro entre um tempo sozinho e ir embora. Uma simples olhada em uma mensagem de texto no celular pode parecer, para elas, uma dispensa. Em uma situação parecida, Erik Erikson fez uma pergunta retórica: "Por que achamos que a pessoa se afastou, quando só olhou para outro lugar?" As pessoas que têm medo extremo de abandono ficam com raiva ao menor sinal de distanciamento. Elas podem reagir tornando-se controladoras, exigentes, zangadas ou críticas. Algo funciona como gatilho, e a pessoa reage com indignação. Adultos saudáveis, é claro, não vão permanecer muito tempo em relações assim sem buscar ajuda profissional para questões individualizadas, e só conseguem ficar quando estão recebendo ajuda e mudando as coisas. Às vezes, um relacionamento só dá certo à base de muito trabalho. Mais um comentário sobre o que discutimos neste parágrafo: quando reagimos à forma como nossos amigos ou pares se aproximam de nós, mostramos que somos vulneráveis aos sentimentos e às ações deles. Esse é um sinal de intimidade, e não de fraqueza. Quando fugimos, a intimidade também vai embora. Quando tentamos resolver as coisas, a intimidade pode crescer. Mas, quando ficamos apesar de as coisas não estarem funcionando, a codependência se estabelece.

Se, no passado, a proximidade foi associada ao perigo, ela pode continuar sendo uma reação de estresse pós-traumático. O medo de proximidade e sufocamento é sutil e vem de longa data. Só nos libertamos a partir de muito trabalho e quando praticamos várias e várias vezes para acabar com nosso medo. Fazemos isso ao permitir que a outra pessoa direcione o nosso amor, e não controlando quanto e como o demonstramos. Abrir mão do controle, dessa forma, é aterrorizante para alguém que teme a proximidade.

O que mais nos assusta pode não ser a proximidade em si, mas os sentimentos que esta evoca. Para alguém com medo de sufocamento, a proximidade coloca em movimento um ciclo antigo e familiar no qual a proximidade levou ao abandono ou ao abuso. E agora isso nos levou a acreditar, mesmo que em um nível celular e não necessariamente intelectual, que, se alguém se aproximar demais, essa pessoa vai nos abandonar ou ser abusiva.

Nós, seres humanos, aprendemos a nos concentrar em ser corajosos e fortes. Mas o medo que impede que sejamos fortes não importa tanto quanto o medo que nos impede de amar, já que o amor é a força mais preciosa dos seres humanos. Que possamos nos preocupar em ser mais amorosos do que qualquer outra coisa na vida.

APRENDENDO COM OS MEDOS

O medo não desejava se esquivar tanto quanto o amor desejava perseverar.
— Francis Thompson, "The Hound of Heaven"

Os vermes só gostam da maçã quando está madura. Da mesma forma, o medo costuma se mostrar exatamente quando amadurecemos. O fato de que o medo surge quando estamos prontos para abordá-lo, processá-lo e resolvê-lo o torna um passageiro clandestino e amigável. Se o programa descrito nesta seção funcionar para nós, então estamos prontos para transcender nosso medo. Se não funcionar, é um sinal para dar um passo atrás e trabalhar em nós mesmos de outras formas, a fim de primeiro ganharmos mais recursos internos para só lidarmos com o nosso medo depois, quando estivermos prontos. Se o programa não funcionar para você, não é motivo para sentir vergonha nem para se achar um fracasso; você só precisa reconsiderar o seu tempo. Trabalhar o medo pode nos beneficiar tanto espiritual quanto psicologicamente, pois sentimos compaixão em relação a nós mesmos quando percebemos que a nossa "profunda incapacidade de amar" não constitui um obstáculo intransponível, muito menos um egoísmo ou uma maldade, mas sim um hábito que aprendemos e podemos superar. Podemos adotar uma abordagem semelhante ao medo, acreditando que o que temos pode ser tirado de nós, e isso pode ser um princípio que rege toda a nossa vida, levando-nos a nos agarrar a tudo que temos com muita força. Talvez achemos que a mesquinharia pode ser causada pelo grande terror da perda. A compaixão pelas mãos que seguram a bolsa com força e um toque leve para que relaxem um pouco é mais adequado do que a censura e um tapa.

- O medo nos acompanha durante toda a vida; essa é a nossa condição humana.
- O medo às vezes nos alcança; essa é uma aflição ocasional.
- O medo nunca nos paralisa; esse é o objetivo do nosso trabalho.

Após muito trabalho, descobrimos que um número menor de forças da infância está em funcionamento dentro da gente e que mais escolhas adultas estão disponíveis. Também notamos mais flexibilidade na forma como lidamos com mudanças e transições. E não insistimos mais na perfeição em nosso mundo, em nosso par, nem em nós mesmos. As aproximações se tornam aceitáveis, e as preferências substituem as exigências. Questionamentos e discussões com a realidade se tornam reconhecimento e consentimento. Passamos a considerar as coisas que acontecem conosco ou a reação das pessoas em relação a nós informações valiosas, e não vereditos inalteráveis. Somos capazes de reformular nossas experiências dramáticas: "Ele me abandonou" se transforma em "Ele foi embora"; "Ela me sufoca" se torna "Ela me sobrecarrega"; "Fui traído" se torna "Fui enganado"; "Sinto-me vazio por dentro" se torna "Estou encontrando mais espaço dentro de mim".

> *É apenas no estado de completo abandono e solidão que vivenciamos os poderes úteis da nossa própria natureza...* Criança *significa o desenvolvimento em direção à independência. Isso requer um desapego das origens. Então, o abandono é uma condição necessária.*
> — Carl Jung, *O indivíduo moderno em busca de uma alma*

CIÚME

John Milton se refere ao ciúme como "o inferno do amante magoado". Mas podemos transformar isso em algo um pouco melhor, um purgatório, talvez, quando trabalhamos nele como se fosse um pesar. O ciúme é uma combinação de três sentimentos: mágoa, raiva e medo. Estamos magoados e com raiva porque acreditamos ter sido traídos. A possibilidade de perder uma fonte de cuidado e não ser capaz de encontrar outra é algo que nos amedronta e constitui a crença paranoica que torna o ciúme tão potente. O ciúme também está no limiar do pesar, o qual o nosso ego não nos permite cruzar. Assim, em vez de chorar de tristeza e medo, nosso ego arrogante, afrontado e possessivo entra na briga, e começamos a atacar e a jogar a culpa no outro. Enquanto declaramos nossa indignação em relação à traição, apresentamos um comportamento abusivo em vez de uma raiva saudável.

O ciúme movido pelo ego expõe nossa possessividade, nossa dependência, nosso ressentimento da liberdade do outro e nossa recusa de sermos vulneráveis. No fundo, sabemos que não somos realmente democráticos, não estamos de fato livres do velho estilo de propriedade hierárquica nos relacionamentos, não estamos realmente prontos para admitir o medo de enfrentar condições difíceis do relacionamento: abandono, sufocamento, traição etc. Nosso ego exige que nosso par nos salve: "Pare de fazer o que pode me causar pesar." Trata-se de uma reação perfeitamente normal no início. Mas, à medida que abordamos, processamos e resolvemos nossos verdadeiros sentimentos, vemos onde precisamos trabalhar. Reconhecemos nosso sofrimento, encontramos alguém para espelhá-lo e ficamos com ele até que seja resolvido. Nosso par talvez não seja capaz de nos ajudar. Mas terapia, amigos e sistemas de apoio podem nos ajudar a superar nosso ego para enfrentar nossa vulnerabilidade, a preciosa dádiva do amor humano.

O ciúme desafia nosso poder de nos manter abertos e centrados, sem culpa ou retração, em meio a uma rejeição. Passar por isso, em vez de simplesmente reforçar nosso ego, mostra o caminho para a maturidade e a libertação. Afinal, experiências como ciúme são as que nos fazem aprender a nos libertar para que possamos crescer. No começo, talvez odiemos as pessoas que nos obrigam a nos libertar. À medida que nossos sentimentos são resolvidos, porém, ficamos gratos por termos descoberto tanto sobre o nosso par e sobre nós mesmos. O ciúme mostra que não importa se acreditamos que somos invencíveis, pois, por dentro, na verdade, somos frágeis e infantis. O ciúme pode, desse modo, reduzir um ego, o que constitui um passo espiritual gigantesco.

Uma observação final sobre o ciúme, usando homens heterossexuais como exemplo. Eles podem admirar outras mulheres na presença das respectivas esposas ou companheiras, e isso pode causar sofrimento e ciúme desnecessários na parceira. Quando viram a cabeça para olhar a outra, isso pode parecer desconsideração e abandono. Um homem *é capaz* de controlar o olhar enquanto estiver na presença da esposa ou da companheira. A desculpa de "É mais forte do que eu" não é aceitável para um adulto. Temos o direito de olhar para o que existe dentro de nosso coração e poder olhar para quem achamos atraente, mas, na presença da nossa parceira, a melhor parte do amor e do carinho é manter o olhar à frente. Isso também se aplica a todas as pessoas e tipos de relacionamento, independentemente da orientação sexual.

INFIDELIDADE

O paradigma convencional é: "Se você joga de acordo com as regras, então merece um cônjuge fiel e um relacionamento estável." Esse tipo de promessa implica um senso de direito adquirido. Alguém que sempre foi fiel terá muitíssima dificuldade em lidar com abandono e infidelidade. O ego da pessoa se sente afrontado, podendo resultar em uma amargura frustrante e duradoura em relação ao par infiel: "Achei que ia receber um cuidado para sempre, e não que acabaria sendo deixada de lado por causa de outra pessoa." O sofrimento mais profundo provocado pela infidelidade pode nos atingir quando reconhecemos: "Ele tem os cinco As para dar, mas está dando para outra pessoa. Eu os recebi primeiro e vi enquanto iam desaparecendo. Esperei que aqueles As reaparecessem nele e, quando isso aconteceu, ele estava nos braços de outra pessoa."

A infidelidade é um pronunciamento público que nos obriga a enxergar a verdade do nosso relacionamento. Os triângulos se formam em nossa psique quando a díade está com problemas, quando não queremos desistir do par original, mas isso só torna o insuportável suportável. O terceiro vértice pode tomar a forma de um amante adulto, uma crise, um vício etc. Somos capazes de confrontar a questão diádica sem criar um terceiro vértice?

A infidelidade nunca é uma questão individual, e sim mútua. Não há uma vítima nem um bandido. O caso não é o distúrbio, mas sim um sintoma disso. Não é o amante que provoca o distanciamento, pois este só está sendo usado para conseguir tal distanciamento. A infidelidade parece apontar para o que a pessoa que trai não tem, mas, na verdade, pode revelar aquilo que tememos mostrar; por exemplo, vulnerabilidade, ternura, jovialidade, generosidade, impulsividade total no sexo. Um par frustrado encontra outra pessoa para colonizar o espaço vazio em vez de abordá-lo ou lamentar o vazio.

Para alguém que sente que não tem força para fazer isso sozinho, conseguir um amante pode ser a única forma de deixar o relacionamento, ou pode ser também uma forma de buscar satisfação para necessidades que parecem impossíveis de serem satisfeitas no relacionamento principal. É possível que eu busque a gratificação da minha necessidade por um ambiente acolhedor em minha esposa e minhas necessidades por excitação em um caso. Também é possível que satisfaça minhas necessidades de dependência no casamento, e minhas necessidades de dominação em um amante. Pode ser que eu encontre espelhamento de um sentimento ou potencial em um novo par, já que meu par atual não me oferece tais coisas. O novo par também pode evocar a parte positiva do meu lado sombrio: um potencial positivo oculto que talvez tenha permanecido inativo e não reconhecido.

Embora a infidelidade possa ser uma medida extrema e ousada para tornar um relacionamento tolerável, quando este parece ter se tornado insuportável e a intimidade parece impossível, é provável que as pessoas que evitam a intimidade com o par original continuem fazendo isso com o novo par. Além disso, a discrição e as restrições de tempo de um caso também tornam a intimidade impossível naquele relacionamento. Então, em última análise, dois amantes são menos que um. Afinal, em um triângulo, ninguém está oferecendo seu eu completo.

A infidelidade também traz os terrores do abandono na pessoa traída. Isso explica o sentimento de impotência e o sofrimento que podem ser tão excruciantes em quem foi deixado para trás. A impotência nesse caso significa a incapacidade de fazer alguém lhe dar os cinco As, e essa é a nossa pista para questões não resolvidas na infância. Em uma situação assim, ajuda muito trabalhar na terapia as questões e o pesar que nos perseguiram durante toda a vida e que agora estão apresentando a conta. Nós sentimos a infidelidade como uma metáfora para o que aconteceu muito tempo atrás ou que continua acontecendo: perda ou ausência dos cinco As. Assim que percebemos que nossa angústia não tem a ver com esse par e a escolha deste de nos abandonar, estamos no caminho para o nosso antigo material psicológico que aguardou nossa atenção e nos chama para trabalhar em nós mesmos. Desse modo, a traição por parte de um par pode se tornar o trampolim para o nosso crescimento pessoal real.

Em um rompimento ou uma crise de infidelidade, quando um par faz algo grande, como ir embora com outra pessoa, quem fica pode reagir fazendo algo igualmente grande, como começar um novo relacionamento. Para nós, é mais saudável quando uma coisa importante nos leva a dar uma boa olhada em nós mesmos, e não a uma grande reação ou represália. A retaliação é ótima para o nosso ego, mas *o reflexo de retaliação é um sinal de que o verdadeiro pesar está sendo jogado para baixo do tapete*. Além disso, um novo relacionamento não tem como começar de forma saudável quando está sendo usado para nos distrair da necessidade do pesar. Uma pessoa realmente saudável não vai entrar em um relacionamento conosco se perceber o que significa ser usado dessa forma.

No estilo da carência, saio de um par para outro, mantendo o primeiro como um "estepe", depois passo para um terceiro, tendo como "estepe" o primeiro e o segundo. No estilo adulto saudável, saio de um para nenhum e, enquanto estou só, trabalho na terapia, abordando, processando e resolvendo questões em mim com um plano de fazer mudanças. É um período incrivelmente profundo para autoconhecimento e cura. Términos que levam a uma exploração pessoal são dolorosos, mas produtivos para quem está comprometido com a própria evolução. E o mais maravilhoso de tudo é que um coração partido se torna um coração aberto. Será que consigo mantê-lo assim depois que ele cicatrizar?

Quando nosso par é infiel, é comum nos perguntarmos: "Como ele consegue partir para outra pessoa tão rápido? Ele esteve comigo por anos e agora, em um intervalo de apenas dois meses, eu não sou nada e a outra pessoa virou tudo!" Mas não é tão difícil entender: os sentimentos românticos dele por você podem ter sido apenas uma projeção do desejo dele por um par ideal. E agora ele fez essa projeção em outra pessoa. A nova ligação não tem a ver com você nem com a nova pessoa. Ele apenas está movendo algo dele mesmo, ou seja, a projeção, da mesma forma que uma lâmpada pode ser passada do lustre da cozinha para o do quarto. E o que esse novo par pode oferecer talvez nem corresponda à promessa inflada da projeção. Infelizmente, isso talvez seja uma coisa que ele não vai conseguir descobrir até ter desistido de várias outras coisas valiosas, como você, a vida que tinham juntos e seus filhos.

Também é bem comum que pessoas traídas ouçam: "Eu me apaixonei por outra pessoa e não sou mais apaixonado por você." Será que se apaixonar, nesse contexto, não significa apenas um apego que parece bom, que tem uma ressonância física de excitação e desejo sexual que fornece um senso de certeza o qual finalmente encontrou o complemento perfeito para si? "Não sou mais apaixonado por você" talvez signifique "Ainda sou apegado a você, mas a sensação deixou de ser boa".

Já o par que ficou para trás pode dizer: "Eu devia ser capaz de fazer o mesmo que ele e conseguir outra pessoa"; mesmo que o corpo diga: "Não consigo suportar uma coisa dessas." Esse é um treinamento dos anos 1960, a década do "amor livre", quando não era do nosso interesse o autocuidado adulto. Siga as informações do seu corpo, lembre-se de que um relacionamento tem a ver com honestidade e felicidade, e não com suportar o sofrimento.

Já a terceira pessoa do triângulo, referida como a amante ou a outra, pode provocar muito sofrimento no par traído. Uma prática espiritual profunda é decidir e resolver (agora?) nunca aceitar esse papel no futuro. Permita que alguém que já está em um relacionamento coloque um ponto-final nele, de fato, antes de se relacionar intimamente com essa pessoa; não acredite em meras promessas de rompimento. Esse é um comprometimento para agir de forma respeitosa e amorosa com outros seres humanos vulneráveis: não vou causar sofrimento a mais ninguém. Isso é a espiritualidade na prática.

Por fim, é importante dizer que a fidelidade é mais do que apenas monogamia. Ser fiel também significa resolver os problemas. Isso inclui não reagir à infidelidade com uma decisão final e uma separação, mas com uma exploração das implicações de tudo que aconteceu com o intuito de resolver as coisas, dando e recebendo uma reparação. Quando o caso termina, a fidelidade pode recomeçar, e os pares podem continuar juntos com perdão e uma nova energia para uma vida nova e melhor juntos. Para isso, é necessária uma ausência do ego, que pode ser mais fácil para os leitores deste livro após as práticas que levam a isso.

LIDANDO COM DECEPÇÕES

As expectativas podem acrescentar uma energia viva aos nossos empreendimentos e relacionamentos, nos ajudando a encontrar nossos pontos fortes em vez de permitir que nos satisfaçamos com o medíocre. Saúde psicológica não significa não ter expectativas, e sim não ser possuído por elas. Isso abre espaço para uma expectativa viva, ou seja, uma expectativa seguida por acordos que as satisfaçam ou uma aceitação das decepções como condição legítima da existência a ser recebida sem protesto ou culpa. A alternativa é o sentimento de merecimento do ego com seu mindset insolente de desejos e exigências.

A nossa vida interior é complexa e multifacetada, como uma paisagem vasta e variada que exige uma diversidade de experiências para cultivá-la. Às vezes, somos desafiados a caminhar e correr; outras, a ficar e nos sentar. A decepção é tão crucial para nossa vida interior quanto a confiança, do mesmo modo que o frio é tão necessário para a vida de um arbusto de lilases quanto é o sol. Quando Buda ensinou que a primeira nobre verdade é a insatisfação da vida, ele não estava sendo pessimista, apenas mostrando um ingrediente necessário em nossa humanidade em comum. Seres como nós jamais conseguiriam se manter floridos em um mundo tropical de satisfações ininterruptas. Precisamos de todas as estações do ano para concretizar a experiência humana completa. Só em um mundo com sombras é possível que nossa vida interior floresça. O desafio é a fidelidade implacável às estações da vida e à mudança. Isso inclui perdas, abandonos e términos, sejam estes escolhidos ou impostos. E, embora receber os cinco As seja gratificante, a decepção também pode ser "o caminho mais rápido para a iluminação", de acordo com um ditado tibetano.

Na complexa tapeçaria de uma vida inteira, muitos fios desgastados de decepção saem do nosso coração; alguns são quase imperceptíveis. Podemos vivenciar uma decepção grande e esmagadora em relação ao nosso par ou ao nosso relacionamento em alguns momentos, ou muitas pequenas decepções ao longo do caminho. A decepção é um tipo de perda, a perda do que esperávamos que fosse algo ou poderia ser. No fim das contas, é a perda de uma ilusão à qual estavamos apegados ou da qual dependíamos. A única coisa que pode se perder, no final, é a própria ilusão.

A decepção pode levar ao desespero, à ilusão de que não existe alternativa. Mas vivenciar a decepção de forma consciente é abraçá-la, aprender com ela e continuar amando; é aceitar que todos os seres humanos são uma combinação de contradições. Qualquer um pode agradar ou desagradar, conseguir ou fracassar, satisfazer ou decepcionar. Ninguém agrada o tempo todo, mas ainda assim não desistimos de acreditar na capacidade que todos têm de amar.

Projeções a respeito da perfeição e da confiabilidade de alguém caem por terra à medida que crescemos e chegamos ao mundo real. Quando Dorothy viu que o Mágico de Oz era um velhote charlatão, mesmo que tivesse boas intenções, ela sentiu uma profunda decepção, mas aquele foi um momento de virada de chave em sua jornada para aprender a confiar em si mesma. O cachorrinho que puxou a cortina mostrou a ela que a única magia confiável era a dela mesma, não a de outra pessoa. (Em geral, é a nossa parte instintiva e animal que faz essa descoberta.) E, como Dorothy aprendeu, não havia abas nas quais se agarrar nem atalhos para o cume nem padrinhos para fazer as coisas em seu lugar. A decepção foi um passo necessário no caminho para a vida adulta — ou seja, tomar conta de si mesma enquanto dá e recebe apoio de outras pessoas.

Todos nós podemos aprender com Dorothy que ver os "pés de barro" de alguém pode nos ensinar muito mais do que "se sentar aos pés da pessoa". A decepção é uma "desilusão", ou a libertação de uma ilusão, projeção ou expectativa. Tudo que resta é o mindfulness. *Para alguém que me decepcionou, posso dizer: "Agradeço por me libertar de mais uma das minhas ilusões."*

Quando Dorothy percebe que não há nenhum mágico, ela aprende que existem coisas que não podem ser obtidas: o que eu tinha certeza de que estava aqui não está. Vou ter que fazer por conta própria. É exatamente isso o que aprendemos no fim de um relacionamento. A decepção foi tudo de que Dorothy precisou para encarar um fato da existência: eu, sozinha, assumo toda a responsabilidade por mim mesma. Os outros, ou seja, os três amigos e a bruxa boa (companhias terrenas e espirituais), até poderiam ajudá-la, mas apenas Dorothy poderia bater os calcanhares com o sapatinho para ter acesso a seu poder.

A decepção nos fortalece, pois nos ajuda a aprender a localizar e confiar em nós mesmos enquanto ainda nos relacionamos com um par. No entanto, quando só nos leva ao arrependimento por nos sentirmos idiotas por amar nosso par ou quando nos leva a culpá-lo por ter fracassado, ela também pode tirar nosso poder. Esse senso de traição nos coloca em um papel de vítima. O arrependimento como reação à decepção tira ainda mais o nosso poder: "Se ao menos eu não tivesse entrado nessa" ou "Se ao menos eu tivesse feito tudo diferente, talvez ele não acabasse me traindo". O arrependimento se torna vergonha e a vergonha impede que vivenciemos totalmente a nossa decepção: percebê--la, lamentá-la, crescer por causa dela. Como este livro já disse várias vezes, o crescimento é necessário para que qualquer experiência humana seja de fato completa.

Desse modo, quando nos decepcionamos, precisamos trabalhar em nosso pesar. No entanto, outras pessoas também podem nos ajudar. Se alguém compreende a decepção ou qualquer outro sofrimento nosso e demonstra empatia, isso nos reanima e nos reconforta. Receber atenção e aceitação dessa pessoa é mais poderoso do que uma gratificação. Veja a seguir um exemplo de como a empatia pode ajudar a processar uma decepção interpessoal.

> ELE: Sei que decepcionei **você** quando não a defendi na festa ontem à noite. Isso está me incomodando o dia todo. Não **paro** de ver a mágoa no seu rosto e sinto muito por **não** ter te apoiado. Eu me sinto assim a vida toda em relação aos outros, e sei como pode ser solitário. Estou aqui para você agora e quero compensá-la.

> ELA: Obrigada. Sinto-me **segura** com você porque este é um relacionamento no **qual** posso demonstrar minhas necessidades e **meus** sentimentos. Percebo como eles são **satisfeitos** com atenção, apreço, aceitação, afeto e **admissão** para que eu seja quem realmente sou **no** momento. Confio que posso reviver ao seu **lado** minhas necessidades e meus desejos antigos **sem** exigir que você os satisfaça perfeitamente. Você me mostrou que é

possível tentar de novo e moderar minhas necessidades de acordo com o que adultos podem dar para outros adultos. Sinto tanta admiração e esperança, porque você tornou isso possível para mim com você, e também quero lhe oferecer isso.

Sim, é assim que nos expressamos após muito esforço em um trabalho que só é concluído quando há uma dimensão espiritual da compaixão.

A história de Katrina exemplifica não só a decepção, mas também como sair dela. Katrina nasceu na Europa Oriental e mora nos Estados Unidos há sessenta anos. Foi casada com Robert por 45 anos e recentemente cuidou dele durante a longa luta contra o Alzheimer. Agora, aos 65 anos, Katrina se sente traída e zangada. Nunca se sentiu amada por Robert, que teve diversos casos extraconjugais e decidiu unilateralmente parar de transar com ela quando Katrina fez quarenta anos por "não a achar mais atraente". Ela percebe agora que ele só a queria para ser mãe dos filhos dele e cuidar da casa. Suas crenças culturais a prepararam para esse tipo de vida, na qual as mulheres são proibidas de ser algo além de donas de casa e mães exemplares ou de esperar amor e respeito, que dirá igualdade de direitos. Desse modo, Katrina é uma viúva enlutada, mas não pelo falecido marido, e sim por tudo que perdeu durante todos aqueles anos. Ela, na verdade, está passando pela síndrome do estresse pós-traumático, no sentido de que finalmente está sentindo o que se impediu de sentir tantos anos atrás. Agora que Robert faleceu e ela não tem mais obrigações específicas, não tem mais nada para distraí-la da realidade de sua vida vazia e roubada.

O acordo que Katrina fez no casamento não incluía ser amada, apenas ser cuidada por um provedor. A religião dela, que apoiou o casamento, lhe conferiu conforto, mas também a manteve presa naquele modelo de servidão. Agora Katrina não tem nada além de lembranças e sentimentos, e eles a amedrontam. Mas, se ela for capaz de aceitar esses sentimentos, amar a si mesma e perdoar o próprio passado, será capaz de viver o resto de sua vida sem amargura. O trabalho de lamentar o passado torna isso possível, uma vez que envolve sentir de forma plena e se libertar, também de forma plena. Talvez Katrina consiga buscar novos objetivos que finalmente reflitam suas necessidades e desejos mais profundos. Ela pode se reinventar em vez de simplesmente gerenciar a velhice até o dia de sua morte, como muitos amigos dela estão fazendo. Katrina realmente foi enganada, mas, se conseguir investir, finalmente, em si mesma, ainda pode tirar algum proveito da vida.

Os relacionamentos mais poderosos são aqueles nos quais cada um ergue o outro ao patamar mais elevado do próprio ser.
— Teilhard de Chardin

Prática

LIDAR COM O ABANDONO E O SUFOCAMENTO | Localize onde você se encontra na tabela a seguir.

Medo do abandono ("O perseguidor")	*Medo do sufocamento* ("O distanciador")
Não consegue se afastar facilmente quando o par precisa de espaço.	Não consegue assumir facilmente um compromisso quando o par precisa de segurança.
Fica fixado ou parece não conseguir contato nem validação suficiente: um estilo ansioso e ambivalente.	Distancia-se ou parece não conseguir espaço suficiente: um estilo ansioso e esquivo.
Dá atenção, aceitação e admissão em excesso.	Faz pouco caso das atenções do par ou se sente sufocado por elas.
Compartilha de boa vontade os sentimentos e as informações.	Guarda segredos ou tem uma vida secreta e pode ficar zangado ao ser questionado a respeito.

Medo do abandono ("O perseguidor")	Medo do sufocamento ("O distanciador")
Cuida melhor do par do que de si mesmo.	Sente-se merecedor dos cuidados que recebe, sem reciprocidade.
Sente que nunca consegue dar o suficiente.	Considera dar e receber algo sufocante ou obrigatório.
Acompanha a programação do par.	Insiste em estar no controle e tomar as decisões.
Não tem limites claros e tolera abuso, infelicidade ou infidelidade.	Mantém limites rígidos e não tem nenhuma tolerância para abuso, deslealdade ou deficiências.
É viciado no par e dá cada vez mais.	Seduz o outro e depois se retrai.
Deseja ardentemente uma afeição contínua e demonstrações de afeto.	Fica constrangido ou zangado com demonstrações de afeto.
Sente-se encorajado pela exuberância de um par.	Sente-se desencorajado pela exuberância de um par.
Pode se dar por satisfeito com sexo como prova de amor ou usá-lo para obter um senso de segurança.	Pode usar o sexo frequente como forma de substituir a proximidade ou recusar o sexo para manipular.
Pode desistir de limites sexuais adequados para agradar ao outro e ficar vulnerável contra a predação.	Pode usar o distanciamento sexual ou falta de interesse como forma de manter a independência, uma defesa contra a vulnerabilidade.
Precisa que o par seja um companheiro constante ("Fique comigo").	Precisa que o par permaneça no lugar enquanto ele/ela vem e vai ("Deixe-me em paz").
Busca conexão e proximidade.	Busca conexão, mas não proximidade.
Sente-se perdido sem a presença de um par.	Fica ansioso com a presença prolongada do par.

Medo do abandono ("O perseguidor")	Medo do sufocamento ("O distanciador")
Racionaliza, ou seja, cria desculpas.	Intelectualiza, ou seja, substitui sentimentos pela lógica.
Demonstra medo, esconde a raiva.	Demonstra raiva, esconde o medo.
Pisa em ovos, sempre se comprometendo.	Age de forma hostil, cria confusão ou brigas para estabelecer distância.
Sente angústia em relação às idas e vindas.	Sente angústia em relação a dar e receber.
Permite que as necessidades se transformem em carências.	Transforma necessidades em expectativas.
Parece estar sempre procurando o outro, o que pode parecer amor, mas, na verdade, pode ser medo.	Parece ser frio, o que pode parecer falta de amor, mas, na verdade, pode ser medo.
Talvez seja o que mais provavelmente vai embora!	Talvez seja o que note os temores de abandono surgindo quando for deixado![1]

A coluna da esquerda pode indicar estilos codependentes e limítrofes; a coluna da direita, o estilo narcisista.

USANDO A "ABORDAGEM DOS TRÊS PASSOS" AO MEDO | 1. *Admita* que você teme o abandono ou o sufocamento, ou ambos, quando apropriado. Admitir os medos é uma declaração e uma revelação para si e para os outros. Isso significa nomear seus medos sem culpar ninguém. Lembre-se de que, se você se sente amado quando ou porque alguém fica com você, então o abandono o afetará de forma mais séria porque terá o peso extra de tirar um amor necessário que lhe é significativo. Admita isso para si mesmo e para o seu par se isso for verdade.

---

1 Subjacente ao medo do sufocamento existe o medo da rejeição.

2. *Permita* que os medos surjam, sinta-os totalmente, sem julgamentos e sem considerá-los ruins. Crie intimidade com seus sentimentos, permitindo-se senti-los por completo. Isso não significa se identificar com qualquer sentimento específico nem negar qualquer um deles, mas permitir que um deles emerja para só liberá-lo depois de ter se apresentado completamente. Essa intimidade com os próprios sentimentos legitima-os e nos liberta.

Permitir o medo é senti-lo por completo, é tremer, suar e estremecer se for necessário. Também é convocar a parte adulta do seu eu para abraçar e acolher sua criança interior. Você pode desmoronar e, *ao mesmo tempo*, se consolar. Isso significa permitir o medo sem descontá-lo em outra pessoa ou deixá-lo acabar com sua autoestima ou levar você a um vício. O medo faz parte de você e, como tal, pode receber os cinco As. Sendo assim, ele revela que tem sabedoria e propósito. É desse modo que o paradoxo da prática se resolve e a libertação se torna possível. *Tolerar o desconforto do medo é a única forma de dominá-lo.*

Quando começamos a sentir medo ou melancolia, podemos nos perguntar o motivo e tentar fugir disso. Mas talvez seja um exemplo da sincronicidade, uma coincidência significativa de um estado de sentimento e uma nova transição sendo trazida para a nossa consciência. Portanto, o sentimento incômodo pode ser como uma coruja que, de repente, pousou em nosso carvalho, parecendo ter a intenção de ficar ali por um tempo. Ela veio porque notou muitos insetos em nosso jardim e os considera presas. A coruja, que pode nos parecer uma presença sombria, está ali, na verdade, como uma aliada. Um sentimento arrebatador e não solicitado pode ser exatamente isso. O estilo atento é deixá-lo pousado para fazer o que ele faz. Gradualmente, começamos a notar as dádivas resultantes.

De acordo com os ensinamentos budistas, nós alcançamos a satisfação não por indulgência de desejos, mas pela renúncia do apego. Desse modo, a disciplina espiritual mira diretamente em nossos medos de abandono. Pratique isso em uma meditação atenta ao embalar a criança apegada que existe dentro de você sem qualquer tentativa de julgá-la, consertá-la ou mudá-la, enquanto a mantém nos braços. Isso significa não desistir de si mesmo.

Da mesma forma, planeje ser mais sensível em relação às muitas formas como você abandona os outros em termos emocionais. Encontre formas de permanecer ao lado das pessoas mesmo nas mágoas delas, mantendo-as em um abraço, principalmente se as suas próprias mágoas tenham sido o motivo da mágoa delas. Embalar a si ou aos outros significa criar um ambiente acolhedor, o cenário perfeito para que o crescimento ocorra. Na verdade, encontrar um ambiente acolhedor que honre e nutra nossas necessidades é o objetivo da evolução pessoal. Da mesma forma, o objetivo da evolução universal é que o mundo inteiro, em cada canto e em cada momento, se torne um ambiente acolhedor.

Veja, a seguir, algumas afirmações que podem ajudar: *Permito-me sentir medo. No momento, lido com ele ao abraçá--lo para, depois, deixá-lo passar. Envolvo em um abraço tanto o meu medo quanto o meu poder. Quando abraço dessa forma, sinto mais compaixão pelos outros. Que as minhas forças auxiliares (anjos, bodisatva etc.) estejam comigo enquanto enfrento meu medo, vivo através dele e o liberto. Que todas as pessoas que amo e aquelas que acho difíceis enfrentem o próprio medo e se libertem dele. Eu me uno à intenção amorosa do universo. O universo que embala a todos nós, sempre e para sempre.*

3. *Aja como se* você não tivesse medo, ou seja, como se o medo não fosse mais capaz de paralisar nem motivar você. Dessa forma, se teme o abandono, arrisque-se a admitir que o outro se afaste por um minuto a mais do que você pode suportar. Apegue-se um minuto a menos do que sente necessidade. Se teme o sufocamento, admita que o outro se aproxime um pouco mais de você do que lhe é suportável. Fique um minuto a mais do que você sente necessidade. Ao agir assim, você está brincando com o seu sofrimento, um dispositivo de cura que

costuma ser negligenciado por aqueles de nós que levam as coisas a sério demais.

Cada um dos três passos nesta prática encoraja a mudança individual. Mas, à medida que você olhar mais profundamente, vai descobrir que cada um deles também propicia uma intimidade entre você e seu par. Peça ao seu par para considerar as seguintes sugestões: quando você admite que está com medo, o seu par pode permitir isso, recebendo a informação de forma aberta e respeitosa, ou seja, sem culpa, protestos ou tentativas de consertar ou fazer você parar. Isso significa *escutar de forma ativa*, ou seja, ouvir o sentimento intuitivo e não responder imediatamente com palavras de conforto. Ninguém consegue convencer a intuição a sair da própria realidade; a única coisa que podemos fazer é honrar a realidade dela. Então, quando você começar a agir para mudar as coisas, o seu par poderá respeitar o seu tempo, sem tentar apressar nem atrasar o processo. Um par que consegue se juntar a você dessa forma está genuinamente pronto para a intimidade. Pois, de fato, quando você expressa o medo, seu par pode abrir o espaço para que isso possa acontecer de forma segura. *"Abrir o espaço" significa que o seu par permanece com você no seu sentimento, enquanto demonstra os cinco As de forma generosa e paciente.*

RECEBENDO BEM A PROXIMIDADE | Nós não tememos a proximidade física porque tememos a proximidade em si. A maioria de nós deseja profundamente o contato físico com aqueles que nos amam. *Na verdade, tememos o que vamos sentir quando chegarmos perto demais. Desse modo, o verdadeiro medo está dentro de nós.* Esse medo não é algo reprovável, pois demonstra nossa vulnerabilidade mais profunda, a qualidade que nos torna dignos de amor. É irônico que escondamos o que nos torna mais atraentes — ou será que isso é um trabalho do nosso ego interior e enganador que inventou outra artimanha para se proteger da proximidade com outro ser humano?

Responda às perguntas a seguir em seu caderno ou diário. Como eu evito a proximidade com aqueles que amo? (Peça ajuda a eles para responder a essa pergunta.) Como o meu estilo se parece com o dos meus pais e com as formas como eles se relacionaram comigo ou um com outro durante minha infância? Consigo dizer isto para o meu par: "Se você me der espaço, vai ver o meu amor porque eu reduzo a tensão e o dou para você no meu próprio tempo e do meu jeito. Caso contrário, o melhor que você vai ter sou eu agindo por obrigação, e não pelo coração"?

ESTAR SOZINHO | Talvez deixemos o nosso lar de infância e entremos em outro lar, com outras pessoas, assim que embarcamos em um relacionamento com comprometimento ou quando passamos a morar com amigos. Isso pode privar a psique da solidão necessária para o desenvolvimento completo. Seres tão complexos como nós se afastam dos outros para explorar as profundezas de nosso caráter e destino. Precisamos de períodos regulares de solidão para nos reabastecer, localizar novas fontes de criatividade e autoconhecimento e descobrir possibilidades em nossa alma que permanecem invisíveis quando estamos acompanhados. É assim que descobrimos a nossa oportunidade evolutiva central, sejamos nós introvertidos ou extrovertidos. Responda a esta pergunta em seu caderno e, em seguida, converse com seu par a respeito dela: o nosso relacionamento inclui, permite e encoraja um tempo sozinho?

A terapia está completa quando uma criança consegue brincar sozinha.
— D. W. Winnicott

DINHEIRO É IMPORTANTE NOS RELACIONAMENTOS | Depois de repetidas experiências de abandono, uma criança aprende a abrir mão de bens emocionais e os substitui por apego a coisas materiais. Afinal de contas, brinquedos não são fontes de decepção. Mas será que continuamos fazendo isso na vida adulta? Usamos coisas para nos distrair e nos consolar quando nos decepcionamos com os cuidados que recebemos dos outros?

Em uma infância saudável, um bebê é embalado e reconfortado por um adulto de confiança para que possa vivenciar plenamente os sentimentos. Em uma fase posterior da infância, essa criança não vai buscar distrações e consolo em coisas materiais nem em vícios, mas na atenção e no conforto resultantes dos cinco As. Nós nunca perdemos o desejo/necessidade de um abraço quando choramos. Nunca superamos nossa necessidade por contato humano. Apenas aprendemos a esconder essas necessidades que desejamos ardentemente que sejam satisfeitas. Imagine a angústia fútil e o desespero escondidos dentro de nós.

Os pais ou cuidadores podem ter tentado demonstrar seu amor ao nos dar coisas ou fazer coisas, em vez de nos reconfortar e nos ninar. Posteriormente, em um relacionamento adulto, talvez acreditemos que o amor é somente isso, e podemos manipular as pessoas para que façam coisas para nós para provar o amor que sentem. Nada disso, porém, faz com que nos sintamos amados, porque nossa necessidade é insaciável e impossível de ser atendida, exatamente como qualquer necessidade da infância que tenha sido erroneamente trazida para ser satisfeita em um relacionamento adulto.

O dinheiro é usado como moeda de troca, uma forma de dar e receber, precisamente o que constitui a intimidade. Desse modo, é fácil que o dinheiro possa simbolizar o amor. À medida que nos tornamos saudáveis, o dinheiro se torna nada além de uma ferramenta para se viver e se proporcionar, deixando de ser um símbolo dos bens emocionais que não recebemos. Assim como uma vara de pescar, é algo que usamos para conseguir algo que desejamos. Depois, compartilhamos, com alegria e generosidade, o que fisgamos.

Em seu caderno, responda se você tem dificuldades de vender ou comprar, doar ou gastar, pegar emprestado ou emprestar, dever ou ficar devendo, ganhar ou economizar, pagar ou deixar pagarem, perder ou desperdiçar, contratar ou alugar, compartilhar ou receber algo compartilhado, receber um agrado ou dar um agrado. Você espera que seu par faça as coisas para você como um sinal de amor? Você funciona a partir de uma crença de escassez ou abundância? Verifique com seu par todas as respostas. Analisar como você lida com dinheiro pode fornecer informações a respeito de como você lida com a intimidade. Por exemplo, tentar conseguir alguma coisa grátis pode significar, em um relacionamento, que você provavelmente espera o comprometimento de um par sem que você mesmo o faça.

O ego narcisista floresce com o status externo. Desse modo, podemos usar nossas posses em uma tentativa vã de armazenar o que deveríamos ter recebido de nossos pais ou cuidadores, de nossos pares e de nós mesmos, ou seja, os cinco As. Carros são um meio de transporte, mas modelos lindos e de luxo trazem a promessa de que seus donos vão se sobressair como pessoas estilosas e atraentes. Roupas servem para aquecer e nos proteger, mas têm sido usadas até hoje para chamar atenção e passar a impressão de riqueza e classe.

Esses itens funcionais assumem significados inflados, mas um significado pleno e autêntico vem da alma, o poder do coração que transcende o ego. Viver de forma atenta não significa repudiar lindas coisas materiais, mas sim que não somos vítimas do jogo subjacente a elas. E, através dos enfeites, nós conseguimos enxergar quais são os verdadeiros e reais sinais de status na vida: virtude, integridade, generosidade e amor incondicional. Essas são as qualidades que tornam tudo que possuímos uma alegria brilhante e um meio de generosidade.

Considere suas posses e pergunte-se para que elas servem. Lembre-se de como tomou a decisão de comprar tudo o que tem — o carro, a casa, as roupas etc. Compare o cuidado que tem ao comprar com o cuidado que tem ao escolher as instituições de caridade para as quais doar. Discuta com o seu par. Qual é a virtude que está aguardando para ser praticada?

Por fim, é normal nunca conseguir integrar completamente as três áreas: sexo, dinheiro e comida. *Será que consigo encontrar compaixão dentro de mim pela minha história desordenada nessas três áreas?*

> *Dou-lhe meu amor de forma muito mais precisa do que o dinheiro.*
> — Walt Whitman

RESPONDER A AMEAÇAS E CIÚMES DO SEU PAR | Seu par pode se sentir ameaçado pela amizade que você tem com outra pessoa. Dentro do contexto de um vínculo íntimo com alguém, a afirmação "Sou livre para procurar relacionamentos" se torna "Sou livre para procurar relacionamentos, mas preciso planejá-los de forma cuidadosa e adequada em relação às reações do meu par".

Peça ao seu par para classificar o medo que sente em uma escala de um a dez, sendo o dez o maior medo. Se ele classificar o medo com uma nota igual ou maior que cinco, pelo bem do relacionamento, é uma boa ideia que você pare de fazer o que causa tanto temor a ele. E deve fazê-lo por livre e espontânea vontade. Por outro lado, se ele der uma nota menor ou igual a cinco, então continue a fazer o que tem feito e siga acompanhando. Ao mesmo tempo, seu par pode abordar a questão na terapia ou em conversas com você ou com amigos.

TORNAR-SE PROMOTOR DA PROXIMIDADE | Ninguém está se certificando de que o seu relacionamento vai sobreviver ou que sua proximidade vai aumentar. Você consegue concordar em formar um time com esse objetivo?

Na infância, os adultos tomam conta de nós. Na vida adulta, somos responsáveis por nossas próprias atividades. Cabe a nós pilotar nosso relacionamento para que ele continue em curso. Por exemplo, um par pode voltar a estudar e o outro pode passar muito tempo no trabalho. Nesse caso, os pares podem se afastar, colocando a intimidade em risco. Existe uma técnica simples que pode ajudá-los a ser padrinhos e supervisores que tomam conta para que a proximidade seja mantida. A técnica é se fazer esta pergunta a qualquer momento que entramos em um projeto: como podemos fazer isso de forma a nos tornarmos mais próximos? Em geral, a resposta inclui dois elementos: demonstrar os cinco As e compartilhar mutuamente o projeto de alguma forma.

Por exemplo, um dos pares quer voltar a estudar e o outro está disposto a trabalhar mais para ajudar a possibilitar isso. Os dois estão envolvidos no projeto e os sacrifícios de ambos podem ser reconhecidos. Afinal, o reconhecimento é uma forma de apreço. Além disso, a atenção acontece quando o par que está trabalhando faz perguntas acerca das atividades de estudo e o estudante demonstra um interesse genuíno no que está acontecendo no trabalho de seu par. O afeto acontece com o tapinha nas costas ou no abraço quando o par sai para a faculdade ou para o trabalho. A aceitação e a admissão acontecem quando um diz sim ao plano, sem ressentimentos, e o outro diz sim à necessidade do par de às vezes ficar sozinho, em especial no tempo que têm juntos. Por fim, costumamos ouvir bastante a respeito do medo de comprometer-se a outras pessoas, mas não notamos que talvez nós mesmos estejamos negligenciando o nosso compromisso. Assim, estressamos nosso corpo com uma agenda cheia de obrigações em casa e no trabalho. E, desse modo, uma extensão útil da prática apresentada é se perguntar: como posso assumir esta tarefa de tal forma que eu ainda cuide de mim? Isso não é egoísmo, e sim autocuidado.

7 | DEIXANDO O EGO DE LADO

Você está disposto a ser extinto, apagado, excluído,
feito nada?... Se não está, você nunca mudará de
verdade.
— D. H. Lawrence, "Fênix"

SE EM UM RELACIONAMENTO a preocupação dos pares é provar que estão certos, então é o ego que rege esse relacionamento. Se a preocupação é como fazer o relacionamento dar certo, então o amor cooperativo é seu regente. O ego, que significa "eu", é o principal obstáculo para a intimidade, que implica "nós". Na verdade, não existe um eu sólido separado. Somos todos interconectados e contingentes em relação uns aos outros.

Ego é a palavra convencional para o centro da nossa vida racional consciente. O ego é funcional quando nos ajuda a realizar nossos objetivos na vida. É esse ego saudável que permite que sejamos justos e testemunhas alertas sem a interferência dos mindsets intrometidos. É o nosso ego saudável que avalia a oportunidade ou o perigo e age de acordo com isso. É o nosso ego saudável que faz as escolhas necessárias para se viver de acordo com os nossos mais profundos valores, desejos e necessidades. Mais admirável ainda, o ego saudável aceita os paradoxos humanos: a mesma pessoa pode ser boa ou ruim, próxima ou distante, leal ou traidora, justa ou injusta, gentil ou grosseira, generosa ou carente. O ego saudável é a parte de nós que fez as pazes com todos os fatos do comportamento humano, por mais desagradáveis que sejam, e ainda mantém a capacidade de amar.

Felizmente, um ego saudável *evoca* os cinco As dos outros. Quando temos a coragem de compartilhar quem somos de forma única e livre, é provável que recebamos atenção. Quando nos aceitamos, sentimos orgulho de quem somos e, ao mesmo tempo, admitimos nossos erros, é provável que sejamos aceitos. Quando mostramos generosidade, compaixão e integridade, é provável que recebamos apreço. Quando oferecemos consideração e toque afetivo, é provável que recebamos afeto. E quando agimos de forma assertiva, com respeito e limites claros, é provável que os outros nos permitam a liberdade de sermos quem realmente somos.

Nosso ego (o centro da nossa vida racional consciente) é funcional quando nos ajuda a atingir nossos objetivos, e é disfuncional ou neurótico quando nos distrai dos nossos objetivos ou sabota nossas tentativas de atingi-los. Atrás de cada neurose existe um medo que nunca foi totalmente abordado nem resolvido. De fato, *neurótico* significa uma repetição inútil de uma forma arcaica e desnecessária de se proteger de tal temor. Alguns de nós exibem um ego adulto saudável no trabalho e, em casa, o ego neurótico de uma criança carente. Considere, por exemplo, o estilo de vida duplo de Edna Sue.

Edna Sue é recebida com respeito e amor por sua equipe no banco esta manhã, quando chega pontualmente e cumpre as obrigações diárias como gerente de empréstimos. Hoje, como sempre, ela vai conceder e negar empréstimos com base em dados inteligentes e não emocionais; vai executar hipotecas enquanto ainda sente compaixão; e vai supervisionar a equipe com limites claros e aceitação razoável a erros. Mas, na hora do almoço, Edna Sue vai voltar correndo para casa, sem ninguém no banco tomar conhecimento, motivada pelo próprio medo descontrolado de abandono e seu apego viciante para implorar a Earl Joe, seu namorado, que não a deixe, como ameaçou fazer. No decorrer do último mês, Earl Joe, usuário de cocaína, roubou o dinheiro de Edna para as compras do mês, quebrou o pulso dela e insistiu que ela obrigasse o filho adolescente a ir morar com o ex-marido dela. Mas nada disso importa porque existe uma separação entre a Edna Sue funcional no trabalho e a disfuncional em casa. No trabalho, ela insiste em realizar sempre o melhor. É isso ou nada. Nos relacionamentos, ela acredita que é melhor ter pouco do que não ter nada. No primeiro caso, ela age no espectro do ego funcional; no segundo, no espectro do ego neurótico e não impõe limites, mesmo que eles sejam protetores do nosso comprometimento e de nós mesmos. Uma pessoa sem limites pessoais se compromete com a manutenção do relacionamento, esteja ele funcionando ou não. Com limites claros, por outro lado, enxergamos quando o relacionamento não está funcionando e convidamos nosso par a trabalhar nisso conosco. Se ele concordar e se juntar a nós, estamos dentro do relacionamento com os dois pés no chão. Se ele se recusar, seguimos adiante, com pesar, mas sem culpa.

Como diz Carl Jung, nosso destino é "acender uma luz na escuridão da mera existência". E fazemos isso ao nos comprometermos de forma fiel com nosso trabalho psicológico, que é colocar nosso ego a serviço do coração, ou seja, planejar cada pensamento, palavra ou obrigação de forma a manifestar o amor, a sabedoria e a cura que existe incondicionalmente dentro de nós. Nosso trabalho espiritual é simplesmente permitir que esse processo aconteça e ser receptivo e grato pelas dádivas sempre disponíveis para que possamos realizá-lo. Tais dádivas, portanto, tomam forma de bênçãos e desafios que chegam para nós, para nos ajudar a ativar nosso potencial de amor e também para aceitar nosso lado sombrio. Com certeza, um relacionamento saudável constitui uma dádiva espiritual. Ele vai mostrar como o nosso coração pode se abrir e como pode se fechar.

A cada dia que passa, um relacionamento apaga brutalmente o nosso egoísmo e desmantela a nossa arrogância. Em um relacionamento, nunca deixamos de descobrir o preço do amor autêntico e que este pode, caso nos livremos do ego, se transformar em felicidade. Isso acontece porque, quando o ego sai do caminho e leva o medo junto, nós enfim notamos que damos os cinco As com mais facilidade. O ego tímido teme, desnecessariamente, o que o ego vigoroso sempre desejou. Esse ego forte é feliz e livre quando não precisa mais promover nem usar seu poder, mas pode se libertar, confiando que a vida está se desdobrando como deve ser. Desse modo, o paradoxo é menos ego e mais capacidade de lidar com o que acontece, mais acesso aos recursos internos e mais sentimentos na forma como nos relacionamos.

A ANATOMIA DO EGO ARROGANTE

Um ego grande aparece em afirmações do tipo "Estou certo", "Minha forma de fazer as coisas é a correta, nunca estou errado", "Não preciso mudar", "Tenho direito a um tratamento especial". Nós tememos mudar porque isso pode significar que estávamos errados ou que estávamos lamentando uma perda (de algo que valorizávamos em nós ou de um senso de segurança). Isso se resume ao medo da proximidade: "Se eu amoleço e me abro para os outros, eles vão se aproximar demais."; "Você não pode me contar tudo" é o mesmo que "Você não pode se aproximar o suficiente para me afetar". Nós podemos demonstrar o nosso medo de proximidade com teimosia, uma recusa por cooperar, uma necessidade inflexível de vencer ou de estar certo, uma incapacidade de admitir que estamos errados ou uma incapacidade de pedir desculpas.

O ego arrogante luta contra o amor íntimo porque estamos sempre tentando não ser humilhados, e isso vem dos maiores inimigos da intimidade, os quais moram no ego inflado: medo, fixação, controle e crença de merecimento. O egoísmo e a crença de merecimento nos impedem de dar ao outro a nossa atenção e demonstrar nosso apreço. Não podemos dar nossa aceitação e admissão quando o controle tem precedência sobre a igualdade ou quando estamos fixados demais em nossa própria versão da realidade. Não temos como demonstrar facilmente o afeto autêntico quando somos motivados pelo medo.

Nós tememos (em geral de forma inconsciente) não encontrar aprovação ou não conseguir que as coisas saiam do nosso jeito. Estamos presos à nossa versão de como a vida e os outros deveriam ser e podemos ser teimosos por conta disso. Exigimos controlar os outros e o resultado das coisas. Acreditamos que merecemos receber amor e reconhecimento de todos, além de cobrar represálias se formos ofendidos.

O ego não é uma identidade estável. É uma identidade assumida com base no insulto ou no amor a que respondemos com medo, fixação, controle ou crença de merecimento. Como nenhuma dessas reações acontecem com tanta frequência, imaginamos que o ego *seja* quem somos. Confundimos contestação com interferência. Em vez disso, nosso comportamento pode ser observado no espaço do mindfulness. Esse espaço é quem somos, e não as estratégias que tentam preenchê-lo. Desse modo, no mindfulness, podemos usar a dor ou o amor de uma nova forma: colocando nosso ego em foco. Essa mudança na atenção para o homem atrás da cortina é como finalmente acordamos do olhar hipnotizado pelo feiticeiro do ego.

Precisamos levantar essa cortina do medo, da fixação, do controle e da crença de merecimento para que o medo possa se transformar em empolgação. Então, podemos agir *com* medo, mas não *por causa* do medo, e deixaremos de ter medo de demonstrar medo ou vulnerabilidade — a vulnerabilidade que é uma circunstância da vida, e não a de uma vítima. É mais provável que essa vulnerabilidade saudável surja quando o senso de inadequação e vergonha em relação a isso desaparece, quando confiamos que demonstrá-la não representa risco de humilhação.

É compreensível, no entanto, que seja assustadora. Afinal, a vulnerabilidade envolve não apenas a demonstração dos nossos sofrimentos, mas também da nossa necessidade pelos outros, nossas limitações. Ela também exige que confiemos tudo isso às mãos de outra pessoa. Vamos usar a analogia de um corte sério no nosso braço que nos obriga a ir ao pronto-socorro. Lá, somos atendidos por um médico que não conhecemos. Nós mostramos o corte para o médico e nos colocamos nas mãos dele, esperando um resultado positivo. Precisamos fazer essas duas coisas quando nos sentimos vulneráveis: se deixar mostrar e se render mesmo sem confiar totalmente.

Da mesma forma, nossa vulnerabilidade pode ter a ver com um histórico de traição. Éramos vulneráveis a alguém em quem confiávamos e essa pessoa nos machucou. Agora aquele evento traumático faz com que a vulnerabilidade e a confiança sempre pareçam coisas perigosas.

Tudo isso também nos ajuda a entender por que pode ser assustador receber os cinco As. Isso significa ser investigado por alguém — talvez por mais tempo do que suportamos, talvez por alguém que vai nos decepcionar mais tarde. Como um aparte, todos temos diferentes níveis de disposição para sermos investigados. Alguns de nós acreditamos que ser visto é algo invasivo em qualquer nível; outros aceitam passar por uma investigação profunda. É importante que o par conheça o nível de tolerância do outro. Afinal, a questão são os limites que colocamos em volta do nosso eu central e a rigidez ou a transparência que queremos que tenha. Não se trata simplesmente de uma questão de confiança. Alguns de nós não queremos que ninguém nos conheça por completo, não importa quão confiável seja.

O amor incondicional é um amor sem as condições do ego inflado (medo, fixação, controle e crença de merecimento). Esse amor é livre de medo, incluindo o da vulnerabilidade. Quando amamos de forma incondicional, as fixações se transformam em vínculos inteligentes, saudáveis e comprometidos. Estabelecemos e mantemos as camadas, mas não nos tornamos possessivos, nem permitimos que o outro nos possua. Em vez de tentar controlar o par, nós respeitamos os limites dele e, dessa forma, conquistamos seu respeito. A crença de merecimento dá lugar a uma assertividade que se autoalimenta e que se curva generosamente ao fato de que nem sempre vamos conseguir o que queremos. Essa qualidade admirável não apenas conquista o respeito dos outros, mas também o nosso respeito próprio.

O estudioso do budismo tibetano Robert Thurman diz que o melhor momento de observar o ego é durante os episódios de "inocência ferida". (Outro momento é durante a estrada da raiva.) A energia do ego se manifesta sempre que expressamos nossos sentimentos de crença no merecimento em relação à justiça ou regalia de qualquer condição da existência. Sabemos, no entanto, que esse tipo de energia não é saudável porque nos deixa estressados, magoados, compulsivos, frustrados e intimidados.

Qual é a diferença entre a crença de merecimento do ego e um senso legítimo de direito? A crença de merecimento é uma expectativa, uma fixação, uma exigência, ou seja, manifestações e mindsets familiares do ego que causam sofrimento e são o oposto do estado de mindfulness. Se tal expectativa não é atendida, sentimos que uma retaliação é justificada. Mas retaliação não é justiça, é um conforto mesquinho para um ego indignado e mostra um desespero em relação à mudança humana e ao poder da dádiva. Em comparação, um pedido legítimo pelo que nos é de direito se dá em situação justa, é feito de forma direta, pacífica e não inflige reprimendas se negado. Em vez disso, buscamos uma autoridade superior como mediadora e corremos atrás dos nossos direitos nos canais adequados. Se a lei em si é injusta, entramos em uma resistência não violenta, mas sempre com amor para com todos os envolvidos, combinando, dessa forma, o mindfulness com integridade moral.

Um aviso: o ego nunca deve ser aniquilado, só desmantelado e recomposto para que possa se manifestar de forma mais construtiva. Só então a intimidade se torna possível. A seguir estão algumas respostas construtivas que podemos usar quando sentirmos que nosso ego está despertando.

Quando sinto	Escolho, em vez disso
Medo.	Amar.
Fixação.	Libertar.
Controle.	Dar liberdade.
Crença de merecimento.	Ver-me como igual.

Cada um desses ingredientes do ego neurótico é uma fonte de sofrimento: é doloroso sentir tanto medo a ponto de estarmos sempre alertas e, ainda assim, sempre feridos. É doloroso ter que segurar as rédeas com tanta força. É estressante tentar controlar os outros o tempo todo. Sofremos quando enfrentamos condições da existência sem a promessa de uma isenção delas. Seria trágico morrer tendo conseguido evitar sofrer humilhações em todos os nossos relacionamentos. Ainda assim, não importa se uma coisa é ruim demais, pois isso com certeza tem uma dimensão positiva. Existe um núcleo de bondade, um potencial inexplorado em cada elemento do ego neurótico:

Medo	Cautela prudente e avaliação inteligente do medo.
Fixação	Perseverança e comprometimento de permanecer durante tempos difíceis.
Controle	Capacidade de fazer as coisas e ser eficiente na abordagem, no processamento e na solução.
Crença de merecimento	Autoestima saudável e defesa dos próprios direitos com disposição de aceitar as circunstâncias da vida que às vezes parecem injustas.

Confiar em nós mesmos não significa ter certeza de que passaremos pela vida sem medo, fixação, controle e crença de merecimento, e sim que nos rendemos a ser exatamente quem somos em cada momento *e* que essa consciência atenta vai entrar em ação para nos mostrar uma alternativa aos hábitos do ego. Esse é o paradoxo espiritual de nos aceitar como somos e, ao mesmo tempo, nos tornar mais do que já fomos um dia. É abandonar qualquer tendência à polarização e encontrar refúgio apenas no centro, onde a síntese nos aguarda.

A ANATOMIA DO EGO ENFRAQUECIDO

Em contraste com o ego inflado, o arrogante é o segundo estilo de ego neurótico disfuncional. O ego esvaziado e enfraquecido baseia-se no medo, com um estilo submisso ou vitimista que impede uma intimidade não hierárquica. As atitudes a seguir caracterizam o ego enfraquecido:

- Vítima. "Não controlo minha vida. Sou uma vítima das pessoas e das circunstâncias. Tudo que acontece comigo é por causa (ou culpa) de outra pessoa. Sou impotente para mudar qualquer coisa." Subjacente a essa atitude existe o medo de ser responsabilizado por qualquer coisa como um adulto. A autopiedade e a crença de que se é uma vítima também podem constituir formas de desespero, caindo na armadilha da ilusão de que não existe alternativa para a situação difícil ou dolorosa.
- Seguidor. "Todo mundo sabe o que fazer, menos eu. E eu tenho que seguir os outros. Diga-me o que fazer e no que acreditar, e é exatamente o que vou fazer e no que vou acreditar." Subjacente a essa atitude está o medo de tomar conta da própria vida ou de cometer um erro.
- Autocensurador. "Sempre estou errado e sou mau. Culpo a mim mesmo por tudo de ruim que acontece. Tenho vergonha de mim mesmo e me sinto sempre culpado." Subjacente a essa postura existe o medo da responsabilidade.
- Indigno. "Não mereço nada; nem abundância nem amor nem respeito." Subjacente a essa atitude existe o medo de receber.
- Irrelevante. "Ninguém se importa comigo. Eu sou irrelevante. Não faço diferença." Subjacente a essa atitude está o medo de ser amado, o medo dos cinco As (que podem ser vistos por trás de cada autodiminuição).

Felizmente, cada um dos elementos do ego enfraquecido contém um núcleo alquímico de valor, como mostrado na coluna da direita da tabela a seguir.

Vítima	Capacidade para encontrar recursos e evocar o amor compassivo.
Seguidor	Capacidade de cooperar e reconhecer as próprias limitações.
Autocensurador	Capacidade de avaliar as próprias deficiências.
Indigno	Capacidade de se relacionar com humildade.
Irrelevante	Capacidade de diferenciar e dar preferência de forma adequada .

Transformar um ego enfraquecido requer a construção de autoestima, assertividade e habilidades cooperativas. O desafio é sempre se colocar de forma objetiva, sem romper suas conexões. É um trabalho psicológico de tornar-se adulto e um passo necessário para a construção da intimidade.

O ego arrogante e o enfraquecido são, na verdade, dois lados da mesma moeda. Realmente, o ego neurótico costuma ser chamado de "Rei Bebê". Assim como um rei, ele acredita que tem um direito divino (crença de merecimento) de ter todo o controle, ser amado e respeitado por todos e ter o primeiro ou o principal lugar em tudo. Como um bebê, o ego enfraquecido parece impotente, mas ainda assim consegue o poder de mobilizar as pessoas em torno de suas necessidades. Afinal de contas, um bebê é o centro das atenções, controla o comportamento dos demais e recebe tratamento especial. A maturidade moral (e psicológica) de um adulto exige destituir o ego de rei, dando espaço para que o ego bebê amadureça. Inflar ou enfraquecer o próprio ego constitui os dois extremos neuróticos. O ego saudável, como uma virtude, está no meio dos extremos.

É menos provável que o ego inflado, com seu status e sucesso no controle, seja capaz de despertar os cinco As dos outros. O ego enfraquecido é ferido e inseguro demais para pedi-los. Os dois têm dificuldade em demonstrá-los ou recebê-los. Como dar e receber os cinco As é a base da intimidade, que chance o ego não transformado tem de encontrar o amor?

Como podemos transformar e fortalecer um ego enfraquecido? A vítima muda ao reconhecer seu próprio poder. O seguidor muda ao tomar decisões independentes. O autocensurador muda ao assumir responsabilidades. Já o indigno e o irrelevante, ao aprenderem a gostar de si e a aceitar o apreço dos outros.

Mudar envolve agir como se o oposto dos nossos pensamentos e posturas fosse verdade. Com prática, nossas atitudes começam a mudar paulatinamente para se encaixarem em nosso comportamento. Planeje formas de fazer esse trabalho se você se identificar como vítima, seguidor ou autocensurador, ou se se sentir indigno ou irrelevante. Para reverter a posição de vítima, assuma a responsabilidade por suas escolhas e busque formas de tirar proveito daquilo que não escolheu, mas não pode mudar. Para sair do papel de seguidor, assuma a iniciativa de protestar sempre que surgir um incômodo relacionado a uma circunstância ou a um relacionamento. Para parar de se culpar, assuma a responsabilidade por seu comportamento e, ao mesmo tempo, faça uma avaliação de seus atos, levando em conta as informações que você tinha no momento.

ACEITAR AS COISAS QUE NÃO PODEMOS MUDAR

Para nos libertar de nosso ego neurótico, temos que aceitar as condições da existência e nos enxergar não como vítimas ou oponentes dos fatos da realidade, mas como adultos que enfrentam tudo com honestidade. Esses fatos incluem o seguinte: as coisas mudam e chegam ao fim; a vida nem sempre é justa; pagamos o crescimento com sofrimento; nem sempre as coisas saem como planejado; as pessoas nem sempre são leais e amorosas. Aceitar as condições da existência significa, em primeiro lugar, admitir nossa própria vulnerabilidade em relação a elas. Libertar-se da crença de merecimento de regalias é, desse modo, estar pronto para o amor.

Quando percebemos que os fatos da vida, por piores que sejam, não constituem um castigo, e sim os ingredientes de profundidade, amabilidade e caráter, podemos nos livrar da crença de que somos (ou precisamos ser) imunes. Declarações como "Isso não pode acontecer comigo" ou "Como se atrevem a fazer isso comigo?" mudam para "Qualquer coisa humana pode acontecer comigo, e vou me esforçar para lidar com isso". A força de lidar com os desafios, na verdade, é diretamente proporcional à nossa capacidade de nos livrar da crença de merecimento.

Quando paramos de lutar com as circunstância e simplesmente as encaramos e lidamos com elas, experimentamos a serenidade e passamos a mudar o que é passível de mudança e a aceitar o que não é. Ao fazer isso, construímos uma sólida fundação de respeito próprio, uma alternativa saudável para a crença de merecimento universal. Isso significa, entre outras coisas, estabelecer e manter limites pessoais para que os outros não tirem vantagem de nós. Desse modo, o respeito próprio torna-se uma força motriz, algo que nos impulsiona a realizar alguma coisa, e não algo que se impõe sobre todas as coisas. Ele supera nosso medo de escassez e privação. Sentimos amor e liberdade surgindo abundantemente em nosso ser.

Quando saudamos e nos rendemos à realidade, não perguntamos mais "Por que isso aconteceu comigo?", mas "Sim, e agora?". O sim abre portas para o próximo passo da jornada em busca da completude psicológica e do despertar espiritual. Nós podemos saudar energias arquetípicas na psique e no mundo à nossa volta que aparece em histórias e mitos em todo mundo, principalmente as que envolvem a jornada do herói:

- *Tudo muda e termina, mas pode ser renovado.* Esse conhecimento é a porta de entrada para o arquétipo da ressurreição, como a vida continua se renovando.
- *O sofrimento é parte do crescimento, mas continuamos achando formas de encontrar o bem no mal.* Isso nos leva ao arquétipo da redenção. Também começamos a perceber que a felicidade não é uma recompensa e que o sofrimento não é uma punição.

- *As coisas nem sempre saem como planejado, ainda assim conseguimos encontrar tranquilidade para dizer sim para o que não pode ser mudado e agradecer o que já foi.* Isso nos abre para o arquétipo da sincronicidade e de um plano divino que torna nosso destino maior do que imaginamos.
- *Nem sempre a vida é justa, ainda assim podemos ser justos e até mesmo generosos.* Isso nos dá um senso de justiça e fortalece nosso comprometimento para lutar por isso, ao acompanharmos os arquétipos de carma, reparação e perdão.
- *As pessoas não são amorosas e leais o tempo todo, mas podemos agir com amor e lealdade sem nunca desistir dos outros e sem revidar.* Isso nos abre para o arquétipo do amor incondicional

Desse modo, os fatos da vida, ou seja, o lugar onde nossos medos mais profundos se encontram, acabam sendo o requisito para a evolução pessoal e a compaixão. Os fatos da vida, assim como a lei, são rígidos mas não cruéis. O sim incondicional é simplesmente o mindfulness, a fidelidade à realidade sem sucumbir aos mindsets sedutores e tentadores. Aceitar cada um deles é um estágio em nosso desdobramento. Lidar com cada um deles, em vez de lutar contra eles, nos equipa para a jornada heroica que nos chama. À medida que crescemos, nos libertamos da reivindicação do nosso ego de isenção da nossa herança universal. O sofrimento é o resultado de assumir uma posição enérgica de combate contra as condições da existência. Ego é sofrimento. Um revés é um caminho para a libertação.

A dinâmica da tese, antítese e síntese nos ajuda a compreender o processo. A tese constitui as condições em si e nossa antipatia por elas. A antítese é o sim incondicional. Já a síntese é a nossa transformação, usando os fatos da vida como ingredientes para o crescimento.

Às vezes, pensamos que estamos sozinhos, e isso faz com que os fatos da vida sejam aterrorizantes e nos enfraqueçam. Quando nos vemos diante de questionamentos como: as coisas precisam mudar, por que os inocentes sofrem, por que as pessoas nos machucam, sentimos desespero e amargura. Mas, quando dizemos sim aos fatos da vida, notamos que eles não têm a ver com fracassos e reveses, mas sim que fazem parte de todo o potencial abundante da vida. São fatos que nos conectam com o resto da humanidade. Que nos trazem para o que é, no mindfulness, e nos deslocam dos desejos e expectativas do ego. O chamado para o sim incondicional mostra que a espiritualidade não tem a ver com a transcendência do mundo, mas com um envolvimento ainda mais profundo neste.

O equilíbrio da aceitação das condições da vida nos ajuda a enfrentar qualquer crise com tranquilidade. Esse equilíbrio é o estado de mindfulness. Dizer sim para as condições mortais é automaticamente dizer sim para cada uma de suas possibilidades imortais; isso significa se identificar com a mente do Buda no meio das nossas dificuldades e confusão. Nesse sentido, saudar a vida com um sim incondicional é uma forma de encontrar a eternidade no tempo.

Como dizemos "sim"? Bem, demonstrando os cinco As com mindfulness. Como testemunhas do mundo, damos *atenção* às mudanças e aos términos, aos planos fracassados, à injustiça, ao sofrimento, à deslealdade ocasional na história de nossa vida. Nós *aceitamos* tudo que é parte da mistura de uma vida humana. Temos *apreço* por tudo como algo valioso para o nosso próprio desenvolvimento. Olhamos com *afeto* para tudo que é e já foi. E *admitimos* que os eventos e as pessoas sejam como são.

Combinar os cinco As com o mindfulness nos mostra que podemos lidar com a realidade sem suas distrações e sem as complicações que a circulam, construindo nossa autoconfiança. Isso também contribui para o nosso poder de intimidade porque é um modo de estar presente de forma verdadeiramente atenta, com aceitação, apreço e admissão. Ao reconhecemos um mundo que existe além dos nossos desejos e manipulações, nos tornamos mais realistas e aprendemos a amar o presente, que é tudo o que temos, e a amar no presente com tudo o que somos.

Desse modo, um sim para as condições de existência conserta nossa alienação existencial e nos fornece uma excelente plataforma de lançamento para a intimidade. O ego não esperneia nem berra enquanto é arrastado para o coração atento; na verdade, salta, satisfeito, para os braços dele. O ego se sente aliviado ao perceber que existe uma alternativa para o sofrimento que vivenciou no medo, na fixação, no controle e na crença de merecimento. Como Rilke escreveu para o próprio ego: "Como eu adoraria vê-lo sendo sitiado... por quantos anos forem necessários."

Por fim, Carl Jung propõe que o sofrimento e um lado sombrio são fatos inescapáveis da vida. Eles não vão embora, mas podemos nos encontrar com eles com coragem e agir com integridade, não importa o que os outros façam. Podemos dizer alegremente: "Nunca existirá no mundo apenas o amor ou apenas a paz, mas pode existir mais amor do que antes de eu chegar aqui, e mais paz porque aqui permaneci."

Prática

IR ALÉM DE "OU UM OU OUTRO" | Nosso ego se sente tão desconfortável com a incerteza que insiste em ver tudo em preto e branco, em termos de ganhar ou perder. Quando simplesmente mantemos no coração e na mente os opostos que nos encaram, quando permitimos que coexistam dentro de nós sem escolher um ou outro, abraçamos a ambiguidade de nossa situação. Essa é uma forma de confiança atenta. Ficar preso na polaridade definida pelo ego arrogante é o mesmo que viver com medo. Sem o ego, por outro lado, conseguimos permitir o surgimento de um amor totalmente inclusivo.

Por exemplo, quando nos libertamos do controle, o "ou um ou outro" que vemos em "Eu tenho que estar no comando ou tudo vai desmoronar" muda para "Eu permito que as coisas aconteçam como têm que acontecer". Isso nos libera ao mudar nosso medo da espontaneidade para saudar o medo *e* o que mais possa acontecer além de nosso controle. Faça uma tabela com itens do tipo "ou um ou outro" da sua vida na esquerda e formas como estes podem se tornar "ambos e" na direita. Mostre-a para o seu par ou melhor amigo e discuta formas de colocar os itens de "ambos e" em prática. Peça apoio a essa pessoa, já que você provavelmente vai sentir medo.

Talvez cada um de nossos arrependimentos em relação ao passado seja diretamente rastreado a pensamentos e escolhas do tipo "ou um ou outro". Como parte do arrependimento, é possível que sintamos arrependimento. O trabalho é reconhecer essa vergonha e esse arrependimento e ainda assim nos perdoar. Imagine quanto da sua energia viva é soterrada por antigos arrependimentos. Você vai se dar uma chance para transformar sua felicidade ao fazer o trabalho necessário para superar tudo isso? Escreva exemplos de arrependimentos em seu caderno e discuta como vai superá-los. Peça ajuda de outras pessoas, se necessário.

COMPROMETER-SE COM AMOR NÃO VIOLENTO | De acordo com um ditado zen, a assertividade "não deixa rastros", assim como qualquer ato perfeito. O ego, por sua vez, deixa para trás o rancor e cria ressentimento. No Sermão da Montanha, a receita cristã para dissolução do ego, Jesus aborda essa questão de forma direta ao dizer: "Se alguém o forçar a caminhar com ele uma milha, vá com ele duas." Uma pessoa saudável simplesmente aprende a protestar quando ocorre uma injustiça, tentando retificá-la e concentrando-se no fato objetivo (a injustiça), não na interpretação pessoal do ocorrido (a afronta). A sensação de afronta denuncia a presença do envolvimento de um ego neurótico. Na verdade, a palavra *afronta* não tem significado para qualquer pessoa que tenha um ego adulto funcional. Uma pessoa assim lida com os insultos de forma não violenta, considerando-os apenas informações sobre a raiva agressiva do outro, cuja frustração pode até mesmo envolver a compaixão. Comprometa-se a renunciar ao estilo de retaliação e a procurar formas de criar a reconciliação. Primeiro, assuma esse compromisso em silêncio, dentro de si, e, depois, em voz alta, para o seu par.

O ego indignado é dissimulado e pode desejar retaliação ao ser magoado ou decepcionado. Você pode se ver esperando que o seu par passe por algum infortúnio. Se vier a identificar um desejo de retribuição indireta como esse, admita e peça perdão. Uma consciência de humildade sincera pode impedir que você busque esse tipo sutil de retaliação. Embora essa admissão possa ser constrangedora, o amor sem ego floresce exatamente desse tipo de autorrevelação.

> *Amem os seus inimigos, façam o bem aos que os odeiam, abençoem os que os amaldiçoam, orem por aqueles que os maltratam.*
> — Lucas 6:27-28

ABRIR MÃO DA NECESSIDADE DE ESTAR CERTO | A necessidade de estar certo vem do medo que sentimos de não sermos aprovados. "Se estou errado", pensamos, "perco minha identidade e, dessa forma, meu nível de aprovação." Nossa necessidade de estar certo pode assumir a forma de uma incapacidade de aceitar críticas, o que geralmente equiparamos a um insulto. Também pode se manifestar na tentativa de justificar nossas decisões ou ações sempre que somos questionados. Isso pode incluir uma insistência exagerada para que os outros se desculpem. Para a maioria de nós essas reações são automáticas; ou seja, não é algo consciente. Ser adulto significa se esforçar para se tornar consciente do ego subjacente ao nosso comportamento, aos nossos pensamentos e à nossa motivação. "Meu jeito é sempre o certo" pode se transformar em "Negocio para que todos saiam ganhando. Procuro a verdade para construir qualquer coisa somente a partir daí". Quando nos abrimos para aceitar a vitória do outro, a mesma intimidade que temíamos acaba gerando e permitindo uma sensação de segurança.

LIBERTAR-NOS DA CRENÇA DE MERECIMENTO DO EGO | Responda mentalmente às perguntas desta seção.

Você acredita nas frases a seguir: "Creio que mereço que as coisas sejam sempre do meu jeito; que sempre me digam a verdade; que mereço ser amado, cuidado e apreciado por todos; que me façam promessas e as cumpram; e que mereço receber um tratamento ou consideração especial em tudo que eu faço"? O racional por trás dessas crenças é: "Promessas devem ser cumpridas", "Sou especial", "Isso não pode acontecer comigo" e "Como se atrevem!". Essas crenças podem mascarar o medo de privação: "Não vou receber o suficiente", "Não vou receber o que é meu por direito", "Não vou sobreviver como indivíduo se eu tiver que ser como todos os outros". Pensar dessa forma é ignorar uma condição da existência: as coisas nem sempre são justas nem equilibradas.

A crença de merecimento pode assumir a forma de expectativas, de reações exageradas quando alguém tira vantagem de você, de um sentimento de que lhe devem algo ou de que está sendo traído. O melhor exemplo dessa característica do ego é a reação que podemos ter quando levamos uma fechada no trânsito. A sensação de "Como ele se atreve?" se torna uma perseguição vingativa e frenética? Você fica de mau humor pelo resto do dia? O desejo de vingança e a indignação são pistas que indicam a presença de um ego arrogante e narcisista e, acima de tudo, muito amedrontado. No entanto, por baixo da raiva e da humilhação, existe uma tristeza por não termos sido tratados com amor e respeito, justamente aquilo que acreditamos merecer receber de todos. O que estamos realmente dizendo quando alguém nos ultrapassa no trânsito é "Como você se atreve a não me respeitar! Como se atreve a não me amar!". Em segredo, o ego acredita que sempre teve direito a isso. Assuma um compromisso consigo mesmo para pedir amor de forma direta sempre que notar que está caindo em uma das reações do ego descritas neste capítulo.

PARAR DE FINGIR | O egocentrismo pode ser transformado em apreço e amor-próprio, incluindo também o desejo saudável de revelar quem realmente somos em tudo que fazemos e dizemos. Pode ser que pensemos assim: "Se as pessoas me conhecerem de verdade, não vão gostar de mim." Mas, na verdade, essa sensação não está baseada no que elas descobrem a nosso respeito, mas sim em *como* elas descobrem. As pessoas não desgostam de nós por aquilo que mostramos a elas, mas por aquilo que escondemos. Muito pelo contrário, quando admitimos nossos limites e inadequações, somos apreciados e respeitados. Saber disso nos dá mais uma chance de articular a verdade e parar de fingir. Nós, então, *queremos* ser expostos para que possamos agir com liberdade, sem a necessidade de inventar ou proteger uma imagem fabulada. O que devemos realmente pensar é: "Se as pessoas me conhecerem de verdade, vão me amar por ser humano como outro qualquer, com seus defeitos e qualidades, igual a todos."

O motivo do nosso medo de autorrevelação está diretamente relacionado a um dos cinco As: tememos não ser aceitos se mostrarmos alguma coisa em nós que os outros podem considerar ruim ou inadequado. Podemos ter decidido bem cedo que, para continuarmos recebendo os As, precisamos esconder o que provoca reprovação e mostrar o que desperta um sorriso de aprovação.

O parágrafo anterior descreve você? Em seu caderno, escreva algum exemplo da sua infância e do passado recente. Assuma um compromisso consigo mesmo de parar de fingir para quem você ama, perguntando-se, em uma escala de um a dez, qual nota daria para o nível de conforto que vai sentir ao fazer isso. Isso vai dar a informação sobre o seu nível de confiança no relacionamento. Compartilhe a informação com a outra pessoa.

PARAR COM A BIRRA | Se você notar que está fazendo birra como uma criança quando não consegue o que quer, tente seguir este programa de três passos para se livrar da crença de merecimento:

- Reconheça que está fazendo birra para a pessoa que está em sua companhia.
- Peça o que deseja de forma direta e não exigente.
- Aceite o "sim" com gratidão e o "não" com alegria.

PEDIR FEEDBACK QUANTO AO EGO | No decorrer deste livro, tenho recomendado que solicitemos o feedback dos outros em relação ao nosso comportamento e às nossas atitudes. Como adultos espiritualmente conscientes, consideramos que todos são nossos professores e que ninguém é nosso concorrente. Desse modo, ficar na defensiva na hora do feedback significa perder informações úteis. Defender como somos é permanecer onde estamos, e isso acaba com as nossas chances de desenvolvimento pessoal e também de intimidade. Em vez disso, busque uma verdade útil em cada feedback. Nada é mais irresistível do que a receptividade. Escutar com o coração aberto é uma forma de receber mais amor. Assuma o compromisso de pedir feedback e se abrir para este, considerando as reações de seu ego. Faça isso mentalmente e, depois, em voz alta, com o seu par.

LIVRAR-SE DA CULPA | Podemos usar a culpa e a crítica para encobrir as necessidades que não expressamos ou aquelas que não foram satisfeitas. Nossas necessidades essenciais esperam ser satisfeitas atrás de todas as camadas do ego: medo, fixação, controle, reclamação e atitude defensiva. Expor nossas necessidades em vez de culpar os outros por não as satisfazer proporciona a abertura e a vulnerabilidade necessárias para uma intimidade autêntica. Coloque isso em prática, tendo em mente que o impulso de culpar é sinal de alguma necessidade não satisfeita e escolhendo expor essa necessidade em vez de culpar o outro. Mude o "Você errou ao fazer isso" para o "Eu preciso de atenção, apreço, aceitação, afeto e aprovação".

Quando se vir pensando de forma crítica em seu par ou em um amigo ("Você deveria parar de fumar"), tente substituir a crítica por uma afirmação, até mesmo uma oração ou desejo sincero ("Espero que você encontre forças para parar de fumar"). Use essa mesma técnica quando estiver fazendo uma autocrítica: "Que eu possa acessar a força que sei que existe em mim para largar este hábito." Ao ouvir o noticiário e ver um criminoso ou alguém que lhe causa repulsa, pratique repetir para si mesmo: "Que essa pessoa encontre o caminho de Buda. Que ela se torne um grande santo." É isso que significa não desistir de ninguém, essa é a estrada real para se libertar do instinto de retaliação do ego. Nós permitimos que as consequências das ações do outro o alcance ou não. Não impomos julgamentos silenciosos ou manifestos. Não somos executores nem jurados, apenas testemunhas justas e alertas. Não ficamos felizes quando alguém "recebeu o que merecia"; em vez disso, alimentamos a esperança de que consigam despertar. Também mantemos em mente que, como o testemunho só ocorre com um olhar espelhado, essa é uma forma de conseguir amar o outro ainda mais profundamente.

IR ALÉM DOS NOSSOS VÍCIOS | Em algumas tradições budistas, os "seis venenos" (orgulho, inveja, desejo, ganância, ignorância e agressão) são os vícios do ego que nos mantêm acorrentados. Podemos nos libertar deles ao fazer escolhas que emanam da ausência do ego. Desse modo, o orgulho se rende à humildade. A inveja se rende à alegria diante da boa sorte dos outros. O desejo por mais se rende à satisfação com o que já se tem. A ganância se rende à generosidade. A ignorância se rende a um comprometimento pessoal com o aprendizado. A agressão se rende à compaixão não violenta. É assim que o reino do ego envenenado se torna um espaço no qual podemos despertar. Faça uma tabela. Na coluna da esquerda, liste os seis venenos e os sintomas que você exibe nos momentos de envenenamento. Na coluna da direita, liste comportamentos que pode ter e sinta quando precisa se libertar deles.

CONFESSAR | A justiça atenta e amorosa em um relacionamento não tem caráter de retribuição, mas de restauração. Ela nos tira da alienação e nos traz para a união em uma atmosfera de fracassos resolvidos. Ela cultiva a vulnerabilidade saudável e diminui o ego, que, no futuro, reduz o comportamento inadequado. À medida que nossa autoestima cresce, queremos ser vistos como realmente somos. Em vez de escondermos nossos erros sem limites, passamos a admiti-los. E, então, os outros podem ajustar as expectativas em relação a nós e sentimos menos pressão de "fazer tudo certo".

Um adulto espiritualizado faz exames de consciência frequentes e sente necessidade de fazer as pazes sempre que isso for adequado. A alternativa, ou seja, a crença de que o mal é uma coisa externa dos outros, nos dá uma permissão sinistra de retaliação e punição. Construímos a confiança quando admitimos que não somos perfeitos. Todo casal pode praticar uma confissão ocasional, seguindo estes passos:

1. Reconheça que talvez você tenha fracassado no espelhamento do seu par ao demonstrar uma falta deliberada de atenção, apreço, aceitação, afeto e admissão de uma individualidade livre. Você se recusou a abordar, processar e resolver as questões? Priorizou suas preocupações egoístas em relação às do relacionamento? Foi desrespeitoso, mentiu, traiu ou desconsiderou bons sentimentos, foi crítico, não demonstrou apreço, permitiu que sua raiva explodisse a ponto de ser abusivo, descumpriu um acordo, negou a responsabilidade pelas suas ações ou escolhas, fez fofoca, não respeitou a privacidade, tirou vantagem, manipulou ou controlou, foi ganancioso, repreendeu etc.? Fazer uma lista exige uma avaliação criteriosa da consciência, uma disposição para

ver as próprias inadequações e um desejo de trabalhar nelas. Faça isso junto com seu par.

2. Admita suas faltas em voz alta. Admitir um erro combina orgulho e humildade de forma emocionante. A dimensão tóxica de algo de que tem vergonha não reside no horror em relação ao que você fez, e sim na forma isolada como você guarda isso. Manter um erro em segredo faz mais mal do que o erro em si. Quanto mais você esconde sua dor, menos chances tem de encontrar conforto e alívio. Como diz Shakespeare em *Macbeth*: "Dai palavras à dor. Quando a tristeza perde a fala, sibila ao coração, provocando de pronto uma explosão."

3. Exponha sentimentos de tristeza e arrependimento.

4. Faça as pazes. (A penitência autodestrutiva — por exemplo, Édipo se cegando — constitui uma retaliação contra si mesmo, outro truque do ego.)

5. Comprometa-se a não repetir tal comportamento. Isso pode incluir fazer um plano para se policiar ou pedir feedbacks.

6. Sejam gratos pela oportunidade e manifestem essa gratidão ao outro.

Esses seis passos desarmam a parte ofendida e induzem o perdão, a resposta humana natural e automática à penitência. Como Shakespeare diz, em *A tempestade*: "Estando todos arrependidos, não se estende o impulso do meu intento nem sequer a um simples franzir do sobrecenho."

Eis uma versão mais curta dos seis passos: admita, peça perdão, faça as pazes. Precisamos de um modelo simples assim quando, no jantar de Ação de Graças, por exemplo, nossos filhos pontuarem algum dos nossos equívocos como pais, nos deixando constrangidos. O impulso do ego é se defender ou esquecer, mas nosso amor por eles permite que nos libertemos do orgulho. Quando amamos, o erro nos entristece e nos faz pedir perdão, mesmo que ao cometê-lo nossa intenção tenha sido boa. O impacto das nossas ações nos outros é tudo o que importa quando amamos. *O objetivo luminoso disso e de todo o nosso trabalho é permitir que nossa primeira resposta seja amorosa em vez de uma reação do ego.*

Pessoas com educação católica conhecem a prática da confissão, uma forma de redenção pelos pecados cometidos. Nessa abordagem, assumimos a responsabilidade por fazer as pazes com aqueles que talvez tenhamos magoado. Essa penitência não é uma retaliação contra nós mesmos, mas uma forma adulta de nos redimir e de nos livrar da culpa. Os programas de doze passos usam uma abordagem parecida para a recuperação. A humildade nos coloca no acampamento-base para toda transformação. E os relacionamentos são a central elétrica espiritual porque nos tornam cada vez mais humildes e, no fim, *escolhemos* continuar humildes, e é só então que a virtude surge dentro de nós.

Por fim, quando alguém nos magoa, podemos nos sentir vitimizados. "Você fez isso comigo" é uma experiência de isolamento, que enfatiza nossas polaridades. No entanto, quando descobrimos ter a mesma tendência ou que às vezes agimos da mesma forma, podemos transformar a experiência em uma conexão. "Eu também sou assim" não desculpa o abuso, mas ajuda a encontrar um caminho para uma comunicação compassiva e para a reconciliação.

AUMENTAR A COMPAIXÃO | A grandiosidade e a crença de merecimento ("o grande ego") podem ser tentativas de ancorar um ego esfacelado e protelar a ameaça. (De acordo com Freud, "o ego é o verdadeiro assento da ansiedade".) Da próxima vez que vir alguém se comportando com arrogância, reconheça o tipo de sofrimento e medo que essa pessoa carrega sob a máscara de onipotência e sinta compaixão por ela. A compaixão cresce dentro de nós quando também percebemos que o ego inflado costuma ter suas raízes em uma infância traumática ou de abandono. Em um momento posterior da vida, uma pessoa que foi humilhada, insultada, diminuída, criticada sarcasticamente, e assim por diante, talvez faça essas mesmas coisas com outros, uma forma extrema e patética de mostrar para o mundo o tamanho e a profundidade de seu sofrimento. Cultive uma resposta compassiva para as pessoas da sua vida que parecem motivadas pelo ego porque talvez sejam elas as mais necessitadas de amor. (Os cinco As são, em si, uma prática para se libertar do ego, dar apoio aos outros e ter compaixão.) A vitória do amor torna o esporte do ego menos atraente. Comprometa-se a tornar-se consciente dos momentos nos quais o ego de outra pessoa está inflamado. Em vez de permitir que seu ego siga o exemplo, responda com amor carinhoso e desarmante. É assim que trocamos o reflexo de competir e criar distância em uma escolha de cuidado e proximidade.

QUEBRAR OS HÁBITOS DO EGO | Os hábitos do ego — medo, avidez, censura, controle, fixação no resultado, preferência, reclamação, preconceito e atitudes defensivas — são interferências em nosso ser, ou seja, atrapalham o espelhamento para proteger e reforçar o ego. Responda às perguntas listadas a seguir no seu caderno ou diário depois de fazer uma sessão de meditação. Minha prática de meditação está me ajudando a superar as interferências do meu ego? Ela me ensina que tenho em mim o poder de testemunhar meus próprios sentimentos e comportamento e os dos outros sem as camadas dramáticas do meu ego neurótico no caminho?

Siga o exercício fazendo as afirmações a seguir. *Noto como e quando eu ajo com o meu ego e, por isso, peço desculpas. Escolho agir de formas que sejam livres do ego. Eu me liberto da inclinação ao medo, à fixação, à reclamação, ao controle, à censura etc. Eu peço às pessoas à minha volta para mostrarem palavras ou coisas que faço as quais podem indicar que o ego está surgindo dentro de mim.* Esse é o caminho da lealdade brutal para a verdade. Também é uma forma de nos livrar do sofrimento e parar de causar sofrimento nos outros.

CONSTRUIR A AUTOESTIMA | Nossa autoestima saudável pode crescer quando olhamos para nós de forma atenta, dando para nós mesmos os cinco As. Fazemos isso ao nos reafirmar exatamente do jeito como somos:

> Olho para mim e para minha vida sem medo do que posso enxergar ou das minhas faltas. Olho para mim sem censura, culpa ou vergonha, mas com um senso de responsabilidade por qualquer gesto meu que possa ter magoado os outros, e busco fazer as pazes. Aceito-me como sou, sem me apegar a fixações, mudanças ou controle das minhas inclinações e atributos naturais. Eu me liberto de qualquer apego a um desfecho imaginado em relação ao que está acontecendo ou virá a acontecer. Permito-me viver de acordo com minhas necessidades e desejos mais profundos. Eu me amo exatamente como sou e cuido de mim. Presto atenção no meu corpo e no que ele me diz a meu respeito e a respeito das alegrias e estresses das minhas circunstâncias. Eu estou livre do medo e da ansiedade. Compartilho as dádivas que recebo. Desejo que meu trabalho e meus dons façam os outros felizes.

ESTAR TOTALMENTE PRESENTE | Mindfulness significa presença sem os hábitos listados na coluna da esquerda da tabela a seguir. Esses artefatos dramáticos criados pelo ego nos defendem contra a intimidade autêntica, o impacto total da nossa situação no aqui e agora, e impedem uma compreensão completa de nós e do nosso par. Também nos impedem de estar realmente presentes para nós mesmos e para os outros e são, em última análise, uma forma de violência. Os hábitos listados na coluna da direta, assim como o próprio mindfulness, são formas de não violência.

O terror que nos atinge durante uma crise surge da impotência que sentimos diante dela. (Joseph Campbell define o inferno como estar "preso no ego".) Só é possível escapar de sermos devastados por crises se nos livrarmos das causas do colapso, ou seja, os hábitos listados na coluna da esquerda da tabela. E isso nós fazemos ao formar os hábitos alternativos listados na direita, que são a chave para a tranquilidade e para levar uma vida feliz mesmo diante das adversidades. O mindfulness é, dessa forma, uma resposta sã para os estresses da vida e as crises de relacionamento. Observe como os hábitos listados na coluna da esquerda, as texturas do ego neurótico, tanto esvaziam nosso poder de encarar a realidade quanto inflam o poder da realidade sobre nós.

Interferências do ego neurótico	Possibilidades saudáveis no mindfulness
Medo e postura defensiva.	Cautela.
Ganância.	Desejar só o necessário e compartilhar com os outros.
Interpretação subjetiva.	Mente aberta.
Julgamento, preconceito, culpa.	Avaliação justa.
Censura.	Abertura.
Fixação em um desfecho.	Perseverança aos objetivos.
Controle.	Cooperação.
Retaliação/represália.	Busca fazer as pazes e perdoar.
Exigência.	Pedido.
Expectativa (unilateral).	Acordo (mútuo).
Análise.	Contemplação.
Comparação ou avaliação baseada em um modelo de perfeição.	Aceitação do que é da forma que é.
Essas são as elaborações do ego disfuncional sozinho.	*Essas são as colaborações do ego saudável em um relacionamento interpessoal.*

Use a tabela para fazer um inventário sobre como você enxerga seu par ou a questão que está enfrentando no momento.

Note que a maioria dos problemas ou sofrimento em um relacionamento é causada por uma atitude ou crença que se origina a partir de um hábito no lado esquerdo da tabela. Os itens listados no ego neurótico são aprendidos por meio de condicionamento. O amor incondicional não sofre esse tipo de interferência e por isso está diretamente relacionado ao mindfulness. É uma liberdade das condições do ego.

PRÁTICA DO *LOJONG* (TREINAMENTO DA MENTE) | Nosso ego diminui, e todos se tornam nossos amigos valiosos quando seguimos os ensinamentos *lojong* do budismo tibetano, desenvolvido no século XII por Geshe Langri Tangpa para resumir os conceitos budistas. O ponto central está contido nesta afirmação: "Sempre que os outros me vilipendiam e me tratam de alguma forma injusta, que eu aceite esse fracasso e ofereça a vitória para os outros." Ao cultivar a compaixão e superar a ilusão de um eu independente, podemos amar com humildade. As implicações desse ensinamento nobre para se relacionar de forma íntima ficam muito claras quando percebemos que o amor se preocupa com o outro, que não existe hierarquia e que ele não insiste em autonomia individual nem comemora a autodefesa.

Veja a seguir um resumo dos ensinamentos do *lojong*. Leia-o todos os dias, em voz alta, com pausas meditativas:

> Que eu considere todos os seres preciosos.
> Que eu sempre respeite os outros como superiores enquanto mantenho minha autoestima.
> Que eu encare minha escuridão interior e a transforme em algo bom.
> Que eu me emocione com compaixão pelo sofrimento subjacente à raiva que os outros podem demonstrar em relação a mim.
> Que eu considere aqueles que me traem como professores sagrados.

Que eu ofereça alegria a todos os seres e que em silêncio absorva a razão de seus sofrimentos.
Que todos os seres e eu possamos ser livres das preocupações do ego em relação a ganhos e perdas.

O SIM INCONDICIONAL | Considere cada uma das cinco condições da existência listadas na seção "Aceitar as coisas que não podemos mudar", anteriormente neste capítulo, e as acrescente às suas, escrevendo exemplos próprios para cada uma delas. Em seguida, reconheça cada uma desta forma: "Sim, isso aconteceu, e a isso ofereço minha atenção, meu apreço, minha aceitação, meu afeto e permito que isso seja o que é. Sou grato pelo crescimento obtido com essa experiência. Tenho compaixão por aqueles que hoje estão enfrentando a mesma coisa. Que todos os seres encontrem a felicidade na vida como ela é."

Em seguida, escreva ou diga em voz alta: "Leva muito tempo para entender; todas essas condições se aplicam a mim. Sem exceção, sem tratamento especial. Seja lá o que possa acontecer com alguém, essa coisa também pode acontecer comigo. Sou totalmente vulnerável a todas as condições da existência o tempo todo, não importa a minha bondade nem para onde eu vá. Entender isso me liberta da ilusão e da crença de merecimento. Dizer sim às condições da existência me liberta. Eu as encaro sem as condições do ego inflado!" As condições do ego inflado se referem ao ego baseado no medo, fixado arrogantemente à necessidade de estar sempre certo e de controlar os outros, acreditando que merece ter um tratamento especial do ser amado e de todas as pessoas e, até mesmo, do destino.

Quando vejo que não sou nada, isso é sabedoria.
Quando vejo que sou tudo, isso é amor. Minha vida
é um movimento entre essas duas coisas.
— Nisargadatta Maharaj

8 | NOSSO COMPROMETIMENTO E COMO APROFUNDÁ-LO

"Como posso amá-la mais?"
— A última pergunta do marido de Laura Huxley
para ela, enquanto morria, citação do livro *This
Timeless Moment*

AO VOLTAR PARA CASA depois da jornada heroica, a pessoa demonstra que atingiu uma consciência superior à que tinha antes de começar, em relação tanto a si mesma quanto ao mundo. Voltar para casa, nesse caso, é uma metáfora para a percepção de que tudo de que precisamos existe dentro de nós e no coração daqueles à nossa volta. Sentir a necessidade de ter um relacionamento é, portanto, um instinto de volta para casa, algo consistente com a intenção do universo.

Na fase culminante de um relacionamento, nosso amor não se limita a uma pessoa, mas atinge o mundo todo. Podemos atingir a compaixão universal por meio da experiência de amar alguém. Como? Com comprometimento: dando e recebendo os cinco As, trabalhando nos problemas e cumprindo os acordos. Fazer tudo isso dentro do nosso relacionamento imediato nos amolece a ponto de conseguirmos fazer o mesmo com os outros. O sucesso nesse relacionamento nos faz acreditar que ele é possível em todos os lugares. Os obstáculos na nossa vida se tornam pontes.

Mas o que exatamente acontece dentro de nós para que consigamos nos abrir para o mundo? Em um relacionamento comprometido, enfim nos livramos da insistência formidável do ego de estar sempre certo, de conseguir as coisas do nosso jeito e de competir e ganhar. As discussões podem continuar acontecendo, mas não se estendem muito, terminam com uma resolução e envolvem menos reminiscências do passado. Interpretamos o conteúdo discutido como informações em vez de grãos para alimentar o moinho do ressentimento. Em vez de exigir que nossas expectativas sejam satisfeitas, buscamos acordos. Podemos até brigar, mas não deixamos de amar. Sendo assim, conseguimos lidar com o ego do outro de forma mais leve. Deixamos de usar o poder um sobre o outro e, em vez disso, buscamos formas de usar o poder para objetivos comuns do relacionamento.

Nós começamos a notar uma falta de substância pitoresca, como o "não eu" do budismo, nas atitudes que tomamos diante de conflitos. Não conseguimos substanciar a afirmação de que nossa posição é tão inegociável quando a compaixão e a sabedoria as recobrem por inteiro. Nós olhamos com um pouco de diversão para o que antes parecia um desafio tão grande e abrimos mão da nossa seriedade, enfim reconhecendo isso como uma forma de sofrimento. Abriu-se um novo caminho que leva à compaixão e à mudança, e não mais à culpa e à vergonha.

Quando percebemos que somos capazes de fazer qualquer coisa, não nos sentimos mais tão ameaçados pelo comportamento ofensivo dos outros, assim a compaixão floresce. O comprometimento íntimo de um adulto baseia-se no consentimento informado: "Conheço a arquitetura do seu ego e os cantos não iluminados da sua sombra e me comprometo com você com meus olhos bem abertos. A territorialidade e a competitividade do ego estão se desprendendo dentro de mim. Antes, eu queria te possuir para gratificar o meu ego. Agora abro mão do meu ego para fortalecer nosso relacionamento." A força irresistível do romance dá lugar à escolha motivadora do verdadeiro comprometimento. É este o momento para o casamento.

As duas pessoas que compõem o casal agora se aceitam como perfeitos, mas da maneira como uma camiseta velha é perfeita. O amor verdadeiro é diferente em cada fase de um relacionamento. Embora o tronco de uma árvore fique diferente na primavera, no verão, no outono e no inverno, ele nunca deixa de ser um tronco. Nós ofertamos os cinco As de forma romântica na fase do romance; dramática, na fase de conflitos; e serena e confiável, na fase do comprometimento (quando também os oferecemos para o mundo). As práticas sugeridas neste livro não se destinam apenas a tornar seu relacionamento melhor, mas também a tornar todos os relacionamentos melhores.

Nossa jornada de relacionamento espelha nossa jornada criativa de autorrealização. Nossos objetivos intrapessoais se tornam interpessoais e depois transpessoais. As fases dos relacionamentos nos tiram de um ideal de ego, passando por um ego e sua sombra, para um eu que, então, transcende o ego e abraça o universo. Essa é a mesma sequência que pode acontecer dentro de nós (não apenas entre nós). Pois, no reino dos relacionamentos, somos capazes de descobrir o círculo da psicologia e da espiritualidade que a tudo engloba.

Podemos ficar tão presos em nossa própria história, com todos os seus conflitos do presente e do passado, que acabamos perdendo a perspectiva. Dessa forma, não conseguimos entender o que Shakespeare diz em *Coriolano*: "Existe um mundo em outro lugar." Quando algo além do nosso passado e nosso relacionamento nos absorve e nos anima, nós nos abrimos para novos potenciais no mundo e em nosso interior. Nós nos livramos do passado para criar o futuro. Juntos, nos engajamos em coisas como: causas sociais, preocupações familiares, serviços sociais, carreira, religião, entre outros empreendimentos que mudam o mundo. Nenhuma transformação é totalmente pessoal porque a bondade é algo que sempre se difunde. Nossa parceria se expande para abranger o mundo inteiro e contribuímos para a evolução planetária. O objetivo inicial — sair de um lar para criar um lar — torna-se um objetivo mais geral: tornar o mundo o lar de todos. Quando assumimos o compromisso de oferecer os cinco As ao nosso par, também nos tornamos portadores e provedores dessas cinco dádivas de amor para o mundo inteiro.

O QUE DIZ O AMOR

"Confio em uma energia viva dentro de nós e entre nós."

Existe uma sabedoria inata e orgânica em nosso corpo. Essa sabedoria conhece e acessa nosso potencial. Ela é homeostática, ou seja, qualquer desequilíbrio que surja em nosso corpo e psique imediatamente lança mão de um recurso interno para se corrigir. David Palmer, o fundador da quiropraxia, chamou essa sabedoria de "inteligência inata" do corpo. Com isso, ele se refere a um instinto em cada célula que promove o equilíbrio, a cura e a regeneração. Mais tarde, ele se referiu a uma "inteligência universal" no cosmos. Por fim, ele percebeu que essa inteligência e nossa sabedoria corpórea são a mesma coisa. Isso é o equivalente a dizer que nossa sabedoria corpórea é infinita e infinitamente acessível, que o nosso âmago e o âmago do mundo são a mesma coisa, assim como o âmago do divino.

Se mantivermos isso em mente, satisfaremos nossas necessidades, porque os cinco As não são inadequações, e sim nossa força vital. Confiar em nós mesmos é confiar que nossas necessidades e sentimentos são precisamente o poder invencível que nos faz suportar a força total da realidade, lidar com as condições da existência e responder de acordo. Se fugimos da realidade ou tentamos disfarçá-la e deformá-la, nossa energia vital se perde. Em essência, esse é o significado de baixa autoestima, vitimização e carência infantil.

A energia vital tem, em cada um de nós, uma forma única. Por exemplo, se eu nunca passei um tempo sozinho (sem meus pais ou cuidador ou sem um par na minha vida), talvez nunca tenha encontrado a minha vivacidade pessoal. (Vivacidade significa admitir os sentimentos, e a confiança cresce quando demonstro e recebo sentimentos.) Eu talvez nunca tenha me permitido experimentar meus sentimentos mais profundos nem me sentir confortável com eles. Talvez eu acredite que só é possível encontrar (ou manter) a minha própria energia vital no contexto de um relacionamento. Esse sentimento de necessidade pode ser um sinal de como perdi o contato comigo mesmo. Outra forma de dizer isso poderia ser: "Evitei o surgimento do meu verdadeiro eu ao sempre buscar ter alguém em minha vida. Uso os relacionamentos para descobrir quem sou, o que significa que nunca vou ter sucesso nisso."

A energia vital faz com que confiemos cada vez mais em nós mesmos. Uma pessoa com autoconfiança sabe que um relacionamento saudável não tem a ver com confiar absolutamente no outro, porque ninguém é confiável o tempo todo. Relacionamentos adultos se baseiam na aceitação do fato de que todos os seres humanos são passíveis de erro, e não em uma ideia rígida de confiança. O amor flexível e incondicional é o que baliza a relação. Ele admite que fiquemos com raiva diante de uma traição, mas nos deixa com amor suficiente para que, diante de um pedido de desculpas genuíno, possamos perdoá-lo e vê-lo realmente mudar.

Quando descobrimos os cinco As em alguém, confiamos nessa pessoa e sentimos que ela nos apoia. E, quando somos capazes de oferecer os cinco As, confiamos em nós mesmos. Confiar em alguém é permitir que essa pessoa nos ame, lidar com as falhas dela e fazer as duas coisas sem medo. Fazer isso é uma árdua tarefa adulta: confio em mim para receber seu amor e sua lealdade quando você é amoroso e leal. Confio em mim para confrontar e lidar com suas traições, sem permitir que você se safe, mas sem me afastar de você por causa delas, a não ser que você se recuse a mudar. Confiar em nossa energia vital é não mais precisar dos outros para nos proteger dos nossos sentimentos e do impacto da nossa experiência: "Seja bom para mim e nunca faça nada para me magoar ou me decepcionar para que eu nunca precise me sentir mal." Será que quero um relacionamento de adulto para adulto ou quero um porto seguro para me proteger das diversas marés da intimidade?

"Dou e recebo os cinco As."

Dar e receber na intimidade reflete um processo dual observado em grande parte das áreas da vida. Por exemplo, nosso corpo sobrevive tanto por inspirar oxigênio quanto por expirar gás carbônico. As células são porosas para permitir a entrada dos nutrientes e excretar os dejetos. Nós nos comunicamos através da fala e da audição. Espiritualmente, recebemos dons e damos amor. Até mesmo ler este livro significa absorver as palavras e ideias e colocá-las em prática no mundo!

O que damos e recebemos em um relacionamento íntimo corresponde exatamente às nossas primeiras necessidades e práticas espirituais adultas, ou seja, aos cinco As. Damos e recebemos o mesmo tipo de amor que instintivamente pedíamos na infância. A diferença é que agora enxergamos isso como um dom enriquecido, desejado em vez de pedido. Hoje, isso nos ajuda a aumentar a autoestima, assim como foi necessário para estabelecer o conceito de "eu" no início da vida.

Mas como exatamente damos e recebemos? A primeira forma é uma técnica bem simples/difícil: peça o que você quer e ouça o que o seu par vai responder. Pedir o que se quer combina os elementos mais cruciais da intimidade, pois dá ao outro a dádiva de conhecer você e, assim, conhecer suas necessidades e vulnerabilidades. Também significa receber uma resposta livre do outro. As duas coisas são arriscadas e, dessa forma, torna ambos mais maduros. Você aprende a abrir mão da insistência diante do sim, a ser vulnerável diante do não e a aceitá-lo sem sentir a necessidade de retaliar.

Ouvir intimamente um par pedindo o que deseja é entender o sentimento e a necessidade subjacentes ao pedido. É entender de onde o pedido vem. É sentir compaixão por qualquer sofrimento que possa pairar sobre o pedido. É dar ao outro o crédito por arriscar uma rejeição ou um desentendimento. Nós ouvimos com os ouvidos; ouvimos com nossa intuição e com nosso coração. Dar e receber implica a capacidade de acomodar o espectro total dos medos e das fraquezas de **um** par e distinguir entre as necessidades que podemos ou não **esperar** que sejam satisfeitas.

A segunda forma como adultos íntimos dão e recebem é através do sexo consensual e **sedutor**: acontece quando os dois querem, não por insistência de **um** ou outro. O par é capaz de ser íntimo sem necessariamente **envolver** algo sexual. Vocês sabem como se divertir juntos e **sabem fazer** isso sem se magoar, sem usar o sarcasmo ou o deboche, **sem** rir dos problemas do outro.

Nós damos e recebemos ao **garantir** igualdade, liberdade da hierarquia para o nosso par e para **nós**. Só o ego saudável, e não outra pessoa, deve reger sua vida. **Na** verdadeira intimidade, os pares têm uma voz igual na **tomada** de decisão. Um par não insiste em dominar o outro.

Com certeza, alguns casais **escolhem** experimentar a submissão/dominância no sexo. Isso **pode** ser uma forma de representar (já que envolve papéis) e, **quando** mútua, pode ser uma escolha saudável. Mas, se isso **assume** uma dimensão compulsiva ou violenta, pode ser uma **reencenação** de um abuso ocorrido na infância. Qual é a **diferença** entre um estilo erótico submisso e uma baixa autoestima **ou um** relacionamento sem limites? A submissão/dominância **é um** jogo erótico intencional e consensualmente escolhido. **Não** se trata de uma rotina que o casal estabelece de forma **automática** ou quando um dos pares exige precedência sobre as **necessidades** do outro. É algo voluntário, e não involuntário. É **divertido**, e não assustador. Transforma, e não deforma, o **amor e** o respeito, expandindo os limites da autodescoberta, em **vez** de diminuí-los. Um jogo saudável de submissão/dominância **não** é uma forma de se ter poder sobre o outro, mas uma **forma** de representar as inclinações que existem dentro de todos **nós**, mas que talvez nunca tenhamos considerado expressão **legítima**. Desde que não seja algo abusivo, essa dinâmica pode **aprimorar** o relacionamento e ensinar ao casal sobre autoconhecimento, os próprios egos, limites e partes não descobertas **da identidade** de cada um.

Por fim, adultos lidam com o fato de que as realizações são temporárias e até mesmo momentâneas. À medida que amadurecemos, aceitamos o fato de que só temos momentos nos quais os cinco As nos são dados de forma perfeita. Tudo que importa é que eles venham para nós *de forma boa o suficiente e com mais frequência*. São poucos os momentos nos quais a felicidade é perfeitamente nossa. Do mesmo modo, temos apenas momentos nos quais o amor incondicional é perfeitamente dado ou recebido. Ainda assim, recebemos esses momentos como sustentáveis e suficientes. Quando enfim nos curvamos para a impermanência que caracteriza a existência humana, paramos de procurar, pedir e manipular para conseguir estabilidade e perfeição. Em vez disso, somos imensamente gratos por nossos pequenos momentos de felicidade e eles bastam. Entretanto, ninguém pode nos culpar por nos perguntarmos o porquê e por desejarmos mais. Nossa psique foi construída com uma alegria complexa que desafia a lógica. É necessário humor e uma profundidade corajosa para entender tudo isso e seguir a longa e misteriosa estrada rumo à completude. Como seres intrépidos que somos, não hesitamos nem por um momento.

"Valorizo mais você do que os cinco As."

Manter um relacionamento quando as necessidades não estão sendo satisfeitas significa valorizar o par por ser quem é, estejamos recebendo ou não os cinco As de forma contínua. Significa que tudo bem para você, e vice-versa, que um de vocês se sinta fraco ou carente ou não esteja disponível às vezes. Ainda assim, se isso acontecer com muita frequência, ou seja, se seu par é dependente químico, por exemplo, você tem um problema para resolver: será que sou um par ou um cuidador? Cada parte de um casal amoroso tem a responsabilidade de buscar a ajuda necessária para que possa fornecer os cinco As.

Embora seja útil falar de forma honesta quando uma das pessoas do casal é dependente químico, não adianta ficar insistindo para que ela pare. A melhor abordagem parece ser lidar com a verdade e oferecer apoio para que a pessoa busque um programa de recuperação. Se ela se recusar, a regra é mostrar, e não falar. Um usuário que recusa ajuda está basicamente se matando, e a resposta adequada para isso é o luto. Dizer "Estou começando o meu processo de luto por você" é mostrar a sua verdade, e não dizer a ela a verdade dela. É uma resposta brutalmente adulta para os fatos em questão. "Se eu sou alcoólico, não consigo cumprir a minha parte em nosso contrato; não consigo oferecer nem mesmo um cuidado moderado a você, muito menos me concentrar em você. Se eu recuso ajuda, mesmo depois que você me confronta, estou escolhendo me afastar cada vez mais. Isso sugere que você talvez dê o próximo passo possível, como participar de reuniões do Al-Anon (formado por companheiros e companheiras de alcoólicos e dependentes químicos).

Há uma linha tênue entre a escolha imatura de ficar com alguém que não satisfaz nossas necessidades e a escolha madura de tolerar a situação apenas por um tempo. Uma pessoa saudável reconhece a diferença entre ocasional/circunstancial e constante/certo. Quando toleramos um padrão geral de negatividade ou uma relação com praticamente nenhuma satisfação nem felicidade, estamos nos desrespeitando. No entanto, quando toleramos períodos ocasionais de deficiência, estamos respeitando nosso comprometimento. Na verdade, como o crescimento adulto inclui o luto por perdas e mudanças, sempre haverá períodos em que um ou ambos os pares estarão tristes, com raiva, deprimidos ou com medo e, dessa forma, serão incapazes de se concentrarem totalmente no outro. Reconhecer que às vezes alguém cumpre com as obrigações e às vezes não e respeitar os sofrimentos e os desafios da psique do outro é uma forma de tolerância que nos prepara para a compaixão espiritual: "Abro uma exceção para isso porque sei ou imagino como você deve estar se sentindo."

UM VÍNCULO DURADOURO

Essencial significa necessário, como no sintagma "um ingrediente essencial". Nesta seção, vamos usar a palavra em seu sentido filosófico, o qual é intrínseco e permanente, o que permanece igual. Existencial, para os objetivos desta discussão, significa aqui e agora, experimental, o que está sempre mudando. O essencial é uma constante; o existencial é uma variável. O essencial não responde ao tempo, ao comportamento nem à atitude. É incondicional. O existencial é o que se altera de acordo com escolhas e comportamentos. É condicional. Veja a seguir um exemplo da diferença. Eu tenho um vínculo essencial com a minha mãe, do tipo criança-cuidador. Não importa o que aconteça com ela ou comigo, não importa se nosso relacionamento é próximo ou distante, pois nosso vínculo como duas pessoas com grau de parentesco do tipo mãe-filho perdura. Mesmo quando ela morrer, continuo sendo filho dela. A forma que o vínculo assume, a forma como o vínculo se manifesta em nosso relacionamento diário, descreve nosso existencial, ou seja, nosso comprometimento diário um com o outro. Nosso vínculo essencial é nossa consanguinidade; demonstramos nosso vínculo existencial por meio de nossos sentimentos e ações.

As pessoas que se amam têm um vínculo essencial. O comprometimento é demonstrado pela forma como agem um com o outro no dia a dia. Um vínculo essencial em um relacionamento pode, dessa forma, continuar depois de um divórcio ou da morte. É um amor incondicional que pode ser desmantelado, mas nunca demolido. Manifestamos nosso vínculo essencial ao assumir um comprometimento existencial, uma escolha continuamente renovada de demonstrar amor, de estar disposto a abordar, processar e resolver conflitos, e ser fiel. Desse modo, quando uma pessoa nova e mais atraente aparecer, vamos considerar isso uma informação, e não uma permissão para ir embora.

A nova pessoa não pode interromper o vínculo nem o comprometimento.

Um adulto saudável ama sem restrições, estabelece um vínculo essencial, mas não assume um comprometimento sem reservas. Pode decidir a extensão e a duração do comprometimento. Se não fosse assim, o comprometimento significaria submissão, ausência de limites e de jornada. Uma determinação obstinada não é um comprometimento, assim como não são o casamento e a coabitação.

Um adulto assume um comprometimento com outra pessoa com quem as coisas estão indo bem e podem melhorar. Ele retira esse comprometimento quando as coisas deixam de ter como melhorar. Diferentemente de um compromisso, um juramento é uma promessa para continuar apegado à relação, esteja ela funcionando ou não, seja ela passível de melhorar ou não. Em outras palavras, o vínculo essencial se torna tudo que importa, e não o comprometimento diário existencial que deveria lhe dar suporte. Como o objetivo de um relacionamento é a felicidade humana, não a conservação de uma instituição como o casamento, o comprometimento é razoável e os juramentos são perigosos. Numa relação, deve haver comprometimento com o aperfeiçoamento. Diferentemente das promessas, que estão comprometidas com o tempo ("Até que a morte nos separe") e que podem ser tentativas sutis de nos isentar de fatos dolorosos dos relacionamentos humanos: "Meu par pode me trair, me machucar ou me deixar, mas suas promessas me protegem de tudo isso."

Muitas vezes permanecemos em um relacionamento que não está funcionado porque queremos cumprir a promessa e ser "uma pessoa de palavra". Então, quando ele para de funcionar para um ou outro, ninguém pode deixá-lo porque a culpa os mantém presos.

Nosso erro está na formulação da promessa. Prometemos de forma incondicional, quando deveria ser condicional à possibilidade existente no relacionamento. Como adultos, percebemos que promessas e planos nada mais são que desejos, e eles nem sempre se tornam realidade. Promessas certamente não constituem as leis que regem o funcionamento dos relacionamentos.

A intimidade se torna completa quando um vínculo essencial é energizado por um comprometimento existencial. Isso implica uma série de acordos cumpridos e obstáculos superados, os dois principais componentes de um comprometimento adulto. Os adultos podem continuar amando o par de forma incondicional, mas precisam se retirar do relacionamento caso ele não seja mais passível de ser trabalhado. É preciso pensar: "Eu amo você incondicionalmente, mas não posso mais viver ao seu lado." Aqui, a distinção entre vínculo essencial e comprometimento existencial fica bem clara: o vínculo de amor continua independentemente dos acontecimentos, ao passo que o compromisso do dia a dia é totalmente condicionado por eles. *Um adulto combina o amor incondicional com o comprometimento condicional.* Fazer isso é transformar em vínculo saudável o que pode estar sendo uma algema tóxica. Os pais sentem um amor incondicional e assumem um comprometimento incondicional com um filho. Um adulto tem um amor incondicional e assume um comprometimento *condicional* com seu par.

O amor incondicional é uma vitória espiritual, uma vez que, na verdade, significa que não é condicionado por medo, fixação, controle ou crença de merecimento do ego. Nós demonstramos amor incondicional para aquilo que não tem condições, para a bondade básica dos outros, para a alma do eu. Demonstramos amor condicional pelo que tem condições, a personalidade multiforme do ego.

Dizer "Posso amá-lo e deixá-lo" é tão saudável quanto dizer "Posso temer algo e mesmo assim fazer isso". Na codependência, quanto menos recebemos dos cinco As, mais ofertamos dos cinco As, esperando que isso faça o outro nos amar mais. Como não nos sentimos amados o suficiente, acreditamos que talvez não estejamos dando o suficiente. Estamos tentando suprir a relação por meio da entrega apenas, em vez de uma troca igualitária. O único resultado é a culpa.

Uma observação engraçada, mas preocupante: na teoria da relação dos objetos, os elementos virtuosos da intimidade descritos nas seções anteriores supostamente estão em pleno funcionamento antes de completarmos três anos de idade!

Prática

MANTER CONTATO DE FORMA INTACTA | Em seu caderno ou diretamente, faça as perguntas a seguir ao seu par. Será que me sinto desafiado em vez de ameaçado pelas suas reações a mim? Será que consigo enxergar sua raiva e não sentir o mesmo por causa dela? Será que consigo ver você deprimido e não ficar rabugento? Será que consigo ver você sentir qualquer coisa e não ser tomado pelo medo dos seus sentimentos a ponto de não conseguir responder com os cinco As? Leia o parágrafo a seguir sozinho e depois para o seu par:

> Peço a você que honre meu âmago sensível, que não exponho por aí como um estandarte. Para encontrá-lo, você terá que empreender uma busca cuidadosa, sabendo que se revela apenas para aqueles dispostos a fazê-lo com gentileza. É preciso fazer uso dos cinco As: atenção, apreço, aceitação, afeto e admissão para que eu seja eu mesmo e para que você tenha o direito de acessar minhas necessidades, meus valores e meus desejos mais profundos. Posso ser como uma margarida, que revela tudo indiscriminadamente correndo o risco de ser despedaçada, ou como a peônia, que esconde seu âmago de todos, mas o compartilha generosamente com a abelha corajosa que se atreve a mergulhar em suas profundezas para tocar o néctar.

PROCESSAR O MEDO DE OFERECER E RECEBER | Veja os dois parágrafos a seguir; um descrevendo o medo de dar, e o outro, o medo de receber. Qual dos dois se aplica a você? Caso se identifique com um deles, leia-o em voz alta para o seu par. Comprometa-se a agir como se estivesse cada vez com menos medo. Peça ao seu par que o ajude nesse processo.

> *Meu medo de oferecer:* Quando ofereço, posso sair perdendo. Quando ofereço, você pode querer mais e mais até me deixar sem nada. Posso contar algumas coisas a meu respeito, mas não vou mostrar os meus sentimentos; sempre escondo alguma coisa. Eu fecho os olhos quando fazemos amor para que você não veja minha alma assustada. Escuto seus conselhos sem muita atenção, para nunca ter a chance de me encontrar com aqueles estranhos perigosos: seus sentimentos, suas mágoas, suas necessidades, seus olhos. Quero viver no topo do nosso amor, dividindo aquilo do que posso abrir mão com segurança: meu coração muito assustado, frugal e protegido.
>
> *Meu medo de receber:* Evito contato visual, pois você pode enxergar meu âmago. Não gosto de ser surpreendido nem de receber presentes. Isso significa aceitar algo que você escolheu me dar, o que me assusta porque significa que eu não estou no controle. E, se ganho um presente, preciso me certificar de lhe dar algo de igual valor. Por isso, continuo sendo exigente e difícil de agradar. Fico tenso quando você me abraça; é mais seguro sexualizar o toque. Não consigo ser parceiro sexual *e* amigo ao mesmo tempo. Nunca serei capaz de revelar minhas necessidades para você, só minhas motivações. Eu me sinto sufocado pelo seu abraço de apoio. Mantenho-me autossuficiente. Nunca admito que preciso da sua ajuda; sou sempre eu quem cuida de você, nunca me coloco à mercê do

seu amor. Minha autossuficiência é, dessa forma, um mecanismo de proteção. Eu temo depender de você, já que a dependência envolve proximidade. Rígido, tenso, fechado e armado com meu ego, não permito o apreço nem a crítica construtiva. Insisto na perfeição antes de me comprometer com você, e continuo me sentindo atraído por pessoas mais jovens e "perfeitas". Você talvez tenha notado que, depois daquele jantar, eu logo me levantei para limpar tudo. Ou para assistir a um jogo, usar o computador, fumar um cigarro. Sem a ocupação da comida, talvez eu tivesse que ficar ali sentado, sendo alvo do seu olhar. Talvez nós tivéssemos ficado ali, olhando um para o outro por muito tempo e com atenção demais. Mas, apesar de tudo isso, faço questão de receber seu amor e atenção irrestritos.

Prestar atenção nesses aspectos do comportamento significa considerá-los como informações, sem culpar os outros nem sentir vergonha de si mesmo. O mindfulness é dar os cinco As dentro da realidade e das limitações de sua vida e personalidade: esteja atento a essas coisas, aprecie-as, admita-as, sinta afeto por elas e aceite-as como são. Sente-se em um lugar tranquilo e preste atenção à sua respiração. Um por um, use os cinco As para abordar o medo de oferecer e receber.

COMPARTILHAR NO TRABALHO | Os cinco As podem levar à cooperação e ao sentimento positivo entre pessoas que trabalham juntas. Eles são especialmente potentes quando é a gerência quem dá para a equipe, desde que eles sejam expressos de forma sincera e não como estratégias para aumentar a produtividade — mesmo que esse seja o resultado obtido. Dê atenção aos sentimentos e preocupações de seus colegas de trabalho, aceite as dádivas e limitações deles, aprecie suas realizações e dificuldades, demonstre afeto pessoal e permita a eles um alcance total de responsabilidade enquanto expressa confiança e encorajamento. Encontre formas de colocar essas sugestões em prática no trabalho, na igreja ou em qualquer outro lugar fora de casa.

CUIDAR OU TOMAR CONTA? | Ser compassivo não significa tomar conta. A compaixão respeita o potencial para o poder de ativação do eu dos outros. Pergunte a si mesmo, em sua mente ou em seu caderno/diário, em que situação você se encontra na tabela a seguir. Considere a coluna da esquerda o seu programa de compaixão.

Cuidar	Tomar conta
Apoia a outra pessoa para que esta faça as coisas para si: cultiva a construção de habilidades.	Faz tudo para a outra pessoa: cultiva a dependência.
Vem da motivação de empoderar a outra pessoa.	Vem da crença de que a outra pessoa é impotente.
Tem a intenção de fazer uma contribuição.	Tem a intenção de manter o próprio envolvimento ou participação na vida da outra pessoa e depois desiste.
Facilita que a outra pessoa se torne um adulto mais eficaz.	Assume responsabilidades adultas e pode infantilizar a outra pessoa.
Ensina uma habilidade para uso futuro.	Executa uma habilidade e continua fazendo isso no futuro.
Adapta-se à disposição da outra pessoa de receber ajuda.	Impõe ajuda, tenha ela sido pedida ou não.
Respeita os limites pessoais em relação a como e quando ajudar: sabiamente condicional.	Tem disposição para ultrapassar os limites pessoais para satisfazer as necessidades do outro: altamente incondicional.
Responde de forma sincera às necessidades da outra pessoa.	Pode ter como principal intenção a satisfação das próprias necessidades.
É uma forma de respeito.	Pode ser uma forma de controle.

AVANÇAR | Existe um ditado zen que diz: "Sendo esse o caso, como devo proceder?" Essa pergunta extremamente adulta implica uma aceitação da realidade como é e de um par como ele é, ou seja, de forma atenta. Alternativas seriam "Sendo esse o caso, como você deve proceder?" ou "De quem é a culpa?" ou "Espero que você mude" ou "Vou revidar". Dessa forma, é um ponto de virada em relação ao comprometimento quando um par aceita o outro como ele é — por exemplo, como um procrastinador — e, em vez de reclamar, procura dentro de si a resposta para as perguntas: "Como devo proceder? Espero até que a pessoa vá se arrumar ou busco uma forma de cuidar de mim e resolver minhas preocupações usando meus próprios recursos?" Essa não é uma forma de nos distanciar de um par, mas de assumir a responsabilidade por nosso próprio comportamento ou situação. Isso nos dá poder porque nos coloca em contato com nossa autoridade interior. Tente aplicar esse ditado zen em seu relacionamento.

Como um extra, aprendi algo sobre isso com a voz do meu GPS. Quando não sigo as direções indicadas e erro o caminho, não importa se o erro foi grave ou idiota, ela simplesmente diz "Recalculando a rota", em vez de "Como é que você conseguiu errar isso?".

AUTOAFIRMAR-SE | Volte para qualquer frase neste livro que tenha sublinhado ou copiado em seu caderno. Elas podem tê-lo impressionado porque são as suas próprias verdades. Transforme cada uma delas em uma afirmação ao dizê-las em primeira pessoa, no presente, de forma positiva, e como algo que já é verdade para você. Por exemplo, a frase "Um comprometimento adulto é um empreendimento totalmente verdadeiro de amor contínuo" pode se tornar "Eu me comprometo comigo mesmo a ser verdadeiro no amor que dou". A frase "O medo deve receber os cinco As porque é parte de você; ele contém sabedoria e um objetivo" pode se tornar "Encontro sabedoria e objetivos nos meus medos quando presto atenção neles, aceito-os, tenho apreço por eles, admito que existem e trato meu eu amedrontado com afeto".

DISTINGUIR O PRESENTE DO PASSADO | Responda em seu caderno às perguntas a seguir e depois transforme o que escreveu em uma carta para o seu par: Você sente um vínculo essencial entre você e o seu par e o acompanha com um comprometimento diário existencial? Que formas esse comprometimento assume? Faça as mesmas perguntas em relação aos seus pais ou cuidadores e como estes trataram você em sua infância. Seu comportamento presente em seu relacionamento adulto é uma resposta à sua experiência original com seus pais ou cuidadores? Você está tentando refazer ou desfazer o passado? O que impede você de abordar, processar e resolver tudo isso na terapia em vez de representar isso em seu relacionamento?

A única coisa que evita que continuemos fazendo essa representação é um plano para mudar. Fazer e executar esse plano pode parecer quase impossível, mas é para isso que serve a prática. Tanto a saúde espiritual quanto a psicológica exigem apenas a prática, não a perfeição. Poucos de nós se sentem inteiros, exceto em alguns momentos. Da mesma forma, poucos alpinistas chegam ao topo do Everest, mas isso não significa que ninguém pode chegar lá. O Everest na psique é o amor, e o ego é perfeitamente capaz de chegar lá. Só precisa morrer e ressuscitar.

FORMAS DE MOSTRAR INTEGRIDADE E AMOR | Meu par, ou par em potencial, e eu podemos contemplar a lista a seguir de comprometimentos para a integridade e o amor. Podemos usá-la como prática, um item de cada vez, cada qual pelo tempo necessário para torná-lo parte de nossa vida. Eles se aplicam em três direções: na nossa, na dos outros e na do mundo. E podem constituir nossos padrões éticos para vivê-los pessoalmente, nossas regras de relacionamento com nosso par, família, amigos, colegas de trabalho, e o cuidado que temos com o mundo mais amplo. Nós não esperamos para ver se os outros estão fazendo igual. Os itens estão escritos em primeira pessoa, de modo que podemos tratá-los como afirmativas de nossos ideais, não importando como os outros agem.

Tenho trabalhado nessas práticas ao longo dos anos e sempre as atualizo à medida que encontro pessoas admiráveis que as exibiram e enquanto eu mesmo as pratico. Eu as dividi em três seções: padrões pessoais, diretrizes de relacionamento e alcance universal.

Um bom sinal de que alguém está pronto para um relacionamento íntimo saudável é seu comprometimento com esses padrões, principalmente se eles já estavam em prática mesmo antes de vocês se conhecerem.

Eu, no meu melhor: padrões pessoais

Aqui estão algumas práticas de integridade com base em valores humanísticos e espirituais. Elas nos ajudam a nos tornarmos amorosos em relação a nós mesmos, uma característica essencial da benevolência. Também são virtudes, os blocos de construção do valor e do respeito próprio, da completude e da boa saúde:

> Estou cuidando do meu corpo ao levar um estilo de vida saudável. Estou cuidando da minha mente e do meu espírito com trabalho psicológico em mim quando preciso e também com fé nas práticas espirituais.
>
> Eu me esforço para cumprir minha palavra, honrar meus compromissos e faço as tarefas que concordei em fazer.
>
> Eu me esforço ao máximo para agir de acordo com meus padrões de honestidade, justiça e respeito pela diversidade em todas as minhas relações, não importando como os outros ajam em relação a mim.

Não me aproveito da fraqueza, da carência, da falta de sorte, das fixações, nem mesmo quando a pessoa parece me idealizar.

Se estou em uma posição de poder ou de autoridade, não abuso disso nem me deixo corromper. Minha pergunta não é "Do que posso me safar?", mas "O que é o certo a fazer para todos os envolvidos?".

Sempre examino minha consciência de forma sincera e verdadeira. Faço inventário das minhas ações, buscando não apenas as formas como posso ter ferido os outros, mas também como posso ter deixado passar formas de ativar meus potenciais ou compartilhar meus dons; como ainda posso estar apegado a preconceitos ou à necessidade de revidar; como talvez eu ainda não seja tão amoroso, inclusivo e aberto quanto eu poderia ser.

Agora meço meu sucesso pela quantidade de amor que dou e não por quanto tenho na minha conta bancária, pelo quanto recebi por um negócio, por qual status conquistei ou quanto poder tenho em relação aos outros. O foco central e mais estimulante da minha vida é demonstrar meu amor no meu estilo único, de todas as formas que posso, aqui e agora, sempre e em todos os lugares, sem excluir ninguém.

Estou abandonando a necessidade de manter as aparências ou de projetar uma autoimagem falsa ou ostensivamente impressionante. Agora quero parecer como sou, sem fingimento, não importando que a imagem seja ruim. A alegria da transparência se tornou mais valiosa para mim do que causar a impressão "certa".

Aprecio um feedback positivo. Também recebo bem qualquer crítica construtiva que me mostra onde talvez esteja sendo menos carinhoso, tolerante e aberto do que posso ser. Quando mostram que estou sendo hipócrita, mesquinho ou não autêntico, não assumo uma postura defensiva, mas recebo bem a informação a respeito de onde preciso trabalhar.

Não estou tentando me relacionar com pessoas para cair nas boas graças delas. Ser amado por quem sou se tornou mais importante e mais interessante do que manter ou avançar no status sempre inseguro do meu ego.

Comecei a aceitar que o medo é um fato da vida, pelo menos para mim. Mas tem uma coisa com a qual posso me comprometer: não vou permitir que o medo me *impeça* de fazer o que preciso fazer nem que me *motive* a fazer o que não quero.

Posso conhecer ou ficar sabendo de alguém que sabe mais do que eu, tem mais talento ou mais sucesso. Estou abandonando a inveja e a rivalidade. Agora, me vejo admirando a pessoa e tentando aprender com ela. Aceito o fato de que as pessoas têm dons diferentes e em quantidades diferentes. À medida que deixo a inveja que divide e abro espaço para a admiração que conecta, sinto uma ligação com todos os meus companheiros humanos, uma verdadeira alegria.

Quando digo sim para a realidade de quem sou, com orgulho dos meus dons e consciência real dos meus limites, noto que posso me amar e que também me tornei mais digno de amor.

Compreendo que todo amor e toda sabedoria que tenho não vêm *de* mim, mas *através* de mim. Agradeço por todas as dádivas encorajadoras e digo sim ao chamado emocionante de realizar o potencial pleno de cada uma delas.

Esses ideais estão se tornando meus padrões pessoais. Confio neles como vias para a maturidade psicológica e espiritual. Já noto como estão aumentando minha autoestima. Gosto mais de mim quando sigo ideais assim e sei que estou no caminho para me tornar um ser humano melhor.

Noto que cada comprometimento nessa lista resulta em um *empoderamento*. Sinto-me mais forte, mais seguro de mim, mais à vontade no mundo, mais capaz de lidar com qualquer coisa que apareça no meu caminho. Tudo parece mais leve também. Virginia Woolf descreveu isso no romance *As ondas*: "A cada mês que passa, as coisas estão perdendo solidez; até mesmo meu corpo deixa a luz atravessá-lo."

Não sou duro comigo mesmo quando não consigo alcançar esses ideais, apenas continuo praticando com dedicação. A sinceridade da minha intenção e da minha dedicação ao esforço contínuo parece ser o equivalente ao sucesso. Consigo sentir que estou abandonando o perfeccionismo e a culpa por não ser perfeito.

Eu com os outros: as diretrizes que honro.

O segundo conjunto de práticas nos leva a aprimorar a forma como nos relacionamos. Estamos vivendo nossa prática de benevolência. Estamos nos abrindo para a forma como os outros nos veem, dando a eles uma experiência de calor humano e respeito. Nossos relacionamentos íntimos mostram um carinho incondicional comprometido com a conexão, mesmo enquanto mantemos limites saudáveis e respeitamos os dos outros:

Aprecio a forma como os **outros** me amam, não importando que esta seja **limitada**. Estou abandonando as expectativas ou **exigências** de que me amem como desejo ser am**ado**. Ao mesmo tempo, posso sempre pedir o tipo de **amor** que desejo.

Estou aprendendo a **amar** os outros quando eles mostram que são **confiáveis** e, ao mesmo tempo, também me comprom**eto** a ser confiável independentemente do que **os** outros façam.

Depois de um conflito, **permaneço** aberto a uma reconciliação. Ao **mesmo** tempo, estou aprendendo a abrir mão, com **carinho** e sem culpa, daqueles que demonstram que **não** estão dispostos a se relacionar comigo de **forma** respeitosa.

Aceito, sem julgamento, **o fato** de que ocasionalmente alguém vai desapa**recer**, não responder ou me dar o tratamento de silên**cio**. Posso, então, fazer uma tentativa de comunica**ção**. Se ainda assim não houver resposta, vou respeit**ar os** limites do outro e desistir sem culpa. Independ**entemente** do que acontecer, não vou usar estilos **assim** na minha vida.

Não admito que os **julgamentos** e as impressões dos outros contaminem **meus** relacionamentos pessoais. Como uma prática **de** mindfulness, eu me relaciono com as pessoas na **minha** vida com base na minha própria experiência, **não a** partir de fofocas. Peço a mesma coisa dos que **são** próximos: "Você é o que é para mim por causa da **experiência** que vivencio com você e peço que eu **seja** quem sou para você por causa da experiência que **vivencia** comigo."

Quando alguém da **família de** repente corta as relações comigo, peço a **chance** de uma conversa para que eu possa resolver o **rompimento**. Se a pessoa se recusar, respeito a **decisão** e me mantenho à disposição para retomar a **comunicação. Quanto a mim, escolho não abandonar os familiares que me ofenderam, assim como não me junto a familiares que querem boicotar alguém. Diante de uma rejeição familiar, lamento a situação e me mantenho aberto para a reconciliação.

Estou aprendendo a ser assertivo ao perguntar do que necessito ou o que quero. Peço sem fazer exigências, sem expectativas, manipulação ou crença de merecimento. Demonstro respeito ao tempo e às escolhas dos outros ao não me ofender diante de uma negativa.

Respeito a liberdade dos outros, principalmente daqueles que amo. Não vou me valer de aparência, discurso ou inteligência para enganar ninguém. Quero que os outros tenham o que desejam. Não estou tentando manipular nem intimidar os outros para fazerem o que quero que façam.

Não magoo nem ofendo as pessoas de forma intencional. Ajo com bondade para com todos, não para impressioná-los, ganhar aprovação ou obrigá-los de alguma forma, mas porque eu realmente sou uma pessoa bondosa ou estou trabalhando para isso. Se os outros não agradecerem nem retribuírem minha bondade, isso não me impede de continuar agindo de forma amorosa. Quando não consigo fazer isso (ou cumprir com nenhum dos meus compromissos), sou capaz de admitir, fazer as pazes e decidir agir de forma diferente da próxima vez. Agora, ficou mais fácil me desculpar e, quando necessário, faço isso com mais boa vontade. Tenho o cuidado de não acrescentar uma explicação ao meu pedido de desculpas que tente justificar meu comportamento. Estou ciente de que isso significa que estou dando permissão para mim mesmo para repetir a ofensa.

Quando sou ferido, posso guardar isso para mim ou reclamar bem alto! Posso pedir uma conversa. Posso pedir à pessoa que peça desculpas, mas também consigo deixar o assunto de lado quando as pessoas não estão tão abertas. Não importa o que aconteça, jamais escolho me vingar, guardar rancor, manter uma lista de erros ou odiar a pessoa. "Aqui se faz, aqui se paga" se transformou em "Que o que aconteceu possa ser uma lição de crescimento para todos os envolvidos". Desse modo, estou desejando a transformação dos outros em vez de uma retaliação contra eles. Estou em busca de reparação, não de vingança.

Noto que minha capacidade de perdoar os outros e a mim mesmo está se expandindo cada vez mais. Quando perdoo os outros, abandono as acusações, a má vontade e a necessidade de vingança. Essa transformação pela dádiva parece uma verdadeira libertação do ego.

Não permito que os outros abusem de mim. Quando são duros comigo, prefiro acreditar que isso é fruto do próprio sofrimento deles, uma forma confusa e triste de pedir por conexão. Reconheço com preocupação, mas sem censura ou escárnio.

Não me regozijo com o sofrimento e os fracassos dos que me magoaram. "Bem feito para eles!" mudou para "Que isso possa ajudá-los a evoluir".

Percebo que eu, assim como todos os seres humanos, tenho reprimido e desconsiderado algumas partes negativas e positivas de mim. Estou encontrando formas de detectar esse meu lado sombrio. Meu desprezo em relação a certos traços *negativos* nos outros me faz perguntar se eu mesmo não os tenho. Minha forte admiração pelas qualidades *positivas* nos outros faz com que eu me lembre de procurá-las em mim.

Tenho senso de humor, mas não às custas dos outros. Quero usar o humor para fazer graça das fraquezas humanas, em especial das minhas. Não conto piadas racistas nem preconceituosas, nem as ouço. Não faço comentários nem dou respostas com ridicularização, deboche, depreciação, zombaria, humilhação e sarcasmo. Quando os outros lançam mão do humor ácido direcionado a mim, quero sentir o sofrimento de nós dois e buscar formas de trazer mais respeito mútuo em nossa comunicação.

Não faço pouco de ninguém. Não rio dos erros dos outros nem de suas desgraças, mas procuro um meio de ser compreensivo e dar apoio.

Não tento constranger ninguém fazendo com que essa pessoa passe vergonha ou fique mal em público.

Não importa que eu esteja ocupado ou com pressa, escolho sempre agir com paciência e atenção em relação aos outros, em vez de ser grosseiro ou indiferente.

Estou praticando formas de expressar minha raiva contra a injustiça de forma direta e não violenta, em vez de agir de forma abusiva, intimidadora, ameaçadora, acusadora, fora de controle, vingativa ou passiva.

Estar certo é algo com que me preocupo cada vez menos, assim como insistir no meu ponto de vista em uma conversa ou projeto em grupo. Sou mais apto agora a ouvir e apreciar a contribuição dos outros, embora continue compartilhando meus próprios pontos de vista em uma conversa colaborativa. Quero que "estar certo" se transforme em "ouvir certo", "falar certo" e "fazer o certo".

Noto como existem pessoas que são excluídas do grupo. Em vez de me sentir reconfortado por ainda fazer parte do grupo, principalmente ao me juntar a fofocas a respeito de quem já saiu, quero sentir o sofrimento em ser um estranho. Então, poderei estender a mão e incluir todo mundo no meu círculo de amor, compaixão e respeito.

Numa situação em grupo, quando alguém é humilhado, constrangido ou criticado, não quero me sentir feliz porque o dedo acusador não está sendo apontado para mim. Quero apoiar a vítima da agressão ao pedir que a conversa tenha um tom respeitoso. Sei que defender a vítima pode fazer com que o intimidador se volte contra mim, então estou sempre trabalhando para fortalecer a minha coragem.

Quero ser leal a qualquer associação à qual eu pertença. Ao mesmo tempo, sei que minha afiliação não impossibilita que eu faça denúncias, se necessárias. Permaneço fiel à organização, mas não para encobrir coisas erradas. Também sei que tenho que me retirar se não me identificar mais com sua missão.

Olho para outras pessoas e suas escolhas com discernimento inteligente, mas sem julgamento ou censura. Ainda sou capaz de notar as falhas dos outros e as minhas próprias, mas agora estou começando a vê-las como fatos com os quais preciso lidar, em vez de defeitos a serem criticados e coisas pelas quais sinto vergonha. Aceitar os outros como são se tornou mais importante para mim do que eles serem como eu gostaria que fossem.

Evito criticar, interferir ou dar conselhos que não foram solicitados de forma específica. Cuido de mim e me mantenho afastado das pessoas que usam uma abordagem invasiva em relação a mim, mas, ao mesmo tempo, eu as mantenho no meu círculo espiritual de benevolência.

Estou disposto a participar de convenções e rituais sociais inofensivos que nos deixam felizes; por exemplo, jantares de família e aniversários. Se uma situação familiar ou social começar a ficar tóxica, eu me afasto com educação.

Sou cada vez menos competitivo nos relacionamentos em casa e no trabalho e encontro felicidade na cooperação e na comunidade. Evito situações nas quais a minha vitória significa que outros perderam de forma humilhante.

Nunca desisto de acreditar que todo mundo tem uma bondade inata e que ser amado por mim pode contribuir para trazer essa bondade para o mundo.

Comprometo-me com a transparência, a honra, a igualdade, o cumprimento de acordos e o trabalho para resolver os problemas, e ajo de forma amorosa e confiável.

Meu objetivo não é usar um relacionamento para gratificar meu ego, mas expropriar o meu ego para gratificar o relacionamento.

Quero que meu estilo sexual siga os mesmos padrões de integridade e benevolência que se aplicam a todas as áreas de minha vida. Cada vez mais, minha sexualidade expressa amor, paixão e leveza. Também continuo comprometido com um estilo adulto e responsável de me relacionar e aproveitar as relações.

Eu no mundo: o alcance do meu abraço.

Nosso comprometimento com uma vida de integridade e amor agora se abre para o mundo à nossa volta. Nós estamos nos tornando mais conscientes acerca das necessidades das pessoas cada vez mais distantes, pessoas que nunca vamos encontrar pessoalmente. Estamos nos tornando cada vez mais conscientes das necessidades do nosso planeta. Estamos nos tornando mais ativos na contribuição para o bem-estar dos outros e do mundo. E mostramos tudo isso de acordo com nossos dons e limites. Esse comprometimento com a universalização é a cereja do bolo de uma vida de amor. Nós passamos do autocuidado para o cuidado com o próximo e o cuidado além de todos os limites da família ou da Nação.

Sinto uma preocupação carinhosa pelo mundo à minha volta. Procuro formas de trabalhar para a Justiça e me comprometo com a não violência. Apoio a justiça restaurativa em vez da retributiva. Sinto que sou chamado para agir em relação a violações dos direitos humanos, preconceito, crimes de ódio, violência com armas de fogo, genocídios, armamento nuclear, injustiça econômica, mudança climática e exploração ecológica. Respeito a diversidade e me dedico à equidade. Continuo estudando e me informando acerca de todos esses assuntos.

Confrontado com o sofrimento no mundo, não desvio o olhar nem culpo Deus ou a humanidade, apenas pergunto: "O que *eu* devo fazer? Qual é a oportunidade disso para a minha prática de benevolência?". Sempre encontro formas de responder mesmo que minimamente: "É melhor acender uma vela do que ficar praguejando contra a escuridão."

Com a consciência planetária, caminho com cuidado na Terra com a intenção que São Boaventura descreveu como "uma cortesia em relação às coisas naturais".

Continuo colocando a intenção, ou a oração, de que um dia esses comprometimentos possam se tornar o estilo não apenas de indivíduos, mas de grupos na comunidade mundial: no mundo corporativo, político e religioso. Agora vejo a minha própria participação funcionando, com a política ou a religião como parte do meu comprometimento espiritual para cocriar um mundo de justiça, paz e amor.

Que eu consiga mostrar todo o amor que tenho
de qualquer forma que eu consiga,
hoje e sempre,
para todos, inclusive eu mesmo,
já que amor é o que somos de verdade
e é isso que estamos aqui para compartilhar.
Agora nada importa mais para mim
nem me dá mais alegria.
Que todo o mundo possa se tornar
um coração sagrado de amor.[1]

---

1 Como uma observação pessoal, compartilho com você as dez linhas de inspiração com as quais dou início a cada dia. Elas me lembram do meu chamado humano: amar sem reservas, não importa o que aconteça. Espero que você se junte a mim nessa prática. Sinta-se à vontade para copiar a inspiração/oração e compartilhá-la com outras pessoas. Quem sabe, se todos os leitores deste livro adotarem essa mensagem, haverá pelo menos algumas âncoras de luz e amor nesse nosso mundo à deriva. Digo isso porque não vou deixar de acreditar que o amor pode tornar a Terra o paraíso que ela foi destinada a ser.

9 | QUANDO O RELACIONAMENTO CHEGA AO FIM

Nós nos conhecemos por meio de nossos relacionamentos e como os terminamos.
— Sigmund Freud

NÃO PARECE HAVER MELHOR forma de descobrir sobre o que de fato era o relacionamento do que ao ver como ele termina e como nos sentimos em relação a tal término. Todos os relacionamentos terminam, alguns com uma separação, outros com divórcio, outros com a morte. Isso significa que, ao entrar em um relacionamento, nós implicitamente aceitamos que o outro vai nos deixar ou que nós vamos deixá-lo. O luto, dessa forma, está incluído no que aceitamos. No entanto, o luto está embutido em toda a nossa vida por causa dos términos, das mudanças, das transições e das perdas.

O luto no fim de um relacionamento vem de não mais atender às necessidades de alguém, especialmente os cinco As. Costumamos pensar que só sentimos isso bem no fim, mas provavelmente também o sentimos durante o relacionamento. No fim e depois do fim, lembramo-nos do luto que sentimos durante o relacionamento, não apenas do que sentimos no término. Talvez não tenhamos notado antes porque estávamos criando filhos, planejando coisas juntos, transando, indo ao cinema, tomando um drinque, pendurando cortinas. Ironicamente, quanto pior o relacionamento era, pior será nosso luto. Isso acontece porque, quando terminamos um relacionamento muito difícil, não estamos só abrindo mão do nosso par, mas também de toda esperança que tínhamos de que aquele relacionamento ia funcionar.

Também temos que admitir o fracasso de tentar manter vivo algo que já expirou. Nós acreditamos, errônea e infelizmente, que aqueles cinco As existiam em algum lugar em nosso par, e tudo que tínhamos que fazer era tentar evocá-los e um dia os veríamos emergir. Agora finalmente temos que admitir que esse dia nunca vai chegar.

No entanto, sentimos o sofrimento de forma ainda mais grave quando tentamos resistir inutilmente a um término necessário. Esperar é a parte dolorosa do processo de desistir. Do que desistimos? Bem, do que achamos que o relacionamento era e descobrimos que não era, do que tentamos torná-lo e não conseguimos, do que esperamos que se tornasse e vimos que não se tornou, daquilo em que acreditávamos que estava lá, mas cuja evidente existência nunca esteve lá. O elemento mais doloroso do luto pode ser essa última compreensão de que o que queríamos ter nem existia ali para termos. Como isso deve ser familiar, e principalmente angustiante, se tivermos passado por algo semelhante na infância. E podemos ver isso descrito na primeira linha de um poema de Emily Dickinson: "Uma perda de algo que sempre senti." Cresço quando admito que o luto, a carência, a solidão e a ânsia do início da vida são sentimentos que persistem na minha vida adulta. Aquela criança que quer mais continua existindo em mim. É ela que me faz comprar bolachas de chocolate quando passo no mercado com a intenção de só comprar repolho.

É por isso que os passos do trabalho acerca do luto relacionado a perdas da infância (consulte o apêndice) se aplicam também ao fim de relacionamentos. Se temos sentimentos mais fortes depois de um relacionamento do que vivenciamos enquanto estávamos nele, isso é um sinal de que nosso luto está revivendo perdas passadas. Estamos de luto por mais do que apenas esse término. Muitos términos ficam empilhados dentro de nós, esperando pela chance de receber a atenção das nossas lágrimas.

Durante um término sofrido e no meio de uma crise de infidelidade ou traição, nossa prática espiritual e todo o nosso trabalho psicológico podem não ser suficientes para restaurar a serenidade. Nossos pensamentos obsessivos impedem que meditemos por muito tempo, enquanto os *insights* psicológicos provam ser apenas paliativos. Isso não reflete uma deficiência em nosso programa nem em nossa prática. É só que nenhum desses dois trabalhos funcionam bem quando a adrenalina está fluindo rápido demais. Se não apreciamos Mozart nem a *Mona Lisa* neste momento, por exemplo, isso não significa que a arte é inútil. Todas as apostas estão suspensas quando alguém em quem confiamos nos machuca. Na desolação que se segue, o ego confronta seu verdadeiro estado: frustrado, com medo, preso a uma fixação dolorosa, e impotente para alterar o que os outros podem estar fazendo conosco. O herói chegando a esse portal só pode dizer: "Este deve ser o lugar!" O ego está pronto para se livrar de suas ilusões. Só existe uma opção razoável para nós: desistir completamente. Isso exige uma disciplina imensa porque o ego quer se afirmar e retomar o poder.

Ainda assim, nosso trabalho durante um término também é imensamente simples: temos que testemunhar os eventos e os jogadores em vez de ser os jogadores. Ou seja, nós deixamos os eventos se desenrolarem e usamos o que nos resta para nos preparar para o que vem em seguida. Haverá um próximo capítulo, por mais difícil que seja. Quando a hora chega, a porta se abre sozinha. Acreditar nisso exige fé na evolução.

Por fim, partir pode não ter a ver com querer sair do relacionamento. Pode ter a ver com conseguir mais espaço ou sair do marasmo, em vez de com um comentário sobre a adequação do par. Muitos relacionamentos terminam quando os casais precisavam apenas de um tempo.

SUPERAR COM ELEGÂNCIA

No primeiro dia, chorei e solucei de forma incontrolável, não consegui sair para trabalhar. No segundo dia, senti-me tão deprimido e chorei tanto que não consegui sair para trabalhar. No terceiro dia, chorei e consegui trabalhar pela metade do dia. Agora estou fazendo hora extra.

No início chorei: "Ela me abandonou!" Depois, lamentei: "Ela me deixou!" Hoje eu disse: "Ela não mora mais aqui."

Se você está se perguntando se deve ou não deixar um relacionamento, é crucial que discuta suas preocupações com o seu par. Depois, é aconselhável que procurem um bom terapeuta para que abordem, processem e resolvam suas preocupações juntos. Para começar, pode ser útil fazer a si mesmo as perguntas a seguir e notar se a maioria das respostas foi sim ou não. Responda a essas perguntas individualmente. Depois, você e seu par podem comparar as respostas.

- Vocês demonstram amor e respeito um pelo outro e se apoiam ao dar e receber os cinco As?
- Vocês gostam de estar um na companhia do outro e se sentem seguros quando estão juntos?
- Vocês costumam separar tempo para passar juntos?
- Esse relacionamento satisfaz as necessidades, os valores e os desejos de vocês?
- A vida sexual de vocês é satisfatória? Inclui beijos longos e apaixonados?
- Vocês continuam fiéis um ao outro?
- Você confia no seu par?
- Você e seu par estão dispostos a trabalhar juntos nos conflitos?
- Vocês mantêm acordos um com o outro?
- Em relação a mágoas do passado, vocês vivem em uma atmosfera de perdoar os fracassos do passado em vez de apegarem-se teimosamente aos ressentimentos?
- Seu par combina com o que você sempre quis para si em um relacionamento íntimo?

- Vocês estão juntos por escolha ou por causa da história, da família, das convenções sociais, da segurança financeira, da influência religiosa, da ausência de uma alternativa imediata, da inconveniência ou do medo de se separarem?
- Quando descreve como vocês se conheceram ou quando descobriram que estavam apaixonados, a história é contada com detalhes, entusiasmo e um sentimento de que foi um achado?
- Seu trio interior completo (coração, mente e intuição) concorda em manter o relacionamento?

Quando um relacionamento termina por separação ou divórcio, existem algumas sugestões práticas que podem ajudar. Primeiro, precisamos de um espaço para lamentar sozinhos e nos desapegar. Evitar isso ao se jogar em um novo relacionamento contradiz o curso da natureza. O trabalho no luto nos dá um ímpeto de crescimento ao nos ajudar a avançar para um nível superior de consciência. A pessoa que conheço logo depois de terminar um relacionamento provavelmente tem o mesmo nível de maturidade que meu ex-par. É mais provável que a pessoa que eu vier a conhecer, depois de ficar sozinho por um tempo e ter a chance de refletir, processar e crescer a partir da minha experiência, tenha um nível superior de maturidade. *Eu me comprometo a lamentar e a aprender, levando todo o tempo necessário e não permitindo que um novo relacionamento me distraia do meu trabalho.*

Enquanto você vivencia o luto, não está disponível para outras pessoas. Seus filhos sentem falta do pai ou do cuidador ausente e, dessa forma, eles também estão de luto. Na verdade, espere que o luto deles faça parte do seu também, porque você os está espelhando. Trata-se de um elemento normal desse processo, ainda mais quando a unidade familiar se rompe.

O fim de um relacionamento não precisa ser pautado pelo ódio nem ser competitivo em termos de ego. O espírito da compaixão pode pairar sobre nós. Pares (ou pelo menos um deles) podem deixar um relacionamento com benevolência, uma prática espiritual. *Que eu possa/nós possamos acolher o fim do nosso relacionamento.*

Transtornos do sono são normais nesse período. Também é possível cair em padrões usuais de autodestruição; por exemplo, anorexia, dependência química, pensamentos suicidas. O luto envolve um fim, algo que nosso corpo pode associar com um desejo de morte que estava enterrado dentro de nós desde a infância.

A terapia é essencial durante esse período, pois pode nos ajudar a abordar, processar e resolver as questões e a planejar a mudança. Como nunca estamos de luto apenas pela questão atual, a terapia também vai nos ajudar a trabalhar questões do passado até então enterradas. Pergunte-se: "É por isso que as perdas acontecem? O universo está me dando uma chance de me levantar do buraco em que caí?"

O luto é uma espécie de abstinência, que buscamos muitas vezes superar com álcool e drogas. "Estava me sentindo tão mal que tomei um calmante." A primeira oração fala de luto; a segunda, da fuga do luto. Alguém que está trabalhando o luto falaria algo do tipo: "Eu me comprometo a passar por esse período triste sem usar substâncias prejudiciais ou que me distraiam. Meu único plano é superar o que já acabou. Sei que consigo fazer isso melhor com meus próprios recursos internos e com os do meu sistema saudável de apoio."

No fim de um relacionamento, nos questionamos quanto ao nosso merecimento de amor. "Ele/ela não me amava de verdade (É o que percebo agora)", dessa forma, "Não sou merecedor de amor (Eu me culpo)" ou "Ele/ela é incapaz de amar (Eu culpo o outro)". Mas que tal "Mereço amor; ele/ela é capaz de amar e ele/ela não me ama"? Adultos abraçam essa última alternativa realista: *Qualquer pessoa é capaz de amar. Não existe alguém que não seja merecedor de amor. Nem todo mundo vai me amar.*

É comum se sentir compelido a contar sua história para qualquer um disposto a ouvi-la. Essa é uma fase normal do trabalho do luto. Repetir os detalhes traumáticos ajudam a absorver o choque e o estresse do que aconteceu. Um dia, porém, quando estiver contando a história de como você estava certo e o outro errado, você vai se sentir entediado. Esse é o sinal instintivo de que contar essa história não tem mais nenhum propósito útil. E, então, você vai parar. Com sorte, você tem amigos o suficiente para que não fiquem todos fartos de ouvir a história de novo e de novo até você chegar ao momento da libertação!

Um dia, a outra pessoa, o relacionamento e tudo o que aconteceu passarão a ser apenas informação. Esse é o sinal de que o luto seguiu seu curso e que você avançou de fase. É preciso paciência para chegar lá, mas você pode construir sua paciência com prática. Então, alguém vai dizer: "Vocês dois estavam infelizes juntos e o relacionamento deixou de funcionar e, agora que estão separados, vocês têm uma chance de serem felizes", e a honestidade simples dessa declaração vai ressoar em você com o baque da verdade.

O estresse obstrui o pensamento claro. É sábio evitar por um tempo tomar decisões tanto financeiras quanto legais, além de decisões sobre mudança, guarda dos filhos etc. É bem comum durante términos fantasiar sobre se mudar, como forma de fugir da dor. Ah, se as coisas fossem tão fáceis assim! É perigoso embarcar em qualquer nova aventura sem terapia ou feedback dos amigos nesse período. *Uma boa regra pode ser querer uma coisa por trinta dias consecutivos antes de decidir seguir adiante.* Isso se aplica principalmente a uma possível reconciliação.

O desejo por vingança contra um par que magoou você provavelmente vai surgir. Essa é a forma do ego de evitar a tristeza ao substituir interação por ação interior, ou seja, trabalho pessoal. Admita qualquer sentimento ou pensamento, mas evite agir quanto a eles. Como diz um velho ditado: você não pode evitar que os pensamentos surjam em sua mente, mas a decisão de se eles vão criar raízes é totalmente sua.

O trecho a seguir foi tirado de uma carta que um amigo querido me mandou quando estava passando por um divórcio difícil: "Sinto que me tornei mais gentil por não querer magoar as pessoas. De fato tenho pensamentos cruéis em relação a ela, mas não faço nada com eles. Ela não tem paz dentro de si, e um dia ela talvez acorde e mude, mas isso não tem nada a ver comigo." Esse é o som de um coração se abrindo e um ego se desintegrando.

Talvez você tema nunca mais encontrar alguém, acreditando que nunca mais ninguém vai querer você. Esse tipo de ilusão é paranoica, mas também tem um propósito no trabalho do luto: evita que você comece a procurar outra pessoa antes de estar pronto para ver quem você é.

Você talvez não consiga tirar a outra pessoa ou a traição da cabeça. O ego prefere escolher um lado de uma polaridade e ignorar a outra, o que ajuda a explicar a origem e a longevidade de pensamentos obsessivos nos quais só conseguimos nos concentrar em uma opção. Você não está na torre de controle. Na verdade, recebe o desafio de se tornar a pista de pouso. Admita qualquer pensamento e sentimento que possa pousar em segurança ou cair em cima de você. Isso é normal e geralmente vai diminuindo com o tempo.

É um erro se reconectar com um par antigo rápido demais. Nesse caso, ajuda ter um ego que é orgulhoso demais para implorar por contato! Qual é o momento de se reconectar de forma amigável? Provavelmente quando a obsessão acabou e você não quer nem precisa mudar a pessoa nem acertar as contas com ela. *O momento de voltar a entrar em contato é quando você não precisa mais desse contato, mas está pronto para normalizar as relações. Isso acontece quando o gatilho não acontece mais e toda a carga já se foi.* (Normalizar relações é especialmente importante quando se precisa resolver questões que envolvem os filhos.)

O luto não pode ser mandado embora com a força do pensamento. É melhor não tentar abandoná-lo, mas deixá-lo acontecer. Permita que o luto leve o tempo necessário, não importa o que seus amigos digam a respeito de quanto tempo você deve levar para "superar".

Tenha cuidado com falsas esperanças que surgem quando um par que vai embora parece estar em cima do muro em relação a retomar o relacionamento. Isso pode não ser um sinal de que a pessoa realmente quer voltar. A ambivalência é normal em qualquer rompimento. Em geral, existem muitas idas e vindas entre a declaração de término e a separação real. Permita que o tempo lhe diga se existe uma esperança razoável.

Uma pessoa que foi deixada pode se sentir como uma criancinha com o boné na mão, esperando que o colega seja legal ou que o aceite de volta. Esse é um sentimento normal que pode levar a uma vulnerabilidade saudável no futuro. A psique tem muitas formas de aprender a abandonar as dificuldades para deixar a luz entrar. Ao mesmo tempo, a criancinha suplicante o ajuda a aprender que você esperava demais dos outros. Aqui está um poema escrito pelo sexto Dalai-Lama: "Ah, eu exigi tanto de você/ nesta vida tão curta./ Talvez voltemos a nos encontrar/ no início do que vem a seguir."

"Seu ferimento é grave, sua ferida, incurável", disse o profeta Jeremias (30:12). Todo luto tem um elemento inconsolável. Sempre haverá algo não resolvido quanto à perda ou ao déficit. Esse elemento inconsolável é familiar da infância. É o que alimenta os anseios pelo par perfeito que acreditamos que vai evitar que sintamos qualquer tipo de luto.

As cicatrizes deixadas pelo luto podem, durante anos, ser feias ou podem se fechar bastante bem. O resultado depende da habilidade do nosso trabalho de luto, assim como as cicatrizes em nosso corpo indicam os diferentes níveis da habilidade dos médicos que cuidaram de nós no decorrer dos anos.

Se o seu relacionamento terminou quando seu par encontrou uma nova pessoa, como você se sentiria em relação a escrever uma carta com o objetivo de declarar o que está sentindo e pelo que está passando como resultado da traição: parou de comer, não consegue dormir, chora o tempo todo etc. O objetivo dessa carta não é mudar nada. Serve simplesmente para que a nova pessoa saiba o que aconteceu com você como resultado da disposição dela de começar um relacionamento com alguém mesmo ainda estando envolvida com você. Só tente isso se não esperar nenhuma resposta e não tiver o desejo de ferir ninguém. Uma alternativa é escrever e não mandar.

Resista ao desejo de dizer uma última coisinha para o seu par ou dar a ele mais informações que, na verdade, não passam de argumentos com a intenção de manipulá-lo a dar a resposta que você quer. Diga o que tem a dizer para a Lua, por exemplo, e a deusa que lá habita levará a mensagem até ele:

> *A lua cheia a postos sobre o mar*
> *Mostra a face radiante do céu*
> *Trazendo para os corações separados*
> *A pungência da noite.*
> *Sopro minha vela, mas continua claro aqui;*
> *Visto um casaco, mas continuo sentindo frio.*
> *Então, só posso ler minha mensagem para a lua*
> *Enquanto me deito desejando sonhar com você.*
> — Chang Chui-Ling, poeta chinês do século VIII

Leia os parágrafos a seguir bem devagar e depois sente-se em meditação. Eles resumem o processo espiritual que estamos aprendendo e se aplicam aos términos e a outros tipos de crise.

Os passatempos neuróticos do ego, ou seja, o medo, a fixação, a culpa, a reclamação, a expectativa, o julgamento, a preferência, a fixação aos desfechos, a necessidade de consertar as coisas, o controle, a atração e a aversão, criam uma invasão. A prática do mindfulness pode me libertar de tais abrigos limitantes e me ajudar a encarar a minha experiência de forma destemida exatamente como ela é. Se o meu mundo ruir, então a falta de uma base sólida é um convite libertador para reinventar minha vida. Na verdade, sem a base sólida conhecida usada para fugir, posso aceitar meu sofrimento de forma incondicional. O estado de mindfulness é como ver alguma coisa pela primeira vez, sem as distrações do ego. Dessa forma, outro nome para ela é *mente de iniciante*. A prática me oferece uma forma de trabalhar a favor da realidade, não contra ela.

O objetivo dessa prática não é acalmar a tempestade interior nem gerenciá-la, mas se sentar em silêncio no olho do furacão e, dessa maneira, espelhar e receber sua energia. Minhas tentativas frenéticas de consertar um colapso doloroso são um jeito de fugir de tal possibilidade. Minha aflição está em mim, não importa quão negativa e assustadora ela seja. Tudo que faço para evitá-la são fugas do impacto da minha vida como é agora e os ensinamentos que ela deveria ter deixado em mim. A sabedoria está em não fugir. E o mindfulness não tem a ver com ser uma pessoa composta, e sim com se compor de forma completa no aqui e agora, espelhando de verdade a nossa realidade imediata.

A falta de sentido às vezes me saúda no decorrer da vida. Quando permito isso e vou ao encontro dela e me permito ficar e seguir com ela, me sinto mais leve e iluminado. Permitir não é a mesma coisa que me afundar. Afundo quando me torno uma vítima dos meus pensamentos e permito que uma sensação de sua escuridão surja em meu corpo, livre de pensamentos, cheio de espaço. Esse corpo é o mindfulness. Agora eu pratico uma atenção não verbal às partes do meu corpo de forma gradual, da sola dos pés à raiz dos cabelos, enquanto vou soltando os pontos de tensão em cada parte.

Seja lá qual for meu pensamento ou sentimento negativo atual, consigo suportá-lo quando ele recebe hospitalidade da minha consciência atenta. Então, posso vivenciar experiências puras, de forma imediata e zen; por exemplo, vejo uma flor lilás sem desejar mais ou provo uma maçã sem o medo de não ser o suficiente:

Sou grato por não conseguir ser mais esperto do que os caminhos do Universo.
Que eu honre minhas confusões como meu caminho.
Que tudo que venha a acontecer exponha o meu autoengano e minhas tentativas de me esconder.
Que meu corpo seja minha testemunha e meu professor.
Que minha aflição e toda a minha prática tragam felicidade para todos os seres da Terra.
Que meu ex possa ser um Buda iluminado.

QUANDO ALGUÉM DEIXA VOCÊ

Selene é uma psiquiatra na casa dos 45 anos que tem o que chamamos de medo quase insuperável de sufocamento. Há anos ela começa e para a terapia e lê diversos livros como este. Ainda assim, o medo dela cresce quando há a chance de construir um relacionamento. A forma como se distanciou de seu companheiro, Jesse, tornou a vida um sofrimento para os dois. Jesse é um engenheiro de trinta e poucos anos e seu medo de abandono é quase tão grande quanto o medo de sufocamento de Selene, só que ele jamais leria um livro como este. No decorrer do relacionamento, quanto mais Selene exigia espaço, mais Jesse se agarrava a ela. E, quanto mais ele se agarrava, mais e mais espaço ela exigia.

Depois de cinco anos juntos, Jesse contou para Selene que tinha se envolvido com outra pessoa havia um tempo e que ia deixá-la. O relacionamento deles não funcionava mais para os dois havia já um bom tempo. Nenhum dos dois foi a fonte de cuidado do outro, e nenhum dos dois conseguiu compartilhar os sentimentos com o outro. Selene, na verdade, pensara em romper, mas agora, de repente, aquele relacionamento era o que ela mais queria na vida. O nome de Jesse se tornou mil vezes mais querido quando ele passou a ser associado ao abandono. O medo dela de sufocamento se tornou uma intolerância ao abandono.

Agora, Selene está em terapia há cinco meses e aqui está uma parte do diário que ela está escrevendo. Alguns registros se referem a Jesse e alguns são dirigidos a ele, mas ela não mandou nada disso para o ex porque sabe que esses escritos têm mais a ver com ela:

> Jesse não é mais só o Jesse, mas também é o astro do filme do meu drama interior. Ele foi o último homem que procurei, faminta e desesperada, em busca de cuidados que ele provou várias e várias vezes que não poderia me dar. Meus sentimentos poderosos de lealdade por esse vínculo e minhas reações em relação à perda não podem ser considerados pelo Jesse literal. Meu relacionamento com Jesse foi marcado por muito sofrimento, na verdade, e sei que foi melhor termos terminado. Só posso fazer meu trabalho se considerá-lo de forma literal, e não como uma metáfora. Será que, quando qualquer um dos pares decide ir embora, essa pessoa simplesmente se torna uma metáfora e deixa de ser um alguém literal?
>
> Jesse é o ator que pode representar Hamlet, ao passo que outros apenas conseguiram representar o Jack para minha Jill. Minha história tem um tema de "abandono pelo pai". De um jeito estranho, Jesse me deixou por outra pessoa. Minha

sabedoria interior e intuitiva devia saber que essa possibilidade existia desde o primeiro beijo e me trouxe um parceiro com o mesmo sabor do meu pai perdido. Quando o Jesse literal me deixa, sua versão simbólica adentra em meus sonhos e meu coração. Não consigo perceber a diferença! Imagino que só exista um Jesse para mim. Mas, dentro de mim, existe um Jesse arcaicamente elaborado, assim como existe o Jesse comum do lado de fora. O Jesse externo não pode ser responsabilizado por todo esse sofrimento. Essa perda é a perda da ilusão dele como o homem que seria o amor da minha vida. Na verdade, porém, só estou perdendo a chance de continuar usando-o como o manequim que pode usar as roupas dos meus desejos não satisfeitos, essa é a essência da minha solidão permanente.

Você e esse luto permitiram que eu me abrisse, mas você não pode satisfazer a necessidade que me ajudou a identificar. Você pode me abrir, mas não pode me preencher. A culpa não é sua. Essa é uma questão minha.

A sensação de que alguma coisa está faltando e o anseio de encontrá-la sempre fizeram parte da minha vida. Achei que esse par pudesse preencher isso. Meu trabalho é me curar e depois conhecer alguém para se juntar a mim nessa empreitada. Agora que o meu par se foi, crio a ilusão de que tudo estaria bem se ele estivesse aqui. Isso provavelmente acontece porque ele deu de cara com a porta lacrada da minha psique e agora eu o associo à satisfação, uma vez que o relacionamento com ele era significativo. Na verdade, ele não é a pessoa importante, e sim o gatilho importante. Agora ele é a imagem importante do gatilho.

Como consigo esquecer tão facilmente que eu não estava segura contra a solidão, mesmo enquanto estávamos juntos? Eu o convoquei para me defender contra meus próprios sentimentos e me resgatar de cair no buraco antigo da minha infância. Agora, é claro, ele aparece automaticamente na minha mente sempre que me sinto desolada e sozinha. Quando me sinto amedrontada, dou a ele poderes heroicos em vez de me convocar para ser a heroína da minha própria história. Preciso dispensá-lo e enfrentar a batalha sozinha, como uma adulta.

O Jesse que perdi representa todo mundo que já amei e perdi. Nunca o amei de verdade e de forma individual. Minha rede foi jogada muito mais longe. Eu queria todo o amor que não recebi. Ele me ofereceu uma chance disso. Ele finalmente fez todas as minhas esperanças e necessidades de ser amada parecerem, enfim, possíveis. Quando ficou claro que ele não tinha como satisfazer essas necessidades, projetei o resto nele, prendendo-o com ainda mais firmeza na minha vida. "As esperanças e os medos de todos os anos se encontram em você nesta noite!" (Acabei de me lembrar desse verso de uma canção de Natal. Agora percebo que conheço esse conceito desde que eu era uma criança.)

Recebi uma carta do Jesse literal que despertou sentimentos poderosos de esperança e pânico. Sei que preciso de um tempo longe para me curar da ferida causada pelo abandono dele. Ainda assim, sinto saudade e quero contato. Imagino que só esteja sentindo falta do Jesse físico, mesmo que eu fique muito melhor sem ele. Na verdade, estou sentindo falta do meu pai e de todos os homens que me deixaram, e quem enviou a carta é só o emissário e a personificação deles. Se eu responder, estou aceitando os sentimentos dele de forma literal, como se meus sentimentos fossem em relação ao Jesse físico. Se eu escrever para ele no meu diário e não enviar a carta, estou trabalhando de forma produtiva com o Jesse interior, meu assistente social no esforço para encontrar o meu lugar. Eu era uma pessoa desaparecida até Jesse me trazer de volta para casa. E voltei para casa quando ele saiu daqui.

Sei que eu também não era adequada para ele. Assim que se foi, prometi-lhe mundos e fundos para trazê-lo de volta. Eu não teria sido uma companheira melhor quando o fogo baixasse e nossa antiga rotina se restabelecesse.

Como nego todos os fatos antes inaceitáveis a respeito dele! Vivo me enganando ao pensar que ele era perfeito e que acabei estragando a melhor coisa que já tinha acontecido comigo. Eu exagero e inflo as virtudes dele (talvez da mesma forma que ele infla meus defeitos). Meu luto começa com uma negação que me protege do ataque total da perda poderosa. Minha negação suspende minha capacidade de fazer uma avaliação precisa. Então, aumento, distorço e embelezo o valor do que perdi. É isso que faz com que eu o queira de volta com tanto desespero.

Desejo ardentemente aquilo que menos me satisfaz. Consigo aceitar essa contradição, essa carência irracional, como uma parte aceitável de mim? Vou ficar bem desde que eu não aja sobre a minha carência e ligue para ele para conseguir uma recaída. O que me faz pensar nisso? Estou desesperada por proximidade. Sou viciada em buscar o que preciso em alguém que não tem como me dar. Não é que ninguém possa, é só que ele não tem como. Preciso ficar comigo mesma agora, nesse estado totalmente lamentável. Testemunhar a criança abandonada e frágil dentro de mim talvez me ajude a sentir compaixão por um eu que abandonei tantas e tantas vezes. Será que tal compaixão pode constituir uma forma empoderadora de passar por isso?

Lembro-me das vezes em que abracei você com amor, te ouvi e acariciei seus pequenos pontos fracos. O que fiz por você era algo que eu mesma precisava e desejava. *Mostrei a você como eu queria ser amada ao amar você do mesmo jeito.* Não notei que você não retribuía. A parte de mim que quer você de volta é a criança assustada e carente que realmente precisa ouvir minha voz e sentir meu abraço. A parte de mim que sabe que chegou a hora de desistir é a adulta. A parte amorosa e poderosa de mim permite que você me deixe e que eu continue meu caminho.

Baixei minhas defesas, e os outros me dizem que estou mais atraente. Uma época fértil para mim: sou capaz de quebrar hábitos de autoderrota e de sabotagem da intimidade. Quanto tempo até eu voltar para os antigos padrões de medo?

Minhas conversas internas sobre as coisas de alguma forma se resolverem entre nós no futuro são parte da fase de negociação com o luto. Também parecem me ajudar a recuperar parte do que se parece com o meu poder.

Jesse, como você consegue me ver sofrendo assim sem fazer nada para impedir? Tudo o que você precisa fazer é voltar. Eu sei que quero o relacionamento de volta apenas para colocar um ponto-final no meu sofrimento, e não para recuperar algo de valor de verdade. Sinto a tristeza desse relacionamento e imagino que estou sentindo apenas a tristeza do término.

Sinto-me abandonada agora que você se foi. Mas você me abandonou emocionalmente durante todo o nosso relacionamento sem nunca nem perceber. Mesmo agora, em vez de admitir isso, estou aqui idealizando o passado que tivemos juntos. Não que a culpa seja sua; isso tudo tem a ver comigo e a força com a qual me agarro às ilusões. Você é perfeito do jeito que é, Jesse.

Enxergo através da minha crença mágica nas palavras: cartas ou palavras para você manipular uma resposta que não será respondida nem vai funcionar agora. É como se eu estivesse ligando para alguém e a linha estivesse ocupada enquanto a pessoa conversa com outro interlocutor. Não posso mais me enganar. Sei que minha necessidade de entrar em contato com você não é puramente para vê-lo nem ouvir sua voz, mas para convencê-lo e manipulá-lo. Meu ego quer vencer, e é por isso que preciso me manter afastada. Se eu voltar para vencer, isso só empoderaria o meu ego fracassado.

Eu jamais teria saído desse relacionamento terrível. Você e seu novo par intervieram quando eu não consegui. Você terminou o que eu estava postergando. Lamento que você tenha ido e, ao mesmo tempo, que tenhamos deixado as coisas se arrastarem tanto.

Será que anseio o antigo relacionamento sem futuro que tinha que terminar ou será que anseio o possível novo relacionamento com futuro, o qual não posso começar até me livrar do antigo? Selene, não estrague suas chances de ser livre!

Sinto-me como uma criança lamentando que meu amiguinho está brincando com um colega novo, e não comigo. Essa perda me atinge bem naquele nível de criança rejeitada na minha psique. Minha antiga necessidade não satisfeita por cuidados é responsável pela força com a qual estou me segurando no fim.

O sexo foi o melhor catalisador para minha autoilusão. E sexo não serve como um indicador confiável de um bom relacionamento porque pode ser ótimo mesmo quando ocorre entre pessoas que não têm absolutamente nada a ver, como foi o nosso caso. Nada disso é sua culpa, Jesse.

Jesse não estava me dando o que eu precisava em um parceiro. Mas, se eu tivesse aberto mão da minha esperança, teria sofrido, portanto me segurei. Mesmo agora, ele tem toda a divindade e a aura de anseio por amor e se posta como um ídolo, não importa que a convicção da minha mente diga que ele não passa de um santo do pau oco. Quando essas duas imagens finalmente se separam, meu pedido para ser amada voltará à sua fonte dentro de mim, e ele será reduzido ao tamanho de "alguém que conheci um dia". Fazer o trabalho e não manter contato é o melhor caminho para libertar a iconoclastia.

Em vez de estender a mão para ter minhas necessidades satisfeitas, será que vou optar pela repetição de um ciclo antigo? Pode ser que eu cometa o mesmo erro. Um novo rosto faz com que alguém pareça ser uma nova pessoa, mas talvez seja apenas a mesma projeção; é como se eu estivesse escolhendo um novo ator para representar um papel antigo. Talvez o que eu realmente anseie no fim das contas seja o potencial ainda não aberto do autocuidado. Meu anseio não é encontrar a sorte ao lado de alguém, mas, na verdade, encontrar as pistas de onde eu mesma vou encontrar o meu tesouro enterrado.

Preciso ver o fim desse relacionamento, do mesmo modo que vejo as rosas murcharem: sem culpa nem interferência. Darei um presente para o mundo em agradecimento pelas dádivas que me ajudaram a crescer.

Por que escolhi o nome "Selene" nesse exemplo? Porque, na mitologia grega, Selena é uma deusa da Lua, nossa Mulher de Fases. Neste livro fizemos uma jornada juntos por todas as fases do relacionamento, da lua nova do início da vida até a lua cheia do comprometimento na vida adulta. Espero que vocês, queridos leitores, saúdem cada fase dos seus respectivos relacionamentos com amor e entusiasmo amoroso. Que vocês vivam por tempo suficiente para que vejam muitos ciclos e que nunca precisem encarar um eclipse por muito tempo.

EPÍLOGO

*É só em um relacionamento que se enxerga a face
do que realmente é.*
— Jiddu Krishnamurti, *Journal*, 1982

Vamos olhar uma vez mais para os temas da nossa jornada: as ideias e as ferramentas para as quais espero que você volte quando a dança do relacionamento se tornar estranha ou sobressaltada. Os cinco As são atenção, apreço, aceitação, afeto e admissão. Nós estamos em uma jornada heroica que começou com a necessidade de receber esses cinco As dos nossos pais ou cuidadores e depois com a busca contínua deles em nossos pares da vida adulta, terminando com o ato de dá-los para o mundo como um empreendimento espiritual.

Quando os pais dão uma boa criação na infância, isso afeta favoravelmente nossos relacionamentos adultos. A infância pode afetar negativamente nossos relacionamentos adultos se nos deixar com um sentimento de perda ou negligência, mas você pode lamentá-los e abrir mão deles. Os buracos da nossa infância podem até mesmo se tornar portais de caráter e compaixão.

Ao abordar, processar e resolver nossas questões, conseguimos encontrar nossos desafios da vida adulta. E através da prática de mindfulness e benevolência, podemos encontrar nossos desafios espirituais.

Podemos fazer avanços psicológicos e espirituais quando estamos dispostos a abrir mão das características do ego inflado: medo, fixação, controle e crença de merecimento. Isso acontece por meio de uma combinação de nossos esforços e por meio de uma dádiva. Quando abrimos mão dessas características, aprendemos a amar o nosso par e o mundo. Estas são afirmações de pares amorosos que se dedicam não só um ao outro, mas a todos nós:

- Acreditamos na possibilidade abundante dentro de cada um de nós de trazer amor para o mundo. Queremos nos reconciliar com aqueles que nos feriram e ajudar nossos amigos a se reconciliarem uns com os outros. Sofremos quando estão brigando. Sempre buscamos formas de consertar as rachaduras dos relacionamentos.
- Um bom desfecho e os créditos dele não são preocupações nossas. O que nos importa é a eficácia da nossa cooperação, não os elogios que podemos receber individualmente. Nosso poder não é individual, e sim relativo. Preferimos a liderança à dominação. Se os outros compartilham dessa preferência, então o nosso status depende da nossa capacidade de resolver conflitos, ter uma nova visão e servir aos outros de maneira criativa.
- Não abandonamos as pessoas. Se alguém parece inadequado, pouco inteligente ou insensível, isso só significa que temos mais espaço em nosso coração para ele. Notamos mais tolerância dentro de nós e mais incentivo para oferecer nosso tempo e serviço para proteger em vez de difamar. Nós nos relacionamos com o sofrimento, sem julgamentos. Mantemos os outros em nosso círculo de amor, mesmo quando eles nos assustam, não gostam de nós ou falham conosco.
- Não humilhamos quem age de forma irresponsável ou tóxica. Pelo contrário, sentimos compaixão por aqueles que estão tão presos ao ego ou ao vício que perdem a razão e colocam em risco a própria felicidade. São nossos irmãos e irmãs, são nossos iguais. Buscamos formas de apoiar a recuperação deles e compartilhamos informações com eles.

- Não desistimos dos outros nem de nós. Pensar que eles, ou nós, "nunca vão mudar" é uma forma de desespero, uma escolha que cancela as possibilidades e nos fecha para os milagres inesperados. Nós nos atrevemos a perseverar com uma fé subversiva na vida e nas pessoas.
- Nossa prática do coração não surge do moralismo e das regras, mas de uma benevolência inalienável. Nascemos com ela e aprendemos como ela funciona por meio da prática. A benevolência é o coração em ação, uma inclinação generosa, um cuidado genuíno, uma capacidade de ser tocado pelas necessidades e pelos sofrimentos dos outros.
- Temos o compromisso constante de servir aos outros e não reivindicar que temos respostas para os dilemas e as contradições da vida. A melhor resposta vem da ação, não do intelecto. Por exemplo, podemos ouvir esta pergunta: "Se o amor rege o mundo, por que existem crianças passando fome?" E nossa resposta é simples: "Nós alimentamos crianças famintas." "Por que tanta gente boa tem uma morte dolorosa?" se torna "Trabalhamos com pessoas no leito de morte". Em outras palavras, é vivendo que encontramos o significado da vida. Quando se percebe a interconexão intensa e contínua com tudo e com todos, o amor é a única resposta possível. Nossos pensamentos, palavras e feitos levam à compaixão que transborda por nós, não importa o que aconteça. Shakespeare descreve esse processo em *Rei Lear*: "Indivíduo mui pobre, que os reveses da fortuna amansaram e que pela arte das desgraças alheias e das próprias à compaixão se revelou sensível."
- Não vamos nos desesperar de amor, mas trabalhar por ele. Nossa jornada humana parece ser totalmente voltada para o amor, descobrir o que é o amor e depois aprender a dá-lo e a recebê-lo. No decorrer da leitura e do trabalho neste livro, ganhamos um senso mais

completo do que é o amor e nos tornamos mais habilidosos para compartilhar esse sentimento em um relacionamento que agora é totalmente adulto.

Resta ainda uma pergunta para quem chegou até aqui: *Estou melhorando na arte de amar?*

> Digo sim para tudo o que, hoje, acontece comigo como uma oportunidade de amar e sentir menos medo.
> Que eu possa demonstrar amor onde quer que eu esteja hoje.
> Que eu possa demonstrar compaixão por todos aqueles que sofrem, inclusive por mim.
> Que eu possa sentir alegria por todas as coisas boas que acontecem com qualquer um de nós.
> Que eu possa reagir com tranquilidade, serenidade e coragem a todos os desafios do dia a dia.
> Tenho um destino singular: demonstrar aqui e agora o desígnio eterno do amor que mora dentro de mim. Sei que minha existência se deve a isso.
> Confio que o que quer que aconteça comigo é parte de como este destino se desenrola.
> Confio que nada que acontece comigo é capaz de cancelar a minha capacidade de continuar amando.

APÊNDICE: OS PASSOS E AS MUDANÇAS DE UM LUTO COM MINDFULNESS

Devemos, em lágrimas,
Desfiar as tramas de um amor tecido durante anos.
— Herny King

UM LUTO ATENTO SIGNIFICA passar **pela** tristeza e se libertar do passado sem expectativas, medo, **censura, culpa, vergonha,** controle etc. Sem esse luto atento, **nem** o passado nem a pessoa podem descansar em paz. **Quando** vivemos o luto de forma atenta, lamentamos decepções, **insultos** e traições que agora estão irrevogavelmente perdidos **no** passado. Lamentamos qualquer abuso, tenha sido ele **físico,** sexual ou emocional. Sofremos pela forma como nossos **pais** ou cuidadores não nos desejaram, não nos amaram ou não **conseguiram** ultrapassar as próprias necessidades por tempo **suficiente** para nos enxergarem como os seres merecedores de **amor** que éramos e permitirem que surgíssemos como um ser **único.** Sofremos por todas as vezes que eles recusaram a dádiva **que** queríamos lhes dar: a visibilidade total do nosso verdade**iro** eu, não o eu que tivemos que fabricar para agradar ou pro**teger.** Sofremos por todas as vezes que eles viram como estávamos **a**medrontados, melancólicos e tristes e, ainda assim, não **reagira**m, não demonstraram piedade nem se desculparam. **Sofremos** porque, mesmo agora, depois de todos esses anos, eles **ainda** não admitiram o abuso e a falta de compaixão.

Por que sofremos pelo que nunca tivemos? Porque tivemos um sentido instintivo dos cinco As da boa criação e, quando não recebemos isso dos nossos pais, sentimos essa ausência. Sofremos porque nossos pais ou cuidadores sentiram a mesma coisa e, de alguma forma, ignoraram. Sofremos porque fomos magoados por aqueles que nos amaram: "São feridas com que fui ferido em casa dos meus amigos" (Zacarias 13:6).

O luto é um processo. Ele continua durante toda a nossa vida à medida que descobrimos novos níveis no sofrimento e nas perdas que sentimos no passado. Uma vida não será suficiente para nos libertar de tudo. Basta dar o nosso melhor para liberar nosso sofrimento, para que a energia fixada no passado possa ser reinvestida no presente.

A posição favorita do luto é montado nas nossas costas. Se sou abandonado no presente e me permito o luto por tal abandono, todos os antigos abandonos do passado que estavam esperando sua vez pulam nas minhas costas para também serem lamentados. Nessa carga também está incluso o luto de toda a humanidade, de forma coletiva, o que Virgílio chama de "as lágrimas das coisas". Estes são os fatos de um relacionamento: o sentimento de que algo está faltando, intimidades fugidias, rompimentos inevitáveis. Carregamos a sensibilidade em relação a tudo isso em nosso coração, e nosso luto pessoal as convoca. Que forma de se descobrir que não estamos sozinhos! Carregamos a herança de um passado arcaico e continuamos a alimentando com nossa experiência pessoal.

Carl Jung sugere que trabalhar nas questões da infância é um primeiro passo necessário em direção à consciência espiritual. Nas palavras dele: "Deve-se primeiro lidar com o inconsciente pessoal... Caso contrário, o portal para o inconsciente cósmico não poderá ser aberto." Os passos descritos neste apêndice foram desenvolvidos e revistos de acordo com meu trabalho com muitos pacientes e em muitas aulas sobre luto, perda e abuso na infância. Eles também podem ser adaptados para o luto motivado por uma morte, o fim de um relacionamento ou qualquer outra perda pela qual passamos durante a vida. Não temos como compensar tais perdas, mas podemos aprender a tolerá-las ou as conter. É disso que se trata a jornada comovente pelo luto. "Nossas almas são amor e uma despedida eterna", escreveu W. B. Yeats.

O luto é uma ação, não uma transação. É nossa responsabilidade pessoal, de modo que não passamos por ele junto das pessoas que causaram tal perda, incluindo nossos pais ou cuidadores. *Nós interrompemos a nossa própria cura enquanto ainda precisamos dizer aos nossos pais como achamos que eles foram ruins.* No entanto, é adequado pedir informações aos nossos pais a respeito do que aconteceu conosco. Se você contar para eles que está trabalhando o seu luto, certifique-se de fazer isso como um compartilhamento de informação, e não para os convencer de que estavam errados, magoá-los ou se vingar deles.

Alguns de nós ainda não estamos prontos para encarar o que realmente aconteceu; desconfiamos ou talvez até saibamos que não temos a força necessária para seguir todo o processo até a conclusão dolorosa. É importante respeitar essa hesitação e honrar o tempo de cada um. Algumas lágrimas podem ser derramadas hoje; algumas, no ano que vem; e outras, daqui a trinta anos. A criança interior do passado conta a história dela aos poucos para evitar que tenhamos que lidar com tudo de uma vez. "Apressar ou atrasar é uma interferência", diz D. W. Winnicott. O fato de que o luto leva tanto tempo para ser resolvido não é um sinal da nossa inadequação, e sim sinais da profundidade da nossa alma.

PASSO UM: PERMITIR-NOS SABER OU LEMBRAR

Para mostrar o bem que adveio da minha experiência, preciso contar coisas que não foram tão boas.
— Dante, *Inferno*

Embora eventos passados assombrem para sempre nossa psique, nem sempre é fácil recuperar essas lembranças. Uma sensação ou intuição em relação a algo que aconteceu (traços da memória) é o suficiente para começar o processo do trabalho de luto. Basta se lembrar de qualquer forma na qual nossas necessidades não foram satisfeitas ou atendidas. Se nenhuma lembrança específica surgir, então uma sensação de tristeza é o suficiente.

A partir da lembrança do motivo do luto, podemos conversar com alguém em quem confiamos. "Pondes trancas em vossa liberdade, negando-vos a revelar a um amigo o motivo de vossa tristeza", diz Rosencrantz a Hamlet. Recitar abusos do passado valida nossa experiência, e, como acontece com todos os depoimentos, isso requer uma testemunha — não do abusador, mas de uma pessoa justa, alerta e confiável, como um terapeuta ou um amigo — que será capaz de ouvir a história com mindfulness (ou seja, sem ter que julgar, consertar, maximizar ou minimizar). Conversar sobre nossas lembranças com essa pessoa pode levar ao espelhamento: a reação amorosa de quem entende, aceita e permite nossos sentimentos. Esse espelhamento permite que saibamos que nossos sentimentos são legítimos e os liberta da vergonha e do segredo. Quando nossos pais não espelham nosso sofrimento, os sofrimentos futuros vão nos desestabilizar, nos devastar e nos descentralizar. Agora, retomamos os sentimentos não espelhados ao tê-los, finalmente, espelhados de volta para nós. É uma outra jornada, dessa vez do abandono para a comunhão.

Vale lembrar também: um relato cognitivo do passado pode ser apenas uma lembrança de uma lembrança, a não ser que esteja fortemente conectado com um sentimento físico, porque cada célula do nosso corpo se recorda de cada evento que nos foi impingido na infância. O corpo, mais do que a mente, é o verdadeiro inconsciente humano, armazenando tanto a lembrança do sofrimento quanto das nossas tentativas de evitá-lo. O trabalho, então, é encontrar um sentido aguçado do que sentimos, e não necessariamente uma narrativa exata de tudo o que aconteceu. Na verdade, o conteúdo das lembranças é menos crucial do que os conflitos que representam e as encenações às quais ainda estamos presos. Essas são as verdadeiras vítimas do luto, e não a recordação do que aconteceu.

Na verdade, talvez nunca realmente saibamos o que aconteceu em nosso passado, não porque a recordação se perdeu, mas porque está em constante mudança em nossa memória. Em cada fase da vida, ela se reorganiza para se encaixar em nosso novo senso de eu e do mundo. As lembranças são seleções do passado. Desse modo, nosso objetivo não é tanto o de reconstruir a lembrança, mas de reestruturar nosso *sentimento* geral em relação ao passado para que se encaixe em nossas necessidades que estão em constante mutação. Mark Twain gracejou: "Quanto mais velho fico, mais claramente me lembro daquilo que não aconteceu."

Prática

RECORDAR

- Conte sua história. Essa é a forma adequada de absorver um choque. Se não for fácil contar sua experiência em palavras, desenhe ou desenvolva qualquer tipo de expressão para manifestar o que não consegue com palavras. Também considere uma pista qualquer resistência que sinta. Talvez seja a forma que sua psique tem de dizer que ainda não chegou a hora de fazer esse tipo de trabalho. Honrar a mensagem também é uma forma de cura.
- Seu sofrimento presente é o cavalo no qual você pode cavalgar de volta ao passado. Cavalgue cada sofrimento do presente para um sofrimento do passado.
- Trate qualquer reminiscência como a revelação de algum aspecto sobre si, algo cuja extensão ou seriedade

você um dia teve medo de admitir para si ou para outra pessoa. A reminiscência significa revelar o abuso, e não o carregar como um fardo. É uma admissão para você mesmo do que aconteceu e como se sentiu em relação àquilo. Não importa se a lembrança é precisa ou não. Você está trabalhando no impacto subjetivo, não na precisão histórica.

- Evite se preocupar com o motivo que ocasionou o abuso. Indagações como essa acabam nos levando de volta à nossa mente racional, o ego enganador que vai executar a tática usual de distração e consolo. Em vez disso, transforme cada "Por quê?" em um "Sim". Meister Eckhart uma vez disse: "A única forma de viver é como a rosa: sem um porquê."

- Faça a distinção entre um pai ou cuidador ansioso e neurótico que descontou o próprio sofrimento em você e um pai ou cuidador malicioso, mesquinho ou cruel que sentia prazer em ferir você. Este último inflige uma ferida mais profunda e deixa uma cicatriz mais séria em nossa capacidade de confiar em relacionamentos futuros.

Nesses primeiros estágios da lembrança e do sentimento, não defenda seus pais ("Eles não sabiam nada disso na época", "É diferente agora"). Em geral, a compaixão e o perdão não vêm antes da raiva, mas depois.

A recordação levanta uma questão perturbadora e desconcertante: "Pelo que eu estava pagando?" Qual sofrimento do(s) meu(s) pai(s) eu tive que compensar? Estou enfrentando uma tortura para pagar pelos defeitos dos meus ancestrais? Toda a minha vida adulta é uma síndrome de estresse pós-traumático como uma reação de tudo que passei na infância?

- Na terapia, é melhor trabalhar o reforço de uma segurança interior antes de partir diretamente para o trabalho em lembranças do passado. Além disso, o trabalho de luto que se segue aqui foi desenvolvido para aqueles que não passaram por situações graves de abuso ou trauma. Experiências assim exigem um trabalho preparatório maior para estabelecer uma segurança interior antes que você possa começar a processar e curar as lembranças.

- Uma ferida não nos destrói. Ela ativa nossos poderes de cura. A questão não é "deixar tudo para trás", mas continuar nos beneficiando do poder que foi despertado.
- Contemple fotos dos seus pais antes de eles se conhecerem. Coloque as fotos uma ao lado da outra. Fale em voz alta ou escreva para cada um deles o que os espera e que eles nem poderiam imaginar; por exemplo, divórcio, abuso, você e sua história com eles. Depois conte a eles tudo de positivo que aconteceu. Note como pode surgir uma compaixão pela história deles.

O primeiro passo é o único que realmente precisamos dar. Os outros seguem seu curso. Sentimentos complexos vão surgir e, com estes, repetições instintivas de eventos, perdão compassivo, libertação e rituais para comemorar o processo. Por fim, quando notarmos que estamos relembrando e sentindo saudade das coisas *boas* que nos aconteceram, estamos sentindo nostalgia, ou seja, o luto leve que sinaliza o pôr do sol do trabalho do luto.

PASSO DOIS: PERMITIR-NOS SENTIR

Os sentimentos específicos do luto são tristeza, raiva, mágoa e medo (até mesmo terror). No luto atento, nos tornamos a pista de pouso que permite que os sentimentos cheguem. Alguns caem, alguns pousam com suavidade. Alguns nos machucam, mas nenhum deles o faz de forma duradoura. Permanecemos ali enquanto eles taxiam para longe ou enquanto retiram os destroços. Podemos confiar que vamos sobreviver; fomos construídos para isso.

Surpreendentemente, a negação representa um papel no luto saudável. Para quem convive com um vício, a negação é uma forma de não encarar a realidade. Mas, para pessoas que estão trabalhando no luto da infância, a negação é uma forma saudável de permitir que a dor entre aos poucos, para que consigamos lidar com ela de forma segura. É normal evitar o ataque total de uma perda e todas as suas implicações. O luto *aterrorizador* é aquele que não nos permite desacelerar a entrada de informações — por exemplo, a notícia repentina da morte de um ente querido —, mas que nos deixa impotentes e sem defesa e proteção diante da informação inalterável e irreversível da perda.

Prática

Isso não tem a ver com quem eu sou, mas com o que aconteceu comigo.

PERMITIR O SURGIMENTO DOS SENTIMENTOS | Trabalhar o nosso luto tem a ver principalmente com liberar a tristeza, que costumamos expressar por meio das lágrimas. Não importa a idade, chorar é adequado quando o amor que desejamos instintivamente não chega. Não se trata de um sinal de infantilidade, mas de permitir que nossa criança interior sinta com autenticidade. A melhor forma de luto é nos permitir o sentimento de tristeza não apenas pelas perdas do passado, mas também pelas do presente. Nosso luto ocorre porque não recebemos os cinco As dos nossos pais ou cuidadores e porque também não os estamos recebendo do nosso par.

Lembre-se também de que, além da tristeza, o luto pode envolver o processamento de diversos outros sentimentos. A não ser que seja expresso e processado, o sofrimento se torna autopiedade. A raiva não expressa se torna amargura. A tristeza não expressa se torna depressão. O medo não expresso se torna um pânico paralisante. E tudo isso resulta em abuso, só que agora somos nós que o estamos infligindo a nós mesmos.

De acordo com a mitologia grega, o vinho se originou das lágrimas de Dionísio, que chorava pela morte de seu amante, Ampelos. A mensagem no mito é a de que, no final, o luto se transforma em alegria. Abandonar o medo e a raiva no luto é um caminho poderoso para descobrir a serenidade e uma nova perspectiva de liberdade. Realmente, o Bhagavad Gita diz: "O que no início era uma taça de tristeza, logo se torna o vinho imortal."

CONECTAR SENTIMENTOS A LEMBRANÇAS | Quando uma lembrança dolorosa da infância ou de qualquer experiência do passado surge de repente, no decorrer do dia, você pode tratá-la como um portal para algum trabalho do luto. Responda as perguntas a seguir, permitindo que o seu sentimento surja com elas:

> Como foi minha tristeza no passado? Como é a minha tristeza agora? Onde no meu corpo eu me permito sentir essa tristeza?
> Como foi minha raiva no passado? Como é a minha raiva agora? Onde no meu corpo eu me permito sentir essa raiva?
> Como foi meu medo no passado? Como é o meu medo agora? Onde no meu corpo eu me permito sentir esse medo?

Se algum sentimento surgir, agarre-o até que diminua de intensidade, então imagine-o passando por você como um raio atravessa um para-raios e, em seguida, entra no chão, ou seja, na terra. Sempre podemos confiar na Mãe Natureza para receber de forma acolhedora nosso luto, exatamente como um dia ela há de nos receber.

PASSO TRÊS: UMA CHANCE DE REENCENAR

O terceiro passo para a cura das lembranças é reencenar na memória a ação ou o discurso original, mas, dessa vez, falando e interrompendo o abusador. Nesse psicodrama, você se coloca mentalmente no cenário original e ouve ou vê tudo que lhe foi dito ou feito. Então, você proclama seu poder e diz não para o abuso. Faça isso de forma vocal ou como uma ação dramática, com alguém vendo e ouvindo. Você também pode fazer isso escrevendo, desenhando, dançando, atuando, esculpindo ou qualquer outro meio de expressão. Não tente mudar o abusador no drama da sua lembrança, apenas você mesmo. Ao dizer não ao abuso, você deixa de ser a vítima na cena para, então, se transformar no herói. Você criou outro final para a lembrança original e, independentemente do que venha a surgir no futuro, você vai se lembrar de tudo com esse novo final.

Tudo isso pode parecer inútil por não podermos mudar o passado. No entanto, o passado que não podemos mudar é o histórico. Diferentemente deste, nós podemos mudar o passado que carregamos em nosso interior: carregamos um fato (imutável), mas também carregamos o impacto que ele teve em nós (muito mutável). Quando permitimos que a lembrança original se torne um mero fato, toda a carga se esvai e deixa de nos ferir. Quando nos lembramos do passado, também nos lembramos da cura de um antigo sofrimento. Essa memória reconstruída nos leva à serenidade e à resolução, à medida que a lembrança da mágoa se torna mais suportável, até mesmo enriquecedora, quando a pessoa que nos feriu pede desculpas.

PASSO QUATRO: ABANDONAR AS EXPECTATIVAS

O quarto passo na cura de lembranças é abandonar qualquer expectativa de que outra pessoa lhe dará tudo que lhe faltou na infância. Avalie seu estilo de vida e suas escolhas do presente em busca de qualquer expectativa desse tipo. Você está exigindo que o seu par lhe dê o que seus pais não deram? Você está treinando seu par para tratá-lo como seus pais o faziam? Você tem apego a um guru? Está preso a qualquer tipo de movimento fanático? É dependente químico ou de uma pessoa, é dependente de sexo ou de um relacionamento? Você tem compulsão ou obsessão em relação a alguma coisa que não consegue largar? Você, na verdade, está tentando conseguir alguma coisa ou fazer com que alguém lhe dê agora o que um dia você esperava receber da sua família?

Às vezes, imaginamos que podemos encontrar conforto, segurança e paz de espírito caso nossa mãe possa nos satisfazer agora e se concentre em nós de todas as formas que ela fracassou antes. Imaginamos que, assim, podemos abandonar aquele desejo de satisfazer uma necessidade que só ela poderia suprir. Por pensarmos assim, a chave da nossa felicidade continua guardada com força nas mãos dela. Como é que colocamos a chave na nossa própria mão? Fazendo o nosso trabalho. Afinal, quando usamos as ferramentas de saúde psicológica e prática espiritual para nos concentrarmos em nós, acabamos nos tornando pais de nós mesmos e não temos mais a necessidade daquilo que nossos pais ou cuidadores podem nos dar. Ainda precisamos de outras pessoas, mas não somos carentes por elas. Uma necessidade começa com a sensação de que algo está faltando, seguido por uma mobilização de energia em direção à sua satisfação, e ela se resolve quando é satisfeita ou quando há o reconhecimento de uma aceitação de que tal satisfação não é possível naquele momento ou a partir daquela fonte. A carência é um estado estressante contínuo de não satisfação, impossibilidade de satisfação e sem resolução.

Meu pai foi embora quando eu tinha dois anos e nunca mais voltou nem manteve contato comigo. Quando o procurei, já adulto, notei como eu continuava tentando fazer com que ele fosse, mesmo naquela época, um pai para mim. No entanto, ele não agia como eu queria. Ele não tinha essa capacidade dentro de si. E isso me fez sofrer e provocou uma grande frustração em mim. Cheguei até mesmo a ficar obcecado. Trabalhei essa questão na terapia e por meio de afirmações. Um dia de que nunca vou me esquecer: eu estava atravessando a rua Califórnia, em São Francisco, quando, de repente, ouvi uma nova voz na minha cabeça. Em vez do usual "Por que ele não consegue _____?", ela dizia "Ele foi feito para ser seu pai apenas de uma maneira, ou seja, com a contribuição para o seu nascimento, e ele foi perfeito nisso." Parei de andar no meio da rua, chocado ao perceber aquela verdade repentina e libertadora. A partir daquele momento, comecei a me sentir melhor em relação a ele; meu desejo por qualquer coisa que viesse dele acabou totalmente.

De onde veio aquela voz? Era uma dádiva que eu não tinha planejado nem inventado, a dádiva do trabalho com o qual me comprometi. Meu trabalho todo valeu a pena naquele instante. Fazemos todo esse trabalho para nos libertar de uma ilusão e, às vezes, o esforço compensa. Naquele dia em São Francisco, quando finalmente parei de fazer cobranças ao meu pai e permiti que ele entrasse no meu coração, senti meu próprio crescimento pessoal. Naquele momento, eu soube que todo mundo em nossa vida precisa encontrar um lugar em nosso coração antes de sermos completos.

PASSO CINCO: AGRADECER COMO UMA PRÁTICA

Se eu adiar a dor, diminuirei a dádiva.
— Eavan Boland

O quinto passo na cura das lembranças é a gratidão por você ter sobrevivido ao sofrimento, ao abuso ou à não satisfação de uma necessidade durante a infância e que tornou você uma pessoa mais forte. Ao fazer isso, está ecoando um tema presente neste livro: de que existe uma dimensão positiva para tudo o que acontece conosco. Identifique de que forma o abuso original levou a uma compensação. Por exemplo, você pode ter aprendido a lidar com o sofrimento; às vezes pela fuga, às vezes pela luta direta — ambas ações sábias e legítimas dependendo da força disponível na hora. Localize os poderes em você diante de dores e perdas do passado. É a isso que estamos nos referindo quando dizemos que o herói é a pessoa que passou pelo sofrimento e foi transformada por ele.

Escreva uma afirmativa para agradecer o que aconteceu, reconhecendo que aquilo foi necessário para tornar você a pessoa forte que é agora. Você não está agradecendo o sofrimento por que passou no passado, mas o poder de lidar com o sofrimento agora. "Foi necessário que esse mal e essas coisas dolorosas acontecessem para que a grande emancipação ocorresse", disse Nietzsche. Também foi ele que disse que o que não nos mata nos deixa mais fortes.

Você é forte agora? No mínimo, está disposto a encarar o sofrimento de um luto honesto em relação aos abusos do passado. Veja quantas formas existem para que o passado revele o presente! Ele nos diz o que precisamos e por que precisamos, o que revela as origens de todas as nossas qualidades e defeitos. Isso atualiza o potencial. É o mapa interior da nossa vida adulta. Se soubermos segui-lo, vamos encontrar a história mais emocionante acerca da nossa vulnerabilidade sensível e um relato mais preciso de cada anseio e cada medo. E, então, você pode dizer: *Minha maior alegria está na compreensão de que ainda sou capaz de amar. Essa capacidade continuou intacta apesar de todos os golpes que sofri. O fato de o amor ter sobrevivido significa que eu sobrevivi.*

PASSO SEIS: A DÁDIVA DO PERDÃO

> *Minha fé na bondade do coração humano é inabalável.*
> *Todos os dias da minha vida, tive o apoio de tal bondade.*
> — Helen Keller

O perdão é um acontecimento, e não um passo, de fato. Não temos como planejá-lo nem como obrigá-lo a acontecer. É uma compaixão automática e uma absolvição daqueles que nos magoaram. É por isso que ele só é possível depois da raiva. O perdão significa abandonar a culpa, a má vontade, o ressentimento e a necessidade de revidar. Isso acontece em nós enquanto ainda estamos reconhecendo a responsabilidade de alguém.

A compaixão em relação aos abusadores significa abandonar a indignação do ego por tempo suficiente para ver o sofrimento deles. Significa notar que os próprios abusadores sofreram abuso e que nunca viveram o luto do próprio sofrimento inconsciente, apenas o perpetraram contra nós. Nós vemos como isso é errado, mas agora notamos o sofrimento deles de forma consciente, talvez pela primeira vez, e sofremos com eles. O perdão finalmente tira o fardo de sofrimento das nossas costas. É o verdadeiro amor incondicional e promove a nossa saúde pessoal, psicológica e até mesmo física.

O perdão é um poder, uma dádiva que permite que excedamos os nossos limites normais do ego. O ego neurótico costuma se preparar para punição e vingança. E, de fato, a busca por vingança é uma forma de resistir ao luto. Ela substitui a vingança sobre os injustos pela vulnerabilidade de sentir-se triste com a injustiça. O luto saudável, por outro lado, leva ao comprometimento de lidar com as ofensas de forma não violenta, para buscar a reconciliação e a transformação, em vez da vingança e da retribuição. Essa é uma forma de *dominar* o poder em vez de ser pisoteado por ele ou usá-lo para pisotear os outros.

O perdão é mindfulness e benevolência aplicadas ao nosso coração ferido. Sentir perdão e compaixão é um sinal de que transcendemos o ego. Se você sente o perdão, as forças de ajuda abençoaram o seu trabalho. É um momento que integra o trabalho psicológico pela vontade e as dádivas espirituais recebidas como graças que aprimoram e completam nossos esforços. Como os heróis míticos, nós lutamos e sentimos com toda a nossa força e, então, um poder maior do que nós mesmos aparece em forma de dádivas.

O ego imagina que o perdão exige punição como um pré-requisito. Mas o perdão autêntico esquece aquele modelo "olho por olho", dando lugar à generosidade mais pura. O perdão é a forma superior de se libertar, porque ao perdoar estamos abandonando não apenas o ressentimento em relação aos outros, mas também o nosso próprio ego. É um evento olímpico espiritual.

Diga isso de vez em quando até que lhe pareça ser verdade: "Quando me lembro das mágoas causadas por familiares, sinto compaixão pelas inadequações, ignorância e medo que estavam por trás delas. Não tenho desejo algum de revidar nem de fazer mal a ninguém, nem a necessidade de que me compreendam. Lanço uma chuva de amor piedoso sobre a minha família. Fico alegre com o fato de que agora estou livre de ter que os mudar ou os culpar. Não falo mais sobre a minha história com familiares que me magoaram, reservo isso para a terapia."

O perdão é a forma mais digna de esquecer, porque trata-se de esquecer apesar de ainda se lembrar.
— Paul Tillich

PASSO SETE: RITUAIS DE CURA

Um ritual encena uma consciência recém-descoberta, tornando próxima e palpável sua realidade mais profunda. Ele santifica o lugar onde estamos e as coisas que sentimos ao consagrá-las a algo mais superior do que o transitório. Crie um ritual que leve em conta os rituais da infância, mas então expanda-os. Encontre um gesto que represente sua tensão e suas realizações durante o trabalho de luto que você concluiu. Encontre formas de demonstrar a gratidão pelas dádivas espirituais recebidas. Rituais recrutam nosso corpo. A mão e os olhos têm uma sabedoria ancestral que funciona melhor do que a mente no processo de integração.

O luto do passado não tem a ver apenas com ressentimentos de família, mas também com concluir o trabalho da família. Aqueles que já se foram ou faleceram continuam fazendo parte do sistema familiar. Ninguém é totalmente excluído, não importa que tenha sido completamente rejeitado ou que tenha rejeitado completamente a família. Quando honramos e reincluímos os excluídos, eles não mais dominam a nossa psique como se fossem assombrações incansáveis. E relacionar-nos com nosso próprio passado obscuro pode não apenas trazer a nossa cura, mas também chegar ao passado de nossa família e, assim, curar nossos ancestrais também. Talvez estejamos aqui para trabalhar o carma dos nossos antepassados. O que nosso pai, mãe ou cuidador vivenciaram que nunca foi resolvido nem curado? O que eles sofreram e depois passaram para a frente, em vez de resolver? Será que fui, de alguma forma, envolvido pelo destino deles? Um ritual funciona de forma poderosa quando envolve nossa conexão com o passado e nos torna os curandeiros feridos dele.

PASSO OITO: AUTOCUIDADO PARENTAL E RECONEXÃO

Para dizer que realmente concluímos nosso trabalho de luto, precisamos atingir não apenas a catarse de sentimentos, mas o autocuidado e a intimidade destemida em relação aos outros. O sofrimento e o luto são as dores de parto do nascimento de um adulto. Ficar de luto significa prestar atenção na parte assustada e chorosa dentro de nós e lhe oferecer consolo. Ao fazer isso, dedicamos um autocuidado parental e criamos a vulnerabilidade que leva a um relacionamento saudável. Como São Gregório de Nissa escreveu no século IV: "Somos, de determinada forma, nossos próprios pais, e damos à luz nós mesmos por livre e espontânea vontade do que é bom."

O autocuidado parental significa nos dar os cinco As: nós prestamos atenção no nosso sofrimento e nos recursos interiores para nossa cura. Prestamos atenção nas formas como nosso passado interferiu nos nossos relacionamentos e como nos ajudou a nos encontrar. Praticamos a autoaceitação, abraçamos todos os nossos talentos, virtudes, fracassos e inadequações. Sentimos o apreço pela nossa jornada e pelos passos certos e errados que demos durante o caminho. Nós valorizamos nossos pais e pares pelas contribuições que deram para a formação do nosso caráter, para melhor ou para pior. Amamos a nós mesmos como realmente somos e, desse modo, sentimos respeito e compaixão pelo nosso eu do passado e nos abrimos para aceitar nosso eu do futuro. Nós nos permitimos viver de acordo com nossas necessidades, valores e desejos mais profundos. Ninguém pode nos deter; nunca pôde.

O autocuidado parental também significa estarmos abertos para nossos recursos interiores e a um sistema de apoio de pessoas amorosas, sábias e compassivas. O sofrimento e a perda nos afastam dos outros; o trabalho do luto nos reconecta com as pessoas em quem confiamos. Isso talvez inclua pessoas que nos magoaram, mas elas geralmente vêm do mundo mais amplo, no qual muitos braços nos esperam. O sobrevivente do Holocausto Elie Wiesel diz: "Não existe um messias, e sim momentos messiânicos." É possível que nem sempre tenhamos nossos pais presentes, mas existem em nossa vida momentos de cuidados parentais, sejam eles oferecidos por nossos pais biológicos ou por um adulto que nos apoia. O autocuidado parental inclui aceitar e celebrar esses momentos e as pessoas que os trazem. *Talvez nunca nos tenha sido prometido amor parental completo, apenas momentos de amor parental, antes e agora, de pais de verdade e outros adultos. O que temos esperado chegou à nossa vida em muitos momentos. Será que chegou aqui e agora?*

O último passo do luto é o primeiro passo para a intimidade. Um pai/mãe/cuidador interior e cuidadoso nos dá forças para nos abrirmos para ela. À medida que ficamos mais saudáveis, procuramos, de forma mais consciente, um contexto no qual sejamos capazes de ressuscitar com segurança nossas tentativas frustradas originais de encontrar o espelhamento. Ao mesmo tempo, podemos temer que nossas feridas originais voltem a se abrir. Entramos em um relacionamento sentindo desejo e medo, esperança e terror, otimismo e pessimismo. Subjacente a cada desejo ou reclamação em relação a um par, existe um anseio não satisfeito. Durante toda a vida, seguimos exigindo e/ou buscando uma sintonia com nossos sentimentos na forma dos cinco As. O medo pode ser a chama que nos mostra onde o anseio pelos cinco As se encontra dentro de nós.

Talvez escutemos nossa própria voz dizendo: "Quando eu finalmente permitir, testemunhar, compreender e abraçar amorosamente a agonia que existe no jardim secreto da minha alma, minha própria capacidade de tolerar sentimentos, não importa quão dolorosos estes sejam, se expande. Isso permite que eu me sintonize comigo mesmo. A intimidade saudável me ajuda a prover o autocuidado parental com os cinco As. Quando espelho a mim mesmo no contexto no qual você me espelha, minhas demandas para você se tornam mais moderadas, e atinjo um equilíbrio feliz entre a necessidade pelos seus cuidados e a capacidade de autocuidado." Por fim, olhando para o quadro mais amplo, o trabalho de luto se conclui com consciência e compaixão por angústias similares. Por exemplo, o luto dos judeus pelo Holocausto pode levá-los a se sentirem ultrajados e a resistirem a qualquer forma de opressão e genocídios no mundo atual. Dessa forma, o luto é um caminho para a virtude da compaixão e para o progresso do mundo, algo de que a retaliação nunca será capaz.

Prática

REGISTRAR SUA LINHA DE SALVAÇÃO | Contemple atentamente tudo o que aconteceu com você nos diversos capítulos da sua vida. Trace sua linha de salvação, década a década, registrando os pontos altos. Quando a concluir, pendure-a em um lugar em que possa vê-la. Um dia, quando estiver pronto, abençoe e abandone cada um dos capítulos, dizendo: "Tudo isso aconteceu comigo. Aceito tudo como cartas que recebi do jogo da vida. Poderia ter sido melhor ou poderia ter sido pior. Neste momento de compaixão serena, enterro qualquer reclamação, culpa ou arrependimento. Digo sim incondicional a todas as condições sob as quais vivi. Entendo que foram lições que eu precisava aprender. Sinto afeto por mim mesmo e por todos que caminharam ao meu lado. Permito-me continuar, a partir de agora, sem medo ou fixação ao passado ou a qualquer uma de suas seduções ou distrações. Alinho tudo o que aconteceu e simplesmente digo: 'Sim, tudo isso *aconteceu. E agora?*'" A tragédia na vida não tem a ver com nenhum evento específico, mas com o fracasso de amar. "Minha vida é uma história, não uma tragédia. Que eu e todos os que conheço se tornem iluminados por tudo o que passamos juntos." Ao dizer isso, faço com que a primeira frase deste livro se torne realidade: "Amor é a possibilidade das possibilidades."

Todas as tuas velhas aflições agora sorrirão para ti,
E tuas dores brilharão sobre ti;
Todas as tuas tristezas cintilarão aqui,
E teus sofrimentos serão divinos;
Lágrimas de conforto se transformam em gemas,
E os arrependimentos em diademas.
Até que tuas mortes vivam, e novos sofrimentos
Vistam a alma que no passado eles mataram.
— Richard Crashaw, "Hino a Santa Teresa"